藤高和輝
Kazuki Fujitaka

Judith Butler

ジュディス・バトラー

生と哲学を賭けた闘い

以文社

ジュディス・バトラー　目次

第Ⅱ部　『ジェンダー・トラブル』へ

第Ⅲ部　パフォーマティヴィティ

第Ⅳ部　社会存在論とエチカ

装幀　近藤みどり

ジュディス・バトラー——生と哲学を賭けた闘い

序論　生と哲学を賭けた闘い

ジュディス・バトラーが書くものの「難解さ」は彼女のいわば代名詞になっている。実際、一九九九年に学術誌『哲学と文学』が行った「学術図書や論文のなかで文体上もっとも嘆かわしい文章」のコンテストではナンバーワンに選出されたほどである。だから、彼女の代表作『ジェンダー・トラブル』を紐解いたものの途中で挫折してしまったというひとがいたとしてもなんの不思議もない。ひとつの問いに対してひとつの解を与えるよりも、むしろ、ある問いが別の問いを惹起し、巻き込むような文体が彼女のテクストの特徴であり、そのために多くのひとは彼女のテクストを読んで狼狽することになる。

しかしながら他方で、その同じ「難解な」テクストが多くのひとを励ましたのもまた、事実なのだ。一方では読む者を狼狽させ、読解することを著しく困難にするバトラーのテクストが、しかし他方では、別の読む者を魅了し、勇気づけることがあるのは、いったいなぜなのか。おそらく、彼女のテクストの「難解さ」はただ衒学的で、奇を衒っていたり、晦渋であったりするのではない。

その「難解さ」そのもののなかに、ひとを惹きつける何かがあるのではないだろうか。ある読書会の帰り道、参加者のひとりがぽつりと「最近のバトラーはあんまりトラブってない」と不満を口にした。思わず、私は頷いてしまった。それは、「最近のバトラー」なるものへの不満に共感したからではない。そうではなく、私たちがなぜバトラーに魅せられるのか、その理由をその言葉が端的に示しているように思えたからだった。

二〇一六年、アメリカ合衆国では、かねてよりその女性蔑視発言や人種差別的発言が取りざたされていたドナルド・トランプ氏が大統領に当選した。その当選に対する声明文のなかで、バトラーはその最後を次のように記している。

> しかし、私たちは何者なのか。こうした人々の権力を目の当たりにせず、これら全てを予測していなかった私たちとは。レイシストでゼノフォビックな言葉を話し、性的侮辱の歴史をもつ一人の男に人々が投票するであろうなどと理解できなかった私たちとは。彼は労働者を搾取し、憲法と移民を軽視し、軍事力強化へのぞんざいな計画を掲げていたのである。私たちの浮世離れしてみえる左派リベラルの思考は、真理によって私たちを守ってくれるのか。そして、政党よりもむしろ抵抗運動を行うために、私たちは何をしなければならないのか。[*1]

声明文の最後を、彼女はこのような問いで締めくくっている。私には、彼女のこの問いかけはまさしく「問い」であって、つまり、例えば反語的に何かを主張している言葉にはみえない。声明文なのだから、最後にはこれからの未来に向けた提言めいたものがあってもいいはずだろう。しかし、バトラーは提言の代わりに問いを置く。その問いはどこか宙づりにされていて、明示的な指針や解答を指し示してはくれない。ひとは、その問いの居心地の悪い緊張のなかに置かれて、その緊張にとどまりながら思考するよう導かれるようだ。

思うに、この出来事を前にして、バトラー自身がいわば「トラブって」いるのではないだろうか。おそらく、バトラー自身がこの出来事を手際よく分析できず、はっきりとした未来への指針を持ち合わせていないのではないか。とり乱しながら、しかし、それでも現実に真摯に向き合い思考しようとする姿勢が、そこにはあるのではないだろうか。そうであるとすれば、右で引いた問いは、もちろん他者に向けた問いかけであるが、それとともに、彼女自身に向けられた問いでもあることになるだろう。

とり乱しながら、なお、執拗に思考しつづけようとする人物が、ここにいる。その姿が、おそらく、私たちのなかの何かに感応するのだ。バトラーのテクストの「難解さ」とはしたがって、言葉やレトリック、文法上の「難解さ」というよりも、とり乱しながら思考する、そのスタイルにこそ、あるのではないか。そして、彼女自身のテクストに潜在する「とり乱し」や「トラブル」が、それを読む私たちの「とり乱し」や「トラブル」に共振するのだ。バトラーのテクストとは、共にとり乱しながら思考することへの呼びかけなのではないだろうか。

以下で詳細にみていくように、本書『ジュディス・バトラー――生と哲学を賭けた闘い』はバトラーの思考の軌跡を跡づけようとする試みである。フェミニスト／クィア理論家として知られるバトラーだが、本書でとくにクローズアップしたいのは「哲学」という「制度」とのバトラーの関わりであり、いわばその「闘い」である。そのなかで、バトラーはいかにとり乱しなら思考したのか。そして、その思考の足跡を追いながら、共にとり乱しながら思考することの可能性を考えること――これが本書の目的である。

＊　＊　＊　＊　＊

本論に入る前にこの序論ではまず、ジュディス・バトラーそのひとに関して簡単な導入を行っておこう。そして、それを通して、本書の問題設定をより明確化しておきたい。

ジュディス・バトラーは現代を代表するフェミニスト／クィア理論家、そしてポスト構造主義に連なる哲学者として世界的に知られている。事実上のデビュー作である『ジェンダー・トラブル――フェミニズムとアイデンティティの転覆』（1990）はその難解さにもかかわらず、アカデミズムの領域には留まらない力強い影響を与え、とりわけ、ジェンダー規範から外れた人々をエンパワメントする力を秘めたテクストだった。現在でも、バトラーはジェンダーやセクシュアリティに関する理論を展開し、また、九・一一以後のアメリカ合衆国の政治的状況や「イスラエル／パレスチナ問題」に批判的な介入を行うなどアクチュアルな議論を展開しつづけている。

いまや、フェミニズムやクィア理論、現代思想に関わる者にとってバトラーの名を知らない人は少ないだろう。だが、なぜバトラーの著作はこれほどまでに広範で力強い影響を与えたのだろうか。この問いは、なぜ『ジェンダー・トラブル』はかくも大きな影響力を与えたのか、と言い換えることができる。というのも、『ジェンダー・トラブル』こそ、間違いなくバトラーの主著のひとつであり、そして本書の誕生自体がある意味でエポック・メイキングな出来事だったからである。

改めて振り返るなら、それは以下の三つの点で時代の要請に応えるものだったからだといえる。

第一に重要なのは、フェミニズムの文脈である。『ジェンダー・トラブル』は、まさにバトラーがそれを執筆していた八〇年代当時のフェミニズムの問題に応えるものだったといえる。「第二波フェミニズム」はアメリカ合衆国では一九六〇年代に始まった。アメリカの一九六〇年代はまた、公民権運動やヴェトナム反戦運動、同性愛解放運動など、それまでの「階級」を原理とした運動とは異なった「新しい社会運動」が展開された時代であった。第二波フェミニズムは「個人的なものは政治的である（The personal is political）」のスローガンに象徴されているように、「私的領域」であり、「個人的な問題」とみなされていた身体や結婚、家族、セクシュアリティなどの日常的な経験の内部に働く「性差別」の構造を見抜き、批判した。コンシャスネス・レイジング（意識高揚）運動という女性たちが集まって日常生活のなかで経験した抑圧やその背後の社会構造について語り合い、問い直し、共有していく取り組みが生まれたのもその進展のなかからである。

だが、吉原令子が述べているように、「女」というアイデンティティによる集合体の創造は同時に、その同一性に対する問い直しの始まりでもあった。「一九六〇年代に台頭した女性解放運動は、「女」という同一性を基盤としていたことは言うまでもない。しかし、運動の担い手であった中産階級の白人女性が「女」という同一性を強調すればするほど、運動内に存在する女の差異が蔑ろにされた。レズビアンや有色人種の女性、労働者階級の女性から、「女」というカテゴリーそれ自体への問いかけが、一九六〇年代後半に早くも運動内で噴出する」（吉原　二〇一三：二三）。このように、すでに運動の初期から「女」の内部の「女たち」の差異が問われるようになったのであり、第二波フェミニズムの歴史が私たちに教示するのは「性差別と闘う時、その抑圧の複雑性・重複性・同時性を考え」ることの大切さである（吉原　二〇一三：二九）。したがって、〈アイデンティティと差異〉のこの複雑な問題領域に着手したのは、なにもバトラーが最初というわけではない。例えば、バトラーは『ジェンダー・トラブル』を書く上でデニス・ライリーの著作に影響を受けたと述べているし（Butler 2004: 336）、また、ベル・フックスやガヤトリ・チャクラヴォルティ・スピヴァク、パトリシア・ヒル・コリンズなど、「様々な地平からフェミニズムの統一された主体に反論を展開してきた」他のフェミニストの存在を挙げている（Butler 2004: 336）。「『ジェンダー・トラブル』が唯一の応答だったとは私は思いません。それはその運動の内のひとつの契機なのです」（Butler 2004: 336）。バトラーの『ジェンダー・トラブル』はフェミニズムが直面した〈アイデンティティと差異〉の込み入った問題の内から生まれ、またそれに真摯に応える試みのひとつとして時代の要請に力強く応えるものだったといえる。

第二に、この点に関連して重要なのが、セクシュアル・マイノリティの社会運動やゲイ&レズビアン研究、そしてクィア理論との結びつきである。折しも『ジェンダー・トラブル』出版の同年に「クィア理論」という用語を最初に導入したテレサ・ド・ローレティスは、この用語を導入した背景に「レズビアンとゲイ」が「ひとかたまりのもの」と理解されていた傾向があったことを挙げている。ド・ローレティスは、レズビアンとゲイの差異や、さらにはセクシュアル・マイノリティ内部の人種的差異を考えるためにこの語を導入したのであり、それは「連帯をする前に、それぞれお互いが何であり、いやそれぞれ複数のアイデンティティとは何であるかについて考える」(ローレティス 一九九八：七二)ためだった。この意味でフェミニズムと同様、セクシュアル・マイノリティの政治においても〈アイデンティティと差異〉の問題が浮上したといえる。バトラーは『ジェンダー・トラブル』をクィア理論の一翼を担うものと意図して執筆したわけではなかったが、それでも同書はセクシュアル・マイノリティの運動が直面していた問題や要請に応えるものでもあった。

さらにアクティヴィズムとの関連でいえば、バトラーが『ジェンダー・トラブル』を準備した八〇年代のアメリカ合衆国はＨＩＶ／ＡＩＤＳが流行した時代であった。それは単にウィルスが広まっただけではなく、エイズを「同性愛者の病気」とみなす言説が氾濫し、ＨＩＶ陽性者やセクシュアル・マイノリティへの差別や嫌悪がいっそう強まった時代だった。このような「エイズ危機」に抗するエイズ・アクティヴィズムのひとつとして象徴的に語られる組織アクト・アップは例えば「ダイ・イン」といった政治的パフォーマンスで広く知られているが、このような実践は、モヤ・ロイドが「この演劇的で直接行動をスタイルとした政治はバトラーの作品を広め、また彼女も支持しているように思われる」(Lloyd 2007: 10) と述べているように、バトラーのパフォーマティヴィティの理論とやはり同時代的に共振するものがあったといえる。また、河口和也が述べているように、エイズ危機の経験からクィア・ポリティクスが生まれた背景には、「エイズ患者・感染者、さらには多様なマイノリティ集団やそうした人びとと関係するヘルス・ワーカー、親や兄弟、友人などを包摂するような形での連帯の政治が模索されたこと」(河口 二〇〇三：六一-六二) がある。この点でも、バトラーの『ジェンダー・トラブル』は新しい形の「連帯の政治」を模索するものとしてクィア・ポリティクスの趨勢と共振するものだったといえるだろう。

以上の二点に関わる第三点は、ポスト構造主義理論の導入である。「ポスト構造主義」は一括りにするのが困難なほど多様な思想の総称であるが、主体を中心とした認識論的枠組みを批判的に問い直すものだった点では大きく共通しているといえる。「主体の死」を宣告したポスト構造主義理論はアイデンティティに根差した運動には足元を切り崩しかねない危うい思想にみえるが、バトラーの『ジェンダー・トラブル』は当時のアイデンティティ・ポリティクスが直面していた〈アイデンティティと差異〉の問題に応えるものとして読解する地平を開くものだった。

このように、バトラーの『ジェンダー・トラブル』は様々な時代の要請が交差する地点に生まれたものであり、だからこそ、そこで提示された理論は力強い「パラダイム」を開くものとして受容されていったように思われる。本書では、これら三点について折に触れて論じることになるだろう。

だが、バトラーの思想にはもうひとつの別の一面があることはこれまであまり論じられてこなかったように思われる。いまやフェミニズムやクィア理論を学ぶ者にとって「古典」と化した『ジェンダー・トラブル』だが、同書をはじめとしたバトラーの著作を日本に導入・紹介した竹村和子は当時の「驚き」を次のように振り返っている。「わたしは、よもや哲学から、しかもその王道たるヘーゲル哲学研究者から、世界を震撼させるようなフェミニズム理論が出てこようとは、それまで夢想だにしませんでした。まったく意外でした」(竹村　二〇〇六：四一)。実際、バトラーの最初の著作は『ジェンダー・トラブル』ではなく『欲望の主体』(1987) であり、イェール大学院の時代にはヘーゲル哲学を研究し、留学先のドイツではディーター・ヘンリッヒやハンス・ゲオルク・ガダマーの講義を受けるなど「ドイツ観念論」の研究者としての一面がある。そして第一章でみるように、バトラーは一〇代の頃からスピノザの『エチカ』など哲学のテクストに慣れ親しんでおり、「哲学」への彼女の関心には非常に強いものがある。したがって、「ポスト構造主義」よりもより広い意味での「哲学」の見地から、改めてバトラーの思想を考察する必要もまたあるだろう。

このように、バトラーの思想は、それが唯一の起源ではないにせよ、「哲学」との関わりのなかで生まれたものでもある。本論では、先に示したフェミニズムやクィア理論とも関連づけながら、バトラーの思想をとくに「哲学」との関連から考察していく。だが、その目的は、バトラー思想の「全体像」を描くことにあるのでも、彼女の思想を既存の西洋哲学の枠組みのなかに位置づけて整然と理解することにあるのでもない。そのような思考法はバトラーの思想に孕まれる根底的な問いを見落としてしまいかねないだろう。

あるインタヴューのなかで、バトラーは「おそらく、哲学を読む上で私のなかで働いている翻訳が存在しました。それは私が読者に対して明らかにしたり、説明したりすることができずにいたものです」（Butler 2007a: 157）と述べ、以下のようにつづけている。

これまで、私は映画（『ボーイズ・ドント・クライ』）や同時代の出来事（ロドニー・キング事件に連なるロサンゼルス暴動）、あるいは同時代の政治的な討論（検閲、シオニズム、同性婚）に従事してきました。私はこれらの論点（issues）に関する自分の思考にある種の哲学的なパースペクティヴをもちこんでいると思います。しかし、私の思考［…］を駆り立てるのはつねに論点の方なのです。思うに、私はいかに生きるかを見出そうとつねに努力する人々の一員である、と言うことはおそらく許されるでしょう。そして、そのために、私の参照点は個別的かつ社会的で政治的であるとともに、またより一般的に哲学的なのです。後者はいかに生きるかという問いから生じているのです（Butler 2007a: 157）。

同じインタヴューのなかでバトラーは、自分が博士課程の時代に「ヘーゲルの欲望と承認の問題」に関心を抱いたのは「クィアな若者のひとり（a queer young person）としての私に現れた問題から」（Butler 2007a: 157）だったと述べている。

このようにバトラーにとって、哲学は「いかに生きるか」という問題から生まれたものだった（この点については第一章で詳述する）。だが、哲学の伝統はその「他者」を生み出し、排除してきたある種の「制度」でもある。普遍的にみえる哲学も「女性」や「同性愛者」、「黒人」、「障害者」といった「他者」を排除することによって成り立っていた。現在でも、哲学はジェンダーやセクシュアリティ、人種、エスニシティ、ディスアビリティといった「生」に深く関わる諸問題に十分に応えているとは言い難い。それゆえ、「クィアな若者のひとり」の「生」は哲学の「他者」として、すなわち「哲学的ではない」問題として、外部に放擲されるだろう。先にバトラーが自らの思索の営みを形容する際に「翻訳」という言葉を用いていたのはそのためであるように思われる。哲学の外部に排除された「個別的かつ社会的で政治的な」生の問題をいかに哲学に翻訳するか——このような問いがバトラーの思考に横たわっているのではないだろうか。バトラー自身の言葉を借りるなら、「哲学の「他者」は語ることができるか」という問いがバトラーの思索を衝き動かしているのである。

したがって、バトラーは単に「哲学者」であるのではない。その由縁は、彼女が哲学だけでなくフェミニズム理論やゲイ&レズビアン・スタディーズ、社会学、人類学、精神分析など多様な学問分野を横断することによって自身の理論を構築したという方法論的な意味に尽きるのではなく、哲学という制度の外部に排除された「生」を哲学の内部に翻訳し、それを通して哲学の境界線に変容を促し、それを押し広げようとする、まさにその実践にこそある。このようなバトラーの営みを、本書ではヘーゲルの言葉をもじって「生と哲学を賭けた闘い（*Life and Philosophy Struggle*）」と呼ぶことにしたい。

本書がバトラーの思想を「哲学」との関わりのなかで考察するのは、この「生と哲学を賭けた闘い」を探求するためである。いわば、本書はバトラーの「生と哲学を賭けた闘い」のドキュメントである。いかにバトラーは哲学の内部でその「他者」である「生」を語ろうと奮闘しているのか。その軌跡を考察しながら、バトラーがどのように自らの思想を紡いでいったか、そして、それはどのような思想として結実し、私たちに送られているのかを探求することにしたい。

第Ⅰ部　哲　学

第一章　コナトゥスの問い――バトラーと地下室のスピノザ

1　地下室のスピノザ

ジュディス・バトラーは『ジェンダー・トラブル』(1990) の出版とともに世界的な脚光を浴びることになり、現在のフェミニズム、クィア理論においてもっとも有名な思想家のひとりになる。竹村和子は当時を振り返り、「哲学から、しかもその王道たるヘーゲル哲学研究者から、世界を震撼させるようなフェミニズム理論が出て」きたことに驚きを覚えたという (竹村　二〇〇六：四一)。それでは、バトラーはいかに「哲学」と出会い、どのように自らの思想を紡いでいったのであろうか。本章で考えたいのは、バトラーと「哲学」の出会いの現場であり、それがその後の彼女の思索にどのような影響を与えたかである。

『ジェンダーをほどく』(2004) におけるバトラー自身の言葉に従うなら、彼女がはじめて哲学に触れることになるのはおよそ一四歳の頃である。バトラーはその頃「苦痛な家族関係（painful family dynamics）」（UG: 235）から逃れようと自宅の地下室に籠りがちだったそうである。そのうす暗い地下室には両親の蔵書があり、それに彼女の目はとまる。

> その地下室のなかで、私は黙りこみ気落ちしながら座っていた。ドアに鍵をかけて誰も入れなくし、ずいぶんと音楽を聴いていた。暗がりの空気の薄いその部屋で、自分の煙草の煙の間からふと上を見やると、読みたい、哲学を読みたいと私を駆り立てる本のタイトルに遭遇したのだった（UG: 237）。

これがバトラーと「哲学」の最初の邂逅であった。バトラーは一六歳のときに両親にレズビアンであることをカミングアウトしたと述べているから、地下室に籠り哲学書を読み耽るようになるのはそれ以前からであろう。バトラーは『ジェンダーをほどく』の最終章「哲学の『他者』は語ることができるか」でその時期のことを語っているが、「苦痛な家族関係」について詳細には語っていない。しかしながら、自身のジェンダーやセクシュアリティをめぐる葛藤がその「苦痛」に大きな影を落としていたであろうことは十分に推察される。[*1]『ジェンダー・トラブル』の序文では、まさに子ども時代のトラブルの経験が語られている。「私が子どもだった頃を呪縛していた言説の内では、トラブルを起こすことは、そんなことをすればひとをトラブルの状態に陥らせるから決してすべきではない、というものだった」(GT: xxviii 強調原文)。

かくして、バトラーは地下室へと逃亡する。鍵を閉め、音楽と煙草の煙で部屋を満たしながら、バトラーは書庫にあった哲学書に手を伸ばす。バトラーは、そのときに読んだ哲学書の内とくに印象に残ったものを三つ挙げている。スピノザの『エチカ』、キルケゴール[*2]の『あれかこれか』、ショーペンハウアーの『意志と表象としての世界』がそれである。この内とくにスピノザの『エチカ』について、彼女は次のように語っている。「私は独学で哲学に関わるようになったのであるが、その頃は時期尚早で、全く制度化された哲学ではなかった。そのような光景は、苦痛な家族関係から逃避した十代の若者が、母が大学時代に使用した本がしまいこんである家の地下室で、スピノザの『エチカ』を発見するという様子にもっともうまく集約されるかもしれない」(UG: 235)。

どうして、スピノザの『エチカ』だったのだろうか。「哲学」という制度の外におけるこの出会いは、単に「哲学」が彼女の知的関心を引いたというよりもずっとプリミティヴな読書体験だった。スピノザとの出会い、それは彼女自身の「生」と「哲学」が深く交感した瞬間なのである。

私の感情は確実に混乱を窮めていた。そして、感情とは何か、それは何のためにあるのかを知ることがそのような感情とうまくつき合って生きる方法を学ぶのに役立つと思い、スピノザの本を手にした。そのテクストの第二章と第三章のなかから、私は実に貴重なものを学んだ。人間存在におけるコナトゥスの根源的な固執から生じる感情の状態に関する推論は、人間の感情に関するもっとも深く、純粋で、優れた説明のように思えた。事物がその存在であり続けようとする。私に送られたこの思想は、絶望のなかでさえ固執する一種の生気論（vitalism）であるように思われた（UG: 235）。

スピノザのコナトゥス――「自分の存在に固執しようとする努力（conatus）」（『エチカ』第三部定理七）――こそ、当時のバトラーに深い感銘を与えた概念であり思想だった。もしかすると、セクシュアル・マイノリティとして社会から疎外されたバトラーは、同じくユダヤ人であり、教会から「破門」されたスピノザに自身を重ねたのかもしれない。バトラーがスピノザの『エチカ』に感銘を受けたのは、スピノザが社会から疎外されながらも「生」に固執し、それを追求したからではないだろうか。バトラーがスピノザのコナトゥスの思想を「絶望のなかでさえ固執する生気論」と形容するのはそのためであるように思われる。

2　哲学と生

したがって、バトラーにとって、「哲学」はその出会いの時点から「いかに生きるか」という問いと切り離しえないものだった。それは、バトラーが高校に通う前からユダヤ教のシナゴーグで制度的な「哲学」を学ぶことになるときにも同様であった。バトラーはそこでいくつかの課題を考察していたのだが、その内のひとつはやはりスピノザに関するものだった。そこでバトラーの関心を引いていたのは、スピノザの「破門」の問題である。「このチュートリアルにどんな勉強がしたいかと尋ねられたとき、私は三つのトピックを挙げた。(1)なぜ、スピノザはユダヤ人の共同体から破門されたのか？[…]」(Butler 2006a: 277)。また、同じ文章のなかで、スピノザの「破門」に関して次のように述べている。「彼の破門は、その当時彼が属していた共同体における語りえるものと語りえないものの境界線を描いている。それは結果として、いかに共同体が語りえぬものを確立することを通してそれ自身を定義するかを示している」(Butler 2006a: 281)。社会的な規範から排除された者が「生存」し、なお「承認」に値する生を送ることが可能になるのはいかにしてか。バトラーがスピノザの「破門」に関心を抱いた背景には、このような問いが横たわっていたのではないだろうか。事実、バトラーはその時期のことを語りながら、次のように述べている。「哲学は[…]個人的で集団的な苦しみの問題、そして、それをどのように変換することができるのかという問題に直接結びついていた」(UG: 238)。

このように、バトラーにとって「哲学」は「いかに生きるか」という問いと密接に結びついていた。「若いときに私は、いかに生きるのかを問う手段として哲学に出会い、哲学のテクストを読み、哲学的にものを考えることが、生を考える上で必要な手引きになると真剣に考えていた」(UG: 239)。しかしながら、このような信念はバトラーがイェール大学の学部生だった頃にいくらかの反省を迫られることになる。興味深いことに、バトラーと「脱構築」の最初の出会いは否定的なものだった。バトラーはそこで脱構築派のポール・ド・マンの授業を知り、ときには受けることにもなるのだが、彼女は「ド・マンが概念を信じず、哲学上の前提をまさに破壊して、概念をメタファーへと崩し、哲学からその慰めの力を奪っていったと非難した。[…]その当時の私は、傲慢にも、彼のゼミに参加している人たちは哲学者でないと決めつけ、そうすることによって、私が今考えているというまさにその行為を自ら規定してしまっていた」(UG: 238)。概念をメタファーへと切り崩すド・マンの脱構築は、当時の彼女にとって「哲学が生と切り離され、生が哲学によって十分に秩序づけられていない」(UG: 239)非常に危うい在り方に映ったのである。しかし、「数年経って私は、哲学を概念化することが生の中から困難を十分に取り除くことにはならないと理解するに至った」(UG: 239)。真理を探求する「哲学」の営みは、必ずしもその知に従って倫理的に生きることと結びつくわけではない。*4「生」は「哲学」の「他者」であり、そのギャップを埋めることはできない。「哲学」を「生」の「手引き(guideline)」と考えることが困難であることを、この間のバトラーは徐々に自覚していくことになる。

しかしながら、それでもなお、バトラーは「哲学」に「生」を賭ける態度を貫く。「哲学と生の関係についての私の確信が正しいものであろうとなかろうと、それは依然として哲学に実存的で政治的なジレンマを委ねる確信でもあった」(UG: 239)。「哲学」によって「生」を救済することはできない。しかし、バトラーはそれでもなお、「哲学に実存的で政治的なジレンマを委ねる」。事実、バトラーは大学院時代に哲学と政治の関係に取り組むことになる。バトラーはイェール大学を卒業した後、ハンス・ゲオルグ・ガダマーに師事するためドイツに留学し、その後再びイェールに大学院生として戻ってくる。バトラーによれば、大学院の時代には、ミシェル・フーコーの著作を読みながら哲学と政治の関係を考えるようになり、またフェミニズム理論やレズビアン&ゲイ・スタディーズに取り組むようにもなり、さらに学内でアクティヴィズムに参与するようにもなったという(UG: 240)。

ところで、バトラーがヘーゲル哲学に取り組むようになるのもこの間のことである。バトラーがヘーゲルに立ち返ったのは「ヨーロッパ哲学における他者性の問題」(UG: 240)を考察するためであった。「他者の問題は、シモーヌ・ド・ボーヴォワールも同じような経験をしたように、私にとっても従属と排除を政治的に考える出発点になったようだ。[…]したがって、私は、他者性を理解する上で他者性に関する近代の祖であるヘーゲルに立ち返らなければならなかった」(UG: 240)。ヘーゲルへの関心の根底には、社会的承認の構造から周縁化された「他者」の問題があったのである。

3　スピノザからヘーゲルへ

だが同時に、ヘーゲルへのこの問題関心には、バトラーが「哲学」に最初に触れたスピノザの『エチカ』、とりわけコナトゥス概念の影響を看取することもできるように思われる。それは、おそらく当時のバトラー自身にも明確には意識されていなかったものかもしれない。だが、バトラーは後年次のように振り返っている。「ヘーゲルの『精神現象学』における欲望と承認に関する自分の学位論文の中で、私が幼い頃夢中になったいくつかの同じような問題を取り上げている」（UG: 240）。すでにみたように、バトラーにとってスピノザの『エチカ』は「絶望のなかでさえ固執する一種の生気論」であり、また彼女はスピノザの「破門」に並々ならぬ関心を抱いていた。あるインタヴューのなかで、バトラーは次のように述べている。「思うに、私がヘーゲルにおける欲望と承認の問題に着手したのは、例えば、両親の地下室でスピノザを読むことを他の入手可能な社会性よりも好んだクィアな若者である私に現れた問題からなのです」（Butler 2007a: 157）。

社会から排除された者がその社会において生存することは「パン」の問題に尽きるものではない。それは社会的、文化的承認の問題でもある。バトラーは論文「単なる文化」（1997）のなかで、「新しい社会運動」やクィアの運動を「単なる文化」の問題とみなし矮小化する趨勢を批判している。バトラーはそこで、「パン」という物質的条件と「文化」という社会的承認の問題をそう容易く分節化することはできないと指摘している。例えば、資本主義の構成要素である近代家族が出産を中心とした異性愛的なセクシュアリティ観を規範にしていることやレズビアンの貧困率の問題を考えるならば、セクシュアリティの問題を資本主義と切り離して「単なる文化」とみなすことが果たして可能だろうか。バトラーにとって、ジェンダーやセクシュアリティの問題は「単なる文化」の問題に切り詰められるべきものではない。承認の問題は人間の生存可能性に深く結びついているのである。このように人間のコナトゥスが社会的な承認の構造と分かち難く結びついているのであれば、スピノザからヘーゲルへの移行はむしろ必然的でさえあるだろう。のちにバトラー自身繰り返し述べているように、生を欲望するコナトゥスは「承認を求める欲望」として再定式化されなければならないのである。

彼女の学位請求論文をもとに執筆された『欲望の主体――二〇世紀フランスにおけるヘーゲルの影響』(1987) はその序論において、スピノザからヘーゲルへと移る哲学史の一幕に言及している。それはおそらく当時のバトラーにとって、ヘーゲル哲学の独自性を哲学史上のコンテクストにおいて説明するものでしかなかったかもしれない。しかしながら、それは学説史の説明であるだけでなく、彼女自身の哲学的軌跡を無意識に語っているものとしても読むことができるかもしれない。そこで、この序論を学説史としてではなく、バトラー自身が無意識に自己の哲学的軌跡を語っているドキュメントとして読解してみたい。

『欲望の主体』の序論において、バトラーはスピノザをヘーゲルの「先行者」として位置づけている。バトラーの解釈は、フランス・ポストモダンを席巻した「スピノザ対ヘーゲル」の構図をとることもなければ、ヘーゲルがスピノザの「実体」を「主体」とみなすことでカントとの弁証法的統一を果たしたとする一般的な哲学史的見解をとることもない。[*5] いずれの解釈もヘーゲルを「全体性の思想家」とみなす点で共通しているのだが、それに対してバトラーはヘーゲルを「脱-自の思想家」とみなし、「ヘーゲル的主体」を絶えず自己をその外部に見出し、ついに「全体」へと至ることのない主体であると解釈している（次章参照）。バトラーがその序論でヘーゲルのスピノザ批判を取り上げるのは、このような文脈においてである。そこでまず、ヘーゲル自身のスピノザ批判を簡単に確認しておこう。

ヘーゲルは『哲学史講義』のなかで、スピノザの哲学を「無神論」ではなく、むしろ「無世界論」とみなして批判している。ヘーゲルによれば、スピノザの汎神論は神の否定ではなく、むしろ「神がありすぎる」ことが問題なのである。スピノザの学説において、現実存在は実体としての神の有限様態である。この説明において、現実は神的実体の「否定」として実現されることになる。スピノザの哲学は、自己原因としての実体から属性、様態へと展開するが、その展開はピエール・マシュレの言葉を借りれば「ゼロへ向かう引き算の運動」（Macherey 1979: 38）である。無限の実体がなんらかの有限様態として実現されることは、その実体の無限性を否定する。したがって、スピノザにあっては「規定」は「否定」なのである。[*6] この意味で、スピノザにとって「世界」はなんらかの規定態である以上、「世界」は神的実体の「否定」でしかない。そのため、ヘーゲルは次のように述べることになる。「スピノザによると、世界と呼ばれるものはどこにも存在しない。それは神の形式にすぎず、それ自体ではなにものでもない。世界は本当の現実性をもたず、一切は唯一の統一体という深淵にのみこまれてしまう」（ヘーゲル　一九九三：二七一）。スピノザにおいては「神がありすぎる」ため「世界」は神的実体の規定態（＝否定態）でしかなく、世界それ自体はいかなる現実性ももたないことになってしまう。

それに対して、ヘーゲルは「否定」を「無」としてではなく、「運動」として考察する必要があると主張する。ヘーゲルによれば、「否定」は単に個別性の「規定」であるばかりではない。それは「普遍」から遠ざかるだけでなく、まさしくその個別性を「否定」すること（否定の否定）を通して「普遍」に還っていく契機でもある。つまり、スピノザは規定態としての否定を考察するだけで、それをさらに「否定」する自己意識の運動を排除していたとみなされるのである。この点で、バトラーは次のように述べている。「スピノザは〔…〕自己意識の否定性を排除した形而上学的体系を樹立したかどで非難されるのだ」（SD, p. 10）。バトラーは、この「ヘーゲルのスピノザ批判」が「彼〔ヘーゲル〕自身の形而上学的閉鎖に対する懐疑のハイライトである」（SD: 10、〔〕内は引用者注）と述べている。スピノザの体系は、人間主体の「自己意識の否定性」を導入することで、決して閉じられることのない円環になるというのである（SD: 12）。言い換えるなら、バトラーはヘーゲルを通して、スピノザの哲学を閉じた形而上学的体系としてではなく「世界」へと開こうとしたといえるだろう。

この点で、バトラーはスピノザとヘーゲルとを決して対立させてはいない。実際、『欲望の主体』の序論において、両者は欲望を中核にした哲学を創始したものとして位置づけられている。「スピノザとヘーゲルにとって、人間主体の形而上学的な場所は欲望に内在的な合理性を通して分節化される。というのも、欲望は人間主体の基礎的な衝動であるとともに、主体がそれを通してその必然的な形而上学的位置を再発見し、あるいは再構成するところの様式でもあるのだから」

（SD: 5）。このように、バトラーはスピノザをヘーゲルとの哲学史上の系譜において読解している。したがって、バトラーにとってスピノザはヘーゲルによって単に乗り越えられるのではない。「スピノザの欲望（cupiditas）の概念、すなわち人間のコナトゥス（conatus）と理性的な自己の実現化はヘーゲル自身の欲望の概念を前もって示している（prefigure）」（SD: 11）のである。のちにバトラーはこの点について次のように述べている。「私はその当時〔地下室でスピノザを読んだ時期〕、スピノザのこの考え〔コナトゥスの理論〕が、その後のヘーゲルに関する自分の学術研究にとって重要なものであるとは気づかなかった。しかし、スピノザの思想は、欲望とはつねに承認に対する欲望であり、承認は継続し生存しうる生にとっての条件であるとするヘーゲルの思想に先立つ近代初期の思想であったのだ」（UG: 236）。『権力の心的生』（1997）では、バトラーはすでにこのようなスピノザへの負債を自覚しており、スピノザを起点に置く一種独特な哲学史観を開陳している。*7 そこではスピノザを起点として、ヘーゲル、ニーチェ、フロイト、フーコーをつなぐバトラー独自の哲学史観が示されている（PP: 62）。ここに、スピノザからヘーゲルへと向かうバトラー自身の哲学的軌跡を透かしみることができるだろう。

4　コナトゥスと承認

このように、バトラーは『欲望の主体』の序論においてスピノザからヘーゲルへと展開する哲学史の一幕について考察しており、それは彼女自身の哲学的軌跡のドキュメントを伝えるものでもあるように思われる。しかしながら、スピノザからヘーゲルへのこの移行はなぜ必要だったのだろうか。スピノザの哲学的体系を「世界」に開く必要がなぜあったのか。ここで『権力の心的な生』における次の一節が私たちの考察のヒントになる。

もしも、欲望とはつねに自分自身の存在へと固執する欲望であるというスピノザの概念を受け入れ、そして欲望の理想を形成する形而上学的実体を社会的存在のより柔軟な概念として再定義するのなら、そのとき私たちは自分自身の存在に固執する欲望を社会的な生の危うい諸関係のなかでのみ媒介されうるようななにかとして記述し直す準備ができているということになるだろう(PP: 27-8)。

バトラーが強く訴えているのは、スピノザのコナトゥスを「社会的存在のより柔軟な概念として再定義する」必要性である。私たちはこの「再定義」の試みをバトラーの「社会存在論」に見出すことになるのだが、ここで是非とも確認しておくべきはコナトゥスを「社会的存在」を考察するための概念として再定式化しようとする彼女の視座である。バトラーがヘーゲルを介してコナトゥスに承認の視点を導入したのも、スピノザのコナトゥスを「社会的存在のより柔軟な概念」として再構築するためだったといえるだろう。以下では、このような再構築がバトラーにとって必要だった理由を、スピノザの「自殺」の記述を例に具体的にみていきたい。[*8]

スピノザにとってコナトゥスは「自分自身の存在へと固執する努力」であり、そうである以上「自殺」はコナトゥスの本性から帰結するものではありえない。むしろ、スピノザによれば、「自殺」はコナトゥスに対して「外的な原因」によって引き起こされる。スピノザは『エチカ』で「自殺」に関して次のように述べている。「何人も自己の本性に反する外部の原因に強制されるのでなくしては自己の利益の追求を、すなわち自己の存在の維持を放棄しはしない」（スピノザ『エチカ』第四部定理二〇備考）。しかしながら、ここで問いたいのは、果たして自殺が本当に「外的原因」によるものであり、それはコナトゥスと内的に関わらないものなのか、ということである。むしろ、ある種の自殺には「生」への、「承認」への欲望が賭けられているということはできないだろうか。アントナン・アルトーがヴァン・ゴッホを「社会が自殺させた者」と呼んだように、その生は別の社会的世界では可能であり、その死は別の、そこでなら生きることが可能であるような社会的世界を希求するものとして考えることはできないだろうか。それをある種の「自分自身の存在への固執」と考えることは可能か。

「社会が自殺させた者」とは言い換えれば、すでに実際に自殺する以前から、生きながらにして「社会的死」を宣告された者を指しているといえる。バトラーは『ジェンダーをほどく』のなかで『ジェンダー・トラブル』を振り返りながら、そこで問題になっていたのは「ジェンダー規範から外れ、その規範の混乱において生きている人々が、それでも自分たち自身を、生存可能な生を生きている者としてだけでなく、ある種の承認に値する者としても理解できるような世界を想像する試みだった」(UG: 207)と述べている。一九九九年に『ジェンダー・トラブル』に寄せられた序文でも、バトラーはまるでそれ自体が喪の作業の一環であるかのように次のように記している。

私は、ジェンダー規範という暴力——例えば、解剖学的にみて異常な身体をしているために監禁され、家族や友人を奪われ、カンザスの大草原にある「施設」でその生涯を送ったおじ、[…]そのセクシュアリティのために家を追われたゲイのいとこたち、一六のときの私の荒れに荒れたカミングアウト、仕事や恋人や家庭を失うというそれ以降に立ち現れた大人の世界の光景——について多少は分かるようになった。[…]〔ジェンダーの〕非自然化について記述したのは、[…]単に言語と戯れたいとか、「現実」の政治の場で道化を演じてみせたいと思ったからではない。生きたい、生きられるようにしたい、可能なものそれ自体について考え直したいと思ったからこそ、そのようなことを行ったのである。私のおじが家族や友人やその他の広範な人間関係といった集団のなかで生きるためには世の中はどのようなものでなければならないのだろうか。私たちはいかにして、人間に対する理念的な形態学的な締めつけを、規範から締め出された者たちが生きながらにして死を宣告されることのないようなものに変えなければならないのか(GT: xx-xxi)。

このように、バトラーが『ジェンダー・トラブル』で企てたことは、「規範に近づくことができない人たちが生きながら死を宣告されることがない」世界を想像することだった。それは言い換えれば、「ジェンダーの規範」から排除された人が「生きながらにして死を宣告される」状態が存在した／しているということである。

これに関連してさらに取り上げたいのは、八〇年代の「エイズ危機」の経験である。『ジェンダー・トラブル』では明示的にこそ言及されていないものの、この「エイズ危機」の経験がバトラーに大きな影響を与えたのは明らかである。この点に関して、清水晶子は次のように述べている。「バトラーの『ジェンダー・トラブル』は、しばしば、過度に抽象的で難解だと批判されるが、それでも、ＡＩＤＳの流行にあって「生のあやうさ」を不均等に配分し、同時にそれを利用して強化されていくホモフォビアへの憤りと批判は、そこに容易に見て取れる」（清水　二〇一二：二四五）。「エイズ危機」の時代において、エイズは「同性愛者の病気」とみなされることで、ホモフォビア（同性愛嫌悪）がいっそう助長され、強化されることになった。このような趨勢にあって、セクシュアル・マイノリティは「嘆かれるに値しない生」、すなわち「生きながらにして死を宣告された」生を生きる他なかったといえる。後に九・一一以後のバトラーは現代アメリカの戦争や政治に積極的に介入し、そこで「嘆かれるに値しない生」を問題化するようになるが、このような議論は明白に「エイズ危機」の経験と重なるものである。

このような「生きながらにして死を宣告される」経験は、社会的な承認の存在しない状況ではコナトゥスが困難であるということを示唆しているだろう。事実、バトラーは次のように述べている。

すべての人間存在は自分自身の存在に固執しようとすると主張したのはスピノザだったが、彼はこの自己‐固執の原理、すなわちコナトゥスを、彼の倫理学、そして実際には政治学の基礎に据えた。ヘーゲルが欲望はつねに承認への欲望であると主張したとき、彼はある意味で、このようなスピノザ主義的な観点を延長し、結果的に、自分自身の存在に固執することは私たちが承認を受けとり提供する作業に従事しているところの条件においてのみ可能だと、私たちに語っている。もしも私たちが承認されえないのなら、〔…〕自分自身の存在に固執することは不可能であり、私たちは可能的存在ではない。つまり、私たちは可能性から排除されつづけることになる（UG: 31）。

「承認」という社会的概念をコナトゥスが必要とするのは、コナトゥスのみでは「社会的存在」を十全に捉えることができないからである。この点で、スピノザが「自殺」をコナトゥスの本性に即して説明できないのはその証左であろう。スピノザにとって「自殺」はコナトゥスではなく「外的原因」によるものであり、この原因が「社会的なもの」であったとしても、それはコナトゥスとは本質的には関わりのない「外的なもの」であらざるをえない。バトラーはこの点に関して、あるインタヴューのなかで次のように述べている。「スピノザが自殺を自ら招いたようなものとして理解することができなかったことは、彼がいかに徹底的にコナトゥスの概念から否定性を一掃しようとしたかを示しています［…］。人間が自分自身の存在に固執するよう努めることは真理であると思いますが、人間がそうしようと努めないこともまた真理なのです」（Butler 2007a: 150）。

「生きながらにして死を宣告された」者が自殺することを、果たしてコナトゥスとは無縁な「外的原因」のためであるとみなすことはできるだろうか。換言すれば、コナトゥスとはその人間が置かれた社会的状況とは無関係に誰もが追求できる欲望なのだろうか。「エイズ危機」の時代に顕著なようにジェンダー規範から逸脱した者たちが「生きながらにして死を宣告される」状況を経験したバトラーにとって、また現在でも異性愛者に比べて軒並み高いセクシュアル・マイノリティの自殺率を考え合わせるなら、これらのことはコナトゥスを「承認」との関係で再考する必要性があることを示している。コナトゥスは「社会的存在のより柔軟な概念として再定義」されなければならないのだ。バトラーがヘーゲルを介してコナトゥスを「承認を求める欲望」として再定式化し、のちにコナトゥスの思想を「社会的存在」に関する理論として鋳直そうとするのはそのためである。

5　コナトゥスに賭けられた問い

ここで私たちが洞察することができるのは、スピノザのコナトゥスがバトラーの「生と哲学を賭けた闘い」において根本的な問いを提起した概念であるという点である。バトラーが「哲学」において「生」をいかに語るかという問題を自らに課したのであるとすれば、それはコナトゥスの問いに集約されるのだ。「スピノザのコナトゥスは私自身の作品の核心部にありつづけている」（UG: 199、強調引用者）。

自分自身の生に固執する欲望であるコナトゥスが可能になり、承認されるのはいかにしてなのだろうか。この問いは、欲望を承認との関係で捉えたヘーゲル哲学に関する考察に引き継がれることになる。バトラーは『欲望の主体』に一九九九年に寄せた序文のなかで、自分の思索がつねにヘーゲル的問いを廻るものであると述べている。「ある意味で、私の作品のすべては一連のヘーゲル的問いの範囲内にとどまったままである。すなわち、欲望と承認のあいだにある関係とはなにか、主体の構成が根本的で構成的な他性への関係を伴うのはいかにしてなのか」（SD: xiv）。しかしながら、この問いが同時に、バトラーがスピノザのコナトゥスに感知していた問いでもあることはすでに考察した通りである。

『ジェンダー・トラブル』がジェンダー規範から排除された者の生が可能になる社会的世界を想像する試みであったのなら、それはコナトゥスの問いに貫かれた思索でもあるだろう。「破門」されたスピノザ、エイズ危機の時代に嘆かれることなく死んでいった者たち、今も続くセクシュアル・マイノリティの自殺……、これら「生きながらにして死を宣告された」者たちが投げかける問いは、社会から周縁化され排除された者が「生存」し、「承認」に値する「生」を送ることができる世界とはいかなるものかという問いである。このような問いは、バトラーが若い頃に地下室で読んだスピノザの『エチカ』に、すなわち「絶望のなかにあってさえ固執する一種の生気論」に、おそらくは潜在的に見出していたであろう問いなのである。本書は、このような「コナトゥスの問い」をバトラーがいかに引き受け、探求したかを考察するものである。

第二章　欲望と承認――『欲望の主体』を読む(1)

はじめに

前章で私たちが確認したのは、バトラーの哲学的軌跡の核心部に「コナトゥスの問い」が認められるということだった。バトラーがコナトゥスに感知した問いとはまさに、規範から排除された者がいかにして承認に値する生を生きることができるか、という問いだった。この問いこそがバトラーの全思索を方向づけているものなのであり、したがってコナトゥスの問いは彼女の思索の「核心部」に秘められているのである。

バトラーの「生と哲学を賭けた闘い」は、その舞台をスピノザのコナトゥスからヘーゲルの「承認を求める欲望」へと移すことになった。それはコナトゥスという「生存の問い」を追及する上で、「承認」の問題が前景化したからであった。バトラーの最初の著作『欲望の主体――二〇世紀フランスにおけるヘーゲル哲学の影響』(1987)はまさにそのような試みの成果ということができるだろう。これはもともと一九八四年に博士論文として提出されたものを一九八七年に加筆、修正して出版したものである。そこでバトラーはヘーゲル哲学とその二〇世紀フランスにおける受容史を考察している。一九九九年に寄せられた序文のなかでバトラーは次のように述べていた。

ある意味で、私の作品のすべては一連のヘーゲル的問いの範囲内にとどまったままである。すなわち、欲望と承認のあいだにある関係とはなにか、主体の構成が根本的で構成的な他性への関係を伴うのはいかにしてなのか(SD: xiv)。

『ジェンダー・トラブル』以降の著作と『欲望の主体』は決して無縁ではない。ある意味で、『ジェンダー・トラブル』以降のバトラーの思索は『欲望の主体』で検討された「ヘーゲル的問い」を経巡るものなのである(そして、私たちはこの問いがもともとはバトラーがスピノザのコナトゥスに感知していた問いでもあったことを確認しておいた)。それゆえ、『欲望の主体』を単なる学者のキャリアとして片づけるわけにはいかない。それはその後のバトラーの思索を準備する著作なのである。したがって、本章と次章では、バトラーの『欲望の主体』を中心に取り上げ、そこに認められるバトラーの「ヘーゲル的遺産」を考察する。

そこでまず、『欲望の主体』の内容と構成を確認しておきたい。『欲望の主体』(一九九九年のペーパーバック版）は以下のような構成から成っている。

四章構成から成る『欲望の主体』であるが、その内容は大きく二つに分けることができるだろう。ひとつはヘーゲル『精神現象学』（以下、『現象学』と略記）に関する注釈であり、いまひとつは二〇世紀フランス思想界におけるヘーゲル哲学の受容史を考察したものである。前者は『欲望の主体』第一章に、後者は第二章から第四章に対応する。

『欲望の主体』第一章「欲望、レトリック、承認——ヘーゲル『現象学』における」では、『現象学』の「意識」章から「自己意識」章における「自己意識の自立性と非自立性　主人と奴隷」までが検討されている。具体的には、『欲望の主体』第一章第一節「精神の現象学」では『現象学』のレトリック構造が考察され、第二節「欲望の存在論」では「意識」章から「自己意識」章の「自己自身の確信の真理」までが、第三節「身体のパラドックス」では「生と死を賭けた闘い」や「主人と奴隷の弁証法」が取り上げられている。本章では、『欲望の主体』第一章第一節と第二節の議論を中心に考察し、バトラーがヘーゲルの『現象学』をいかに読解したかをまず明確化することにしたい（「身体のパラドックス」の節以降の『欲望の主体』の議論は次章で扱う）。それによって、バトラーの思索の始点であったコナトゥスが「承認を求める欲望」として捉え返されていく道程をみていくことにしたい。

1　主体を待ちながら――バトラーのレトリック論

『欲望の主体』はもともと一九八四年に書かれた博士論文「回復と創造――ヘーゲル、コジェーヴ、イポリット、サルトルにおける欲望の企て」をもとに加筆、修正した上で一九八七年に出版された著作である。すでにみたように、八〇年代のバトラーは徐々に「哲学と政治の関係」を問うようになり、その際にバトラーがはじめに着手したのが「ヨーロッパ哲学における他者性の問題」だった。そこでバトラーは、「他者性に関する近代の祖」であるヘーゲルの研究に進むことになる。したがって、それは、コナトゥスという自分自身に固執する欲望を他者との関係において探求する作業であるともいえよう。そこで本章では、『欲望の主体』におけるバトラーの欲望論に着目し、欲望が「承認を求める欲望」として理論化される由縁をみていくことにしたい。

バトラーのヘーゲル解釈の特徴はまず、『現象学』のレトリック構造に着目する点にある。そこで本節では、バトラーのレトリック論を取り上げることから始めよう。その上で次節以降では、バトラーがそのレトリック論を通して示した「ヘーゲル的主体」の内実を『現象学』の内容に即して分析していく。

バトラーは『欲望の主体』第一章のはじめで、『現象学』におけるセンテンスとそれが位置づけられるナラティヴ全体の構造それぞれを分析している。バトラーのレトリック論が特徴的なのは、『現象学』を「教養小説」として、一種の「文学作品」とみなした上で、そのレトリックを考察している点である。とはいえ、『現象学』を一種の「教養小説」とみなす操作それ自体はそれほど目新しい見解というわけではない。むしろ現在では、『現象学』を体系的なテクストとみなすほうが難しいだろう。かつて、ヘーゲルといえば体系的な哲学者とみなされ『現象学』もそのような見地から読まれていたが、『現象学』の出版や編集事情に関する研究からこういった見方を維持することは困難になった。例えば、『現象学』には「精神現象学」と「意識の経験の学」という二つのタイトルが併存していること（いわゆる「二重タイトル問題」）は、ヘーゲル自身が執筆や出版の過程で『現象学』の計画を変更したことを示していることが研究者によって明らかにされた。この意味で、『現象学』を体系的テクストと解釈することの方がいまでは事実を無視したイデオロギー的な操作であるとの誹りを免れえないだろう。*1 その代わりに、現在有力な『現象学』解釈のひとつとしてそれを「教養小説（Bildungsroman）」とみなすものがある。例えば、長谷川宏は『現象学』をゲーテの教養小説『ヴィルヘルム・マイスター』と比較している（長谷川宏　一九九七：四一）。

『現象学』は「意識」という抽象的な主人公が様々な冒険を経て「絶対知」に至る一種の「教養小説」である、というわけである。

このように、『現象学』を「教養小説」の一種とみなす解釈はバトラーに特有な見解というわけではない。しかし、それにもかかわらず、バトラーのレトリック論はやはり異色である。彼女の解釈が異彩を放つのは、『現象学』をどんな文学作品に喩えているかという点にとりわけ顕著である。通常、『現象学』を「教養小説」とみなす研究者が類比的に引いているのは、ゲーテの『ヴィルヘルム・マイスター』といったいわゆる「教養小説」であった。それに対して、バトラーはどんな文学作品を例に挙げているのか。なかでももっとも興味深いのが、サミュエル・ベケットの『ゴドーを待ちながら』だろう。[*2] バトラーは『現象学』を、ベケットの作品『ゴドーを待ちながら』と類似した構造をもつテクストとみなすのである。

『ゴドーを待ちながら』では、登場人物たちはゴドーという人物を待ち続けるが、ついに作品のなかにゴドーは現れない（バトラーはゴドー Godot が神 God を連想させることに注意を促している）。バトラーは、『現象学』がこのような「待ちながら」という様態に貫かれていると指摘する。『ゴドーを待ちながら』と同様、「私たちは『現象学』を、メインキャラクターがまだ到着していない状態から始める」（SD: 20）。実際、『現象学』における「主人公」が「絶対者」であるとすれば、私たちはその「絶対者」の到来を待望する読者だといえる。ところで、『現象学』はこの「絶対者」が「私たち自身」であると気づく道程でもある。バトラーも述べているように、「私たちは、

『現象学』それ自身を通して、私たちの歴史、私たちの生成の様態を認識するパースペクティヴを次第に構成する限りで、私たちが待ち続けていた主体が私たち自身であることを認識する」（SD: 20、強調原文）。したがって、バトラーの言葉を借りながら『現象学』に別のタイトルを冠するならば、それは「主体を待ちながら（waiting for the subject）」（SD: 20）となるであろう。

このように、バトラーは『現象学』を「主体を待ちながら」という様態に貫かれたテクストとして位置づける。すでにこの操作は、バトラーのヘーゲル解釈の特徴を浮き彫りにしている。つまり、ヘーゲル的主体とは「絶対者」の到来を待ち続ける主体である。さらに、この主体はその「絶対者」が到来するまで、言い換えれば私たち自身が絶対者であると認識するまで、「これこそが絶対者だ」と確信しながら次の瞬間にはその確信の誤りに遭遇するような主体である。このように「自己の外に」絶対的な真理を追究しながら絶えずその「失敗」を繰り返す主体を、バトラーは「脱‐自的主体（ek-static subject）」（SD: xv）と呼ぶ。[*3] さらにバトラーによれば、絶対者の到来はついにありえず、ヘーゲル的主体はつねに脱‐自態を逃れることはできないとされる。このように、バトラーの解釈では「ヘーゲル的主体」はまさに『ゴドーを待ちながら』と同じ構造をもつ主体とみなされる。

『現象学』のセンテンスやナラティヴ構造を分析するバトラーのレトリック論はすでにこのような解釈をある程度示している。バトラーははじめに『現象学』のセンテンスの構造を分析し、「実体は主体である（Substance is Subject）」というセンテンスを例に取り上げている（SD: 18）。「実体は主体である」とは、ヘーゲルが『現象学』の序文で示しているテーゼを簡略化したものであろう。[*4] このセンテンスの特異な点は、それが文法的主語にあたるもの（ここでは「実体」）の「定義」を与える文章としては機能していない点にある。私たちは「実体」の意味を知るためには「主体」の意味を知らなければならず、その逆もまた然りである。したがって、先のセンテンスの繋辞「である（is）」は「になる（become）」、つまり「生成」を意味する（SD: 18）。「実体」の意味を知るためには、それが「主体」にならねばならないのである。言い換えれば、ヘーゲルのセンテンスはそれ自体では理解不可能であり、決して自己完結していない。その意味を保留にし、その意味が到来するのを「待ちながら」、私たちは先へ先へと進まねばならない。「ヘーゲルのセンテンスは私たちを先へ先へと、まるで知の旅へと送り出すようである」（SD: 19）。その意味がついに確定されるのは、私たちが『現象学』のナラティヴの「全体」を理解したときなのである。「そのセンテンスの意味を知ることはヘーゲルの体系の意味を知ることとである」（SD: 19）。

したがって、バトラーは次に、ヘーゲル的センテンスが導く『現象学』のナラティヴ全体のレトリック構造を分析する。バトラーによれば、ヘーゲルのナラティヴの特異性は「哲学上の形式と内容の距離を縮める」（SD: 20）点にある。言い換えれば、『現象学』の方法と内容は限りなく一致しており、方法論があらかじめ確立された上で内容が分析されているわけではない。このことは、私たちが『現象学』というテクストを俯瞰することができないことを意味する。私たちは『現象学』で現れる様々な対象や主題を外側から認識することを禁じられており、それぞれの「意識の経験」

に埋没しなければならないのである。そのためバトラーは、『現象学』が要求していることは「旅する主体に読者が想像的に同一化すること」(SD: 20) であると指摘している。私たち読者は『現象学』が差し出す様々な「存在論的舞台」(SD: 21) に登らなければならず、その経験を追体験しなければならないのである。したがって、バトラーは次のように述べることになる。「『現象学』は旅する意識についてのナラティヴであるばかりではない。それは旅そのものなのである」(SD: 21)。『現象学』のナラティヴ構造は「読者」に「想像的同一化」を迫るものだった。では、「読者」は『現象学』を読むことを通してどんな「旅」に誘われるのか。バトラーは『現象学』の「旅」を次のように描いている。

それ〔『現象学』〕は様々な方法で存在論的な舞台を設定し、上演された舞台の現実を信じるよう私たちに強制し、その舞台が内包するつかの間の主体に同一化するよう仕向け、そしてその上、その主体の同一性への探求の不可避的な失敗を、その舞台の境界を越えずにその内側で受け止めるよう私たちに求めるのである (SD: 21)。

例えば、『現象学』の最初の「感覚的確信」の章は、「このもの」という個別具体的なものを対象とし、そこに真理を見出そうとする。ところが、「感覚的確信」の経験は「このもの」が実は「一般的なもの」であったという経験である。「このもの」は、他のあらゆるものもまた「このもの」

といわれうるという意味で、実は「一般的なもの」なのである。したがって、真理は「このもの」ではなく、その逆のもの、すなわち「一般的なもの」にあることを「確信」の主体は経験する。つまり、私たち読者は「感覚的確信」という「存在論的舞台」に登り、そこで示されている真理を信じるよう促されるにもかかわらず、最終的にはその約束が誤っていたことを追体験するのである。

ところで、この「失敗」は一見「悲劇的な盲目性」(SD: 21) を意味しているようにみえるが、バトラーはこの「失敗」が「喜劇的な近視」(SD: 21) であると述べている。事実、ヘーゲル的主体は「失敗」を前に嘆いたり、立ち止まったりはしない。[*5] むしろ、この「失敗」は新たな真理の契機である。「感覚的確信」の「失敗」が新たに「知覚」という「存在論的舞台」を生み出すように、失敗や挫折は新たな真理をすぐさま啓示する。「土曜の朝の時事漫画にでてくる驚くほど活発なキャラクターのように、ヘーゲルの主人公は自分自身を再び組み立て、新たな舞台を準備し、一連の新たな存在論的洞察を携えて舞台に登る——そして、ふたたび失敗する」(SD: 21)。したがって、バトラーはヘーゲル的主体がドン・キホーテのような「喜劇的主体」であると結論づける。「ドン・キホーテのように、ヘーゲルの主体は体系的に誤った方法で現実を追求する不可能なアイデンティティである」(SD: 23)。バトラーにとって、「ヘーゲル的主体」には一般的な教養小説が喚起するような「ヒロイックな主体」や「悲劇的主体」といった形象は似つかわしくない。バトラーがドン・キホーテや『ゴドーを待ちながら』のようなコミカルな形象を引き合いに出すのは、このようなヘーゲル的主体の喜劇性を強調するためなのである。

このようにバトラーのレトリック論が示唆しているのは、ヘーゲル的主体が「絶対者」を追求しながら絶えずそれを見出すのに構成的に「失敗」する脱‐自的主体であるということである。次節以降では、バトラーのこのようなヘーゲル解釈を、彼女が『現象学』の欲望概念をいかに解釈しているのかという点から改めて考察することにしよう。

2　欲望の存在論的舞台

バトラーはレトリックの観点から「ヘーゲル的主体」の特徴を示した。次に、バトラーは『現象学』における「欲望」概念を考察することを通して「ヘーゲル的主体」の構造を解明することを試みる。そこで本節では、バトラーが『現象学』の内容をどのように解釈しているかをみていこう。

『現象学』はまず「意識」をその「存在論的舞台」とする。ヘーゲル哲学における「意識」とは「対象‐意識」である。そこでは、「意識」とその「対象」は存在論的に区別される両極である。対して、「自己意識」においては自己自身が意識の対象である。バトラーが述べていたように「絶対者が私たち自身である」ことを認識するのが『現象学』の究極の目的であるとすれば「自己意識」とは『現象学』の本質的なエレメントである。「欲望」はこのような自己意識がはじめにとる形態である。

バトラーがその欲望論ではじめに着目するのは、「欲望」が『現象学』という舞台にはじめから現れているわけでないという点である。前節で私たちは『現象学』が「主体を待ちながら」という様態にあるとするバトラーの解釈を確認したが、まさに「欲望」という「登場人物」が最初は「現れていない」という点をここで確認しておく必要がある。欲望は「自己意識」章の「自己自身の確信の真理」に至ってはじめて「現れる」。したがって、バトラーがまず問うのは、欲望が「現れる」のはいかにしてかという問題である（SD: 24）。また私たちが前節で確認したように、新しい「存在論的舞台」がそれに先立つ「存在論的舞台」の「失敗」によって生み出されるものであるならば、この問いは「欲望を可能にした存在論的舞台とは何か」と言い換えることができるだろう（SD: 24）。そこでまず「欲望」の「先行者」である「意識」の経験をみていく必要がある。

「欲望」を生み出す「先行者」は「意識」である。それゆえ、「意識」は「欲望を可能にする世界の条件あるいは特性」（SD: 24）を示すものである。ふたたび確認すると、ヘーゲルの「意識」とは「対象‐意識」である。そこでは意識と対象は存在論的に区別される。「意識は、それが出会う感覚的、知覚的世界とは根本的に異なったものであるという想定＝思いこみによって示される」（SD: 25）。そこでは意識は、自己とは存在論的に区別された対象ないし世界に真理を見出そうと努める。「意識はここでは世界への純粋な対象没入であるが、しかし世界と同一ではない。それは決して、その世界の真理や客観的な現実存在を規定しない」（SD: 25）。

しかし、このような意識の経験の過程において「パラドックスが生じる」（SD: 25）ことになる。その「パラドックス」とは「感覚的、知覚的世界は意識において描かれるという事実」（SD: 25）

である。このことは、意識が対象ないし世界から存在論的に区別されたものであったにもかかわらず「意識自身がその世界の真理の規定に参与している」（SD: 25）というパラドックスを示している。かくして、意識が「絶対的現実を規定するという主要な存在論的役割を担っている」（SD: 25）ことが次第に明るみになっていく。実は、意識は世界に対する「他者」として世界を「媒介」していたのである。

バトラーによれば、このようなパラドックスの洞察は「悟性」章における「力」の概念とともに生じる。悟性が対象とする「力」は、それに先立つ「知覚」の「物」の経験から生起する。物は「ひとつのもの」であるが、それは多様な性質をもつ。塩は白く、辛く、また結晶体でもある。かくして、物は「一」でもあり「多」でもあるという意味で矛盾している。力は物が陥った矛盾を運動として実現する。言い換えれば、力においては「一」と「多」は統一される。力は「現象」には還元されない。力は本質的になんらかの物質を通して現れるが、それ自体は物に限定されるものではなく、その物を展開する背景でもある。力とは本来このような運動の全体を指すのである。意識は力の「現象」を媒介にして、その背景にある力の運動を見出すことができる。この意味で、バトラーは力が「感覚的、知覚的現実の世界の外在性を、意識それ自身に本質的に関与しているものとして位置づける」（SD: 26）と述べている。そのため、バトラーは「力は意識から自己意識への移行において本質的である」（SD: 26）と指摘する。

このような力の運動を「説明」するのが「悟性」である。ところで、バトラーによれば、このような悟性の「説明」の試みこそ「欲望」を生み出す直接的な契機である。したがって、悟性の「説明」は欲望の存在論的条件を照射するものでもある。この悟性の「説明」の試み、これからみるようにその試みの「失敗」が、「欲望を可能にする存在論的舞台」なのである。

悟性は力の運動を「説明」しようと企てる。ところが、悟性はこの試みに失敗する。それは「悟性がつねに現在時制においてその対象を固定する」(SD: 27)からである。悟性はまだ「意識」の領分に属する。言い換えれば、それは力の運動を固定した対象として把握しようと努める試みなのである。したがって、悟性において「力は一連の孤立した現象として説明される」(SD: 28)。つまり、悟性の問題は「反省性が欠けている」(SD: 28)点にある。力が即自的に自己意識を実現しているならば、悟性に欠けているのは「意識自身がその世界の真理の規定に参与している」事実の認識である。逆に言えば、悟性の「失敗した説明」は対象‐志向的でしかなかった意識に「反省性」の必要性を生み出す契機になる。

悟性には反省性が欠けていたが、しかし、その「失敗した説明」は不十分な形でとはいえ結果的に「反省性」を実現することになる、とバトラーは述べている。その「説明」において、対象は単に意識に外在的なものではない。対象はそこでは「説明されたものとしての対象」としてある。対象は「説明の形態において現実存在する」(SD: 29)のであり、言い換えれば、対象は言語によって分節化された現象なのである。かくして、「説明」の試みを通して、結果的に「意識自身がその世界の真理の規定に参与している」ことになる。

このように一見すると、「説明」の試みは「反省性」を実現しているようにみえる。だが、この試みが不十分であるのは、それが対象を「説明としての対象」に限定している点にある。言い換えれば、もともと意識の対象であった「感覚的、知覚的世界」は「説明としての対象」の「外部」にそっくり維持されたままである。バトラーによれば、ここに「新しい分離」が生じている。それは「外的で到達不可能な世界の現象と、意識の出来の良い説明において証されている真理との分離」(SD: 32) である。このような分裂を乗り越えるために、「感覚的、知覚的世界は意識と「統一」されねばならない」(SD: 33)。その「統一」の試みが「自己意識」であり、それが最初にとる形態こそが「欲望」なのである。

バトラーによれば、「説明のレトリカルなドラマは欲望のドラマにおいてより具体的な水準で再現される」(SD: 31)。彼女の解釈では、「悟性」章における「説明」が「欲望を可能にする存在論的舞台」である。そこで次節で考察する「欲望」との関係から、改めて「説明のレトリカルなドラマ」を以下の二点に整理しておこう。(1)「悟性」章における「説明」は「意識」の水準にある。意識とは対象 - 意識であり、対象を志向する。バトラーは意識のこのような性格を「対象没入」と形容している。このような意識の「対象没入」には、「力」という現象の「説明」を通して、意識自身の反省性が欠けていることが明らかになった。言い換えれば、意識は対象を志向する限りで「自己を失う」ことになるのである。(2)それに対して、「説明」においては「意識自身がその世界の真理の規定に参与している」。そこでは意識は言語を通して世界を媒介し規定するものとして現れる。

ところが、「説明」の試みは対象を言語によって分節化するものだった。そこには「説明」によって規定された対象の外部に「感覚的、知覚的世界」がそっくりそのまま維持されており、意識と世界はふたたび分裂している。言い換えれば、反省性を実現することは「世界を失う」ことに帰着するのである。

バトラーは、このような「説明のレトリカルなドラマ」を「欲望」は反復することになると主張している。「私たちが欲望する限りで、私たちは二つの相互に排他的な方法で欲望する。なにか他のものを欲望する限りで私たちは私たち自身を失い、私たち自身を欲望する限りで世界を失う」(SD: 34)。欲望は「対象没入」か「ナルシシズム」かのいずれかに陥るのである(SD: 34)。次節では、このような「欲望」のパラドックスを詳しくみていこう。

3　欲望の主体

「説明のドラマ」は、意識が対象を志向し没入する限りで反省性を実現できず、対して反省性を実現すれば意識の対象である世界を失うというパラドックスを示すものだった。言い換えれば、意識の志向性と反省性が統一されておらず相互外在的であるために意識と世界が分裂してしまう事態が意識の陥ったパラドックスである。したがって、「感覚的、知覚的世界がなんらかの仕方で意識と「統一」されなければならない」(SD: 34) ことが次第に明らかになったのである。この「意識と世界の存在論的不均等」（SD: 34）を乗り越えようとする努力、それが欲望である。
　しかし、すでにみたように、バトラーの見立てでは「欲望」はこのような「統一」に至らず、むしろ「説明のドラマ」を反復するものだった。だが、欲望は「説明のドラマ」とは異なる水準でそれを反復する。「説明」において、力という「運動」とそれを「説明」する意識そのものは外的に区別された両極であり、つまり意識は対象に対して「他者」であるにとどまる。しかし、欲望においては、意識の水準では存在論的に区別されていた感覚的、知覚的世界が意識と統合される。いまや意識は、自らが陥った世界との「存在論的不均等」というパラドックスを乗り越えるために、そのパラドックスをそれ自身の運動として統合するのである（SD: 35）。言い換えれば、「欲望の経験は運動と他性の総合として内的に現れる」（SD: 33、強調引用者）。「説明」のドラマでは「外的差異」として現れた意識と世界の不一致が「欲望」においては「内的差異」として再演されるのである。[*6]
　では、そのような欲望にとって「適切な対象」（SD: 36）とは何であるか。ヘーゲルによれば、それは「生命（Life）」である。事実、生命は欲望が消費する対象であるとともに、自己自身がそこに属する普遍的運動である。生命はまさに「他性と運動」の二つの契機を同時に含んだものなのである。したがって、生命が欲望の舞台になる。欲望はそのような生命という舞台において「説明のレトリカルなドラマ」を内的に反復することになる。
　欲望が『現象学』においてはじめにとる形態は「消費」である。「感覚的、知覚的世界が欲望されるのは、それが生命の消費のために要求され、生命の再生産のための手段であるという意味においてである」(SD: 33)。つまり、欲望は『現象学』において「動物的な飢え」(SD: 33)としてまず現れる。この意味で、欲望は「この生きている対象」を破壊する(食べる)ことで自己自身に「ポジティヴな形態」を与えようとするものである。

だが、バトラーによれば、このような欲望の戦略は「パラドキシカルでレトリカルな結論」(SD: 37)に導く。「消費する欲望」は「この生きている対象」を破壊し否定する。この否定作用を通して、「欲望は生命における一種の死の経験になる」(SD: 37)。つまり、「この主体が生命を欲望する」(SD: 36)限りにおいて、自己自身は「生命」の「外部」にあることになり、自己自身は「生きることができない」(SD: 36)のである。「消費する欲望」は「説明のドラマ」を反復する。生命を欲望する限りにおいて、この主体は「自己を失う」のである。「もし生きている事物の領野が消費されうるのなら、欲望は逆説的にもその生命を失うだろう」(SD: 39)。生命の破壊は、自己自身の生命の喪失に陥るのだ。

このような経験を通して、欲望が学ぶのは逆説的にも対象の自立性であり、その対象への依存である。

消費する欲望の経験はふたたび自己意識とその対象の媒介された関係を明示している。なぜなら、欲望の経験は、独立した対象にまず関係づけることなしには自己確信を与えることができないからだ。結果的に、破壊する行為主体は破壊される世界なしにはどんな同一性も持たない。したがって、この存在、すなわち、生命からの彼の追放を認めながら、すべての生きている事物を破壊しようと努めるこの存在は、ついに逆説的にも生きているものの世界への彼の本質的な依存をドラマ化することになる（SD: 38）。

「消費する欲望」の「否定」は、その否定が可能になるためにその対象を必要とする。そのため、その欲望は自己の他なるものへの「依存」を見出すのである。

さらにバトラーは、「消費する欲望」の経験はそれが否定する対象が実は「生命そのものと同じではない」ことを知る道程でもあると指摘している。欲望が否定する各々の対象は規定された（＝有限の）事物である。しかし、生命そのものはそのような規定された事物に限定されない無限の運動である。すると、欲望は自己を確立するために「潜在的に無限の数の生きている対象」（SD: 38）すべてを否定しなければならないことになるが、それは不可能である。欲望はここで、対象の破壊が不可能であること、それらを超越することの不可能性に気がつくのである。このような不可能性は、欲望が他なるものに依存していることを意味するだけでなく、欲望の「否定」が対象を殲滅するものではなく、他性を「媒介」する「規定的否定」であることを示している。したがって、「それ〔欲望〕は破壊から、生きている他なる事物の超越不可能性の承認へと発展しなければならない」（SD: 38）。欲望は自己が生き永らえるために、それが否定する他性を永続的に要求することになるのである。
欲望は志向的であるとともに反省的である企てである。欲望は他性を志向し、それを否定することを通して、自己を反省的に規定する。したがって、「否定」は「無」ではない。もし欲望が無であり、それが他性の領域をすべて否定することであるならば、欲望自身は「生きることができない」ことを意味した。「欲望は欲望として生きたままであるために、つまり生命を欲するだけでなく〔自らが〕生きている欲望として維持されるために、他性の終わりのない増殖を要求する」（SD: 39）のである。したがって、志向的であるとともに反省的である欲望はつねに「脱-自態」にあらざるをえない。

欲望は欲望している行為主体がつねにそれ自身に対して他なるものであることを示す。すなわち、自己意識は自己自身を取り戻すために、脱-自的な存在であり、それ自身の外側にあるのだ。欲望の対象の増殖は自己意識に対して永続的な他性の領野を確約する（SD: 39）。

欲望はそれが生きたものであるために「否定的なもの」を耐え忍ぶのであり、言い換えれば、欲望はその満足をついに奪われている。欲望は構成的に「他性の終わりのない増殖を要求する」ため、その主体をつねに「自己の外に」置くのである。「欲望はつねに欲望の行為主体をそれ自身に本質的に他なるものとして示す」（SD: 39）。

4　承認を求める欲望

前節では、ヘーゲルの「欲望の主体」は対象を完全に破壊することが不可能であり、またそのような破壊が結果的に自己の喪失を帰結することを学んだ。「欲望の主体」は対象に絶対的に依存しているのである。欲望は「それが破壊する世界なしにいかなる同一性も維持できない」（SD: 38）。いまや、欲望は対象を「破壊」するだけでは自己を維持することができないことを知ったのである。それゆえ、欲望は「破壊から、生きた他なる事物の超越不可能性を承認することへと、発展しなければならない」（SD: 38）のだった。

ここまでのところ、ヘーゲルの「欲望の主体」はその他なるものを不当にも「対象」に限定している。だが、「独立した対象の外在性はただ克服されるしかない」（SD: 38）。つまり、この対象はただ消費されるしかないのだ。だが、生命的対象の否定ないし破壊は自己自身の「喪失」に帰着するのであったから、自己意識は自己自身を確信するために別の方途を探らねばならないことになる。その方途はヘーゲルによれば「対象自身が自分で否定を実現すること」である。つまり、対象自身が自立的であり、自己と同様に意識的存在であるとき、自己意識は「他なるもの」において自分自身を鏡のように見出すことができる。バトラーはこの点に関して次のように述べている。「もし欲望が他性において実現され、この他性が自己自身を反省するのであれば、そのとき、欲望が求める他性とはもうひとつの自己意識であらねばならない。したがって、欲望にとって唯一の真の満足とは欲望それ自身の反省的構造を反映する（mirror）対象に見出されるのである」（SD: 38 強調原文）。かくして、欲望の対象は「他者」に、正確には「他なる自己意識」に移る。

このことは、ヘーゲルが言うように「自己意識が〔他の自己意識から〕承認されたものとしてのみ存在する」（Hegel 1980: 141）ことを意味する。欲望は対象を否定することでは自己を確信することができないことを知った。この経験は「生と死を賭けた闘い」でも繰り返されることになる。ヘーゲルによれば、他者からの承認を求める自己意識はまず、他者の否定すなわち死を目指すことで自己を確信しようとする。だが、他者の死を目指すこのような試みによって相手からの承認をえることができないことは火をみるより明らかである。それは承認を求めていた当の他者の否定である以上、自己意識は承認されえない。生命を消費する欲望の場合と同様に、ここで自己意識は再び「自己の喪失」を経験する。「生と死を賭けた闘い」において承認が成立しないのは、一方の自己意識が他方の自己意識をまるで対象であるかのようにみなし、承認を一方的に要求するからである。しかし、他なる自己意識は一方の自己意識そのものを「反映する（mirror）」存在である以上、それは他者であるとともに自己自身でもあるのである。他方の自己意識を対象かのようにみなして否定することは結局、自己自身を否定することに等しい。したがって、自己意識のあいだで承認が成立するためには、それは「相互承認」であらねばならない。自己意識が承認を達成するためには、「互いに承認し合っているものとして互いに承認し合っている」（Hegel 1980: 110）ことが必要なのである。したがって、バトラーは次のように述べている。

ヘーゲルの『現象学』の主体は志向的な〔対象〕没入と同一性の反省的追求の様態として現れるだけではない。その主体は、その充足のために、間主体的存在として自身を構成するために、他者を要求する欲望としても現れる。他者の、そして他者による承認を通してそれ自身の反映＝反省を得ようとする努力において、この主体はその依存がさまざまな属性のひとつであるだけでなく、その依存そのものが自己であることをも発見するのである（SD: 58）。

かくして、『現象学』における「承認を求める闘い」は「生と死を賭けた闘い」の後、「主人と奴隷の弁証法」に展開し、バトラーもまた『欲望の主体』の第一章第三節「身体のパラドックス――主人と奴隷」においてその展開を追うことになる。しかし、その考察は次章に譲り、本章では以上の議論から「ヘーゲル的主体」が自己を構成するために他者を必要とし、「他者との相互承認」を求めることを確認するに留めておきたい。

おわりに

バトラーにとって、「欲望」はヘーゲルの『現象学』を読解する上で鍵となる概念である。『現象学』は「絶対者」を追求するテクストであり、その「ヘーゲル的主体」とは「絶対者」を追い求める「形而上学的欲望の主体」である。「この〔ヘーゲル的〕主体は世界と彼の究極的な弁証法的調和に対する強制的な形而上学的純潔さをもって旅する」(SD: 22)。この意味で、『現象学』の主体は欲望を本質的なエレメントとする。「欲望が自己意識の反省性あるいは内的差異の原理である以上、そして、それがあらゆる外的関係を内的差異の関係に同化することを目的としている以上、欲望は『現象学』の企ての経験的な基礎を十分に形成している」(SD: 45)。だが、本章でみてきたように、欲望は自己を規定するために構成的に「他なるもの」を志向する。この意味で、欲望はその対象である「他なるもの」をいかに否定しようとも、それに徹底的に依存している。対象や他者の破壊は詰まる所「自己の喪失」に帰着するのであり、それゆえ、自己意識は「もうひとつの自己意識」である他者との「相互承認」によってのみ可能になる。この意味で、欲望は「承認を求める欲望」としてのみ可能なのである。

前章でみたように、バトラーの哲学的思索はスピノザのコナトゥスとともに始まったが、ヘーゲル『現象学』の読解を通してスピノザのコナトゥスはいくらかの修正を迫られることになるだろう。「自分自身の存在に固執する」欲望は他者の／による「承認」によってはじめて可能になるのだ。それでは、ヘーゲル的主体の「承認を求める闘い」はその後どのように展開されていくのだろうか。あるいは、「他者」との「相互承認」はいかにして可能なのか。その考察から、バトラーはどのような帰結を導くのだろうか。次章では『欲望の主体』を考察しながら、この点について探求していこう。

第三章　欲望の主体と「身体のパラドックス」――『欲望の主体』を読む(2)

はじめに

バトラーの『欲望の主体』は単なるヘーゲル哲学に閉じた研究ではなかった。バトラーはヘーゲルの『現象学』をそれ自身「旅」の様態にあるテクストとして解釈した。『欲望の主体』はその「旅」を追いかけるものである。それが追求するのはヘーゲルのテクスト内部の旅だけではない。それはヘーゲルのテクストそのものがいかに歴史の舞台を旅するかをめぐる研究でもあるのである。実際、バトラーは『欲望の主体』でアレクサンドル・コジェーヴ以降の二〇世紀フランスにおけるヘーゲル哲学の「旅」を探求することになる。本章では、二〇世紀フランスという歴史的舞台をいかにヘーゲルの思想が旅するか、それをめぐるバトラーの叙述を考察することにしよう。

とりわけ、バトラーはヘーゲルの「主人と奴隷の弁証法」が喚起する問題が二〇世紀フランスの思想界において反復されているとみなしている。そこで本章ではまず、バトラーが「主人と奴隷の弁証法」をいかに解釈しているか、それが喚起する問題とは何か、といった点についてまず考察する。その上で第二節以降では、フランス思想界の二つの世代、大きく実存主義思想とフランス・ポストモダン（構造主義とポスト構造主義）に分けられる各々の世代に関するバトラーの読解を考察する。とりわけ、第二節ではコジェーヴ、イポリット、サルトルを、第三節ではフーコーを取り上げる。

以上の考察を通して本章で探求する問題は、ヘーゲルの「欲望の主体」において他者との「相互承認」が可能になるのはいかにしてか、その条件とは何か、という問題である。バトラーはヘーゲル『現象学』における「主人と奴隷の弁証法」の読解を通して、「ヘーゲル的主体」が他者との相互承認に失敗する由縁をその主体が「身体」を排除している点に求めている。バトラーの見立てでは、この身体の問題は二〇世紀フランス思想においても反復される問題であり、その解決の糸口はフーコーの思想にあるとされる。したがって、欲望を巡るバトラーの思索は最終的には身体の問題へと――そしてジェンダーの問題へと――舵を切ることになる。本章の最後で、このような「欲望から身体へ」と向かうバトラーの理路を描くことにしよう。

1　自由と身体――「主人と奴隷の弁証法」における「身体のパラドックス」

前章でみたように、バトラーのヘーゲル解釈の特徴は『現象学』における「ヘーゲル的主体」を「脱‐自の主体」とみなす点にあった。このような解釈はジャン＝リュック・ナンシーやカトリーヌ・マラブーら現代の脱構築派のヘーゲル解釈や、スラヴォイ・ジジェクらラカン派のヘーゲル解釈に連なるものであろう。バトラーの『欲望の主体』が出版されたのが八〇年代だったことを考えれば、バトラーはかなり早い段階でこういった潮流を先取りしていたといえる。ところで、バトラーのヘーゲル解釈の独創性はヘーゲル哲学を「脱‐自の哲学」とみなした点だけではない。とりわけ、バトラーの解釈が興味深いのは、彼女がヘーゲル哲学に「身体」の問題を導入している点である。バトラーは『欲望の主体』で「主人と奴隷の弁証法」を論じる際に「身体性（embodiment）」の問題を提起している。

「主人と奴隷の弁証法」は、前章で確認した「他者の／からの承認」が具体的に探求される場面である。バトラーはその読解を通して、「他者との相互承認」がいったいどのような仕方であれば可能なのかを問うている。本節でみるようにバトラーは、「主人と奴隷の弁証法」の読解を通して、「他者との相互承認」が実現されるためには自己とは別の自己意識をもった「他者」が存在するというだけでは不十分であることを論証している。バトラーは、「他者との相互承認」が実現されるためには「身体」によって「媒介」されなければならないことを示唆し、しかし、ヘーゲル的主体は「肉体離脱した（disembodiment）」主体であらざるをえず、そのため身体を取り逃し、「他者との相互承認」に構成的に失敗することを明らかにしている。そこで以下では、このようなバトラーの解釈を詳しくみていこう。

「主人と奴隷の弁証法」はよく知られているように、自己意識が他の自己意識から承認を勝ち取ろうとする「生と死を賭けた闘い」から帰結する。自己意識はみずからの「自由」を他の自己意識から承認してもらうために、他の自己意識を否定する。この「生と死を賭けた闘い」の結果、一方の自己意識は自己の生命を省みず自由を獲得するが、他方の自己意識は死を恐れるあまり自己の自由を手放す。前者の自己意識が「主人」であり、後者が「奴隷」である。バトラーは、「主人と奴隷の弁証法は生の一般化された問題とのあいだの苦闘を暗に示している」（SD: 55）として、次のように述べている。「主人と奴隷のあいだの労働の分割は、生きようとする欲望と自由であろうとする欲望とのあいだの不一致を前提にしているのである」（SD: 55）。

奴隷は「生きようとする欲望」の形象であり、生き残るために自由を手放し主人に服従し、主人のために労働することで「肉体性（corporeality）」に固執する。反対に、主人は「自由であろうとする欲望」の形象であり、奴隷を働かせることで「肉体性」から逃れ、奴隷の生産物を「消費」することで自己の「自由」を享受する。ところが、よく知られているように、主人の戦略はあくまでも奴隷の労働に依存しているものである。「皮肉なことに、主人の肉体離脱（disembodiment）の企ては欲にまみれた態度となる。物理的世界から離れて、しかし生きるためにそれを要求することで、主人は彼の特権にもかかわらず決して満足されえない受動的な消費者になるのである」(SD: 56)。最初の目論見に反して、この弁証法の過程において主人が学ぶのは「生のレッスン」(SD: 56) なのである。その反対に、奴隷は「自然物への労働を通して、情け容赦なく与えられた世界を彼自身の自己の反省へと変える自分の能力を発見する」(SD: 56)。したがって、生を選び自由を放棄したはずの奴隷が学ぶのはむしろ「自由のレッスン」だといえよう。しかし、奴隷はあくまで主人の奴隷であり、「彼の行為の作者として自分自身をみる」(SD: 56) 可能性は奪われている。したがって、奴隷が学ぶ「自由のレッスン」とは、「生きようとする欲望は[…]自由であろうとする欲望とは統合されえない」(SD: 56) という「不一致」の経験である。このように、主人と奴隷はそれぞれ異なる仕方で「身体性と自由の総合に抵抗する」(SD: 55)。その結果、「主人は彼の身体におびえながら生き、他方奴隷は自由におびえながら生きる」ことになるのである。

主人と奴隷の関係において、承認は相互的なものではなく一方的なものである。そして、一方の自己意識が他方の自己意識から承認を勝ち取ろうとするこのような一方通行の関係では承認は実現されえないことが明らかになった。そのため、このような関係の「解消」はただ「相互承認」によってのみ可能である。ところが、「主人と奴隷の弁証法」が示しているのは、「相互承認」が実現するためには自己意識とは異なる他の自己意識、自己とは独立した〈他者 Other〉が存在するという規定だけでは不十分だということである。それでは、他者との相互承認が成り立つためには何が必要なのか。

バトラーは「主人と奴隷の弁証法」における承認の失敗を、主人が「身体性」を排除している点に見出している。「自由」を追求する主人は「身体性」を奴隷に押し付けることで、かえって主人の「自由」が奴隷の労働に、奴隷の身体に依存していることを浮き彫りにした。このことから、バトラーは「自由」とは「身体を具えた（em-bodied）」ものでなければならないと指摘する。「彼らの敵対関係を解消することは自由の身体化された追及への道を整える」（SD: 55）。主人と奴隷のあいだに相互承認が実現されるためには「身体性」の媒介が必要なのである。「相互承認が唯一可能になるのは、物質的世界（the material world）に対する共有された方向づけの文脈においてのみである」（SD: 57）。

ここでいわれている「物質的世界」とは「自然的世界」とは異なるものである。「自然的世界」とは「感覚的、知覚的世界」を指しており、それは意識とは区別される「対象」としての世界である。それはヘーゲルのいう意味での「意識」の対象としての世界であり、そこでは意識と世界は存在論的に区別されている。それに対して、「物質的世界」とバトラーが呼ぶものは、このような「自然的世界」を「変換（transform）」したものである。ここで重要になるのが、「奴隷」の経験である。「奴隷」は労働を通じて「自然的世界」を「変換」することで、「所与の自然的世界を彼自身の自己を反省＝反映するものへと変換する彼自身の能力を発見する」（SD: 56）という「自由のレッスン」を積むのであった。すなわち、「奴隷」の場合は結局その所有者が「主人」であったためにこの試みから疎外されるのであったが、それは自己の「自由」を「物質的世界」として「具体化＝身体化する（embody）」ことなのである。バトラーはこのような「物質的世界」の「媒介」によって他者との相互承認が可能になると述べている。「自己意識は他の自己意識を通して媒介されているだけでなく、それぞれが他者を認識＝承認するのは各々が〔自然的〕世界に与えるその形態によってなのである」（SD: 57)。

「主人」と「奴隷」は、一方は「抽象的な自由」を求めたために、他方は「生」や「身体」に固執するあまり、「敵対関係」に陥った。しかし、「物質的世界」を媒介にした「相互承認」によってこのような「敵対関係」が「解消」されるとバトラーは示唆する。このように、バトラーは「主人と奴隷の弁証法」の読解を通して、「自由」が「身体化」されなければならないことを強調しており、「身体性」の問題を提起している。後にバトラーは『権力の心的生』（1997）で、「主人と奴隷の弁証法」につづく「不幸な意識」を論じ、「主人」から見かけ上自由になった「奴隷」が、しかし、自己の身体に対する「主人」になることで「主人」の「肉体離脱」の戦略を繰り返すことになる点を指摘している。「不幸な意識」は「身体を、否定され、克服され、あるいは倫理的要求へと従属化されるべきものとみなしているように思われる」（PP: 32)。「不幸な意識」において問題になっているのは「自由」である。つまり、「自由であろうとする欲望」はここでも身体性の問題に直面するのである。言い換えれば、身体を否定する「主人」や「不幸な意識」の戦略はついに完遂されない。その戦略はそれが否定したはずの身体にたえずつきまとわれる経験でもあるからである。

事実、バトラーはカトリーヌ・マラブーとの共著『私の身体であれ――ヘーゲルにおける支配と隷属の現代的読解』（2009）で再び「主人と奴隷の弁証法」に立ち戻り、次のように述べている。

主人と奴隷の節で、労働する身体は他所にあり、それは主人にとっての身体であるが、主人はそれでも身体を消費し、このように彼の外在化された身体との関係で身体を維持する。したがって、主人の身体は決して十分には撤退されず、このことはどんな人間の身体も十分には取り除けないことを示唆している（Butler 2009: 84）。

この意味で、「ヘーゲル的主体」はたえず「身体のパラドックス（bodily paradox）」に直面する。私たちがみてきたように、ヘーゲルの「欲望の主体」は二重の試みである。「欲望はつねに、他なる自己意識の／による承認の問題に結びついているとともに、自然的世界を否定ないし変換する努力である」（SD: 57）。すなわち、「自己意識は他なる自己意識を通して媒介されるだけでなく、それぞれが他者を承認するのはそれぞれが世界に与える形態によってである」（SD: 57）。ヘーゲル的主体は「自然的世界を否定ないし変換」し、なんらかの形態を取るという意味で「身体化された主体」でもあるのである。ところが、もしそうだとすれば、ヘーゲル的主体は「規定された（＝有限な）生（determinate life）」を生きることになる。これは「絶対者」を追求する『現象学』の企てに矛盾してしまう。ヘーゲルの「欲望の主体」は「自然的世界」を「物質的世界」に「変換」することで他者との相互承認を追求しようとするが、それは言い方を換えれば、絶えず自己の「身体化された生」にとり憑かれる経験でもあるのである。ヘーゲル的主体は、その「規定された生」を否定し、乗り越えようとしながら、しかし「規定された実存なしには内的な自己意識は決して生きることができない」という意味で、つねに「身体のパラドックス」に陥るような主体なのである。バトラーが「身体のパラドックス」を「限定された自由のパラドックス」と言い換えているのもそのためであり、自由は絶えず身体的事実性に限定されるというパラドックスに陥ることになる。

次節では、ヘーゲル的主体が抱えるこのような「身体のパラドックス」がコジェーヴやイポリット、サルトルらの思想にいかに反復しているか、この点に関するバトラーの叙述をみていくことにしよう。

2 実存的主体のパラドックス――ヘーゲルからコジェーヴ、イポリット、サルトルへ

バトラーによれば、ヘーゲル哲学に内在する「身体のパラドックス」は二〇世紀フランス思想において反復されており、その「克服」はフーコーにおいてはじめて現れるという。そこでまず、フーコーの前の世代において「身体のパラドックス」がいかに反復されているかを確認しなければならない。

フランスにおけるヘーゲル受容が始まるのは二〇世紀以降であり、それ以前はほぼ沈黙してい

たといえる。これに変化が訪れるのは一九三〇年代のアレクサンドル・コジェーヴによるヘーゲル『現象学』講義である。それ以前には二〇年代にジャン・ヴァールの仕事があったが、影響力という点ではコジェーヴの講義が決定的なものであった。[*1] かくして二〇世紀フランス思想界において、ヘーゲル哲学は突然その沈黙を破り、前衛的な思想として受容されることになる。したがって、バトラーはヘーゲル哲学のフランス受容史をコジェーヴの議論から始める。次いでバトラーの議論は、コジェーヴのヘーゲル解釈がいかに実存主義思想に受け継がれることになるかを考察するために、イポリットを介してサルトルの思想を取り上げる。すでに指摘しておいたように、バトラーはその系譜において「主人と奴隷の弁証法」にみられた「身体のパラドックス」が反復されていることを浮き彫りにする。そこで以下では、バトラーがコジェーヴ、イポリット、サルトルの三者をいかに読解しているかをみていきたい。

(1) コジェーヴの「ヒロイックな主体」

二〇世紀フランスにおけるヘーゲル受容に関するバトラーの考察は、コジェーヴのヘーゲル論から始まる。

まずコジェーヴのヘーゲル解釈がきわめて独創的なものだったという点について確認しておこう。コジェーヴの解釈に関してはすでに「誤読」であるとの指摘が多くなされている。コジェーヴ自身、ヘーゲル『現象学』の正確な解釈を試みようと意図したわけではなかったようである（西山　二〇〇九：七五）。この点に関して、バトラーは次のように述べている。「〔彼の〕注釈はテクストの延長であり、それは現代を生きるテクストである」（SD: 63）。つまり、コジェーヴはヘーゲルのテクストをヘーゲル自身の時代に即して注釈したのではなく、それを読む現代の視点から読み直し、発展させたという。バトラーにとって、ヘーゲルの『現象学』がそれ自身「旅」である以上、ヘーゲルのテクストをそれが「読まれる時代」に即して読むことは必然的な操作である。以後バトラーが検討するのは、二〇世紀フランスにおいて読み直されたヘーゲルである。舞台は、ヘーゲルが『現象学』において叙述した意識の歴史から、まさに『現象学』が「読まれる」実際の歴史へと移ることになる。

西山雄二によれば、「コジェーヴのヘーゲル解釈の独自性は、ヘーゲルの哲学体系の人間主義化とマルクス主義的な歴史決定論」の二点に求めることができる（西山　二〇〇九：七四）。マルクスがヘーゲルの「主人と奴隷の弁証法」を「階級闘争」として記述し直したとすれば、コジェーヴはそれを反転させて「主人と奴隷の弁証法」をむしろ人間の歴史の「起源」として見出す。バトラーがいうように、「コジェーヴは『精神現象学』の第四章に人間の行動と労働の人間学的な見方を見出した」（SD: 64）のである。このような見方に基づいて、コジェーヴはヘーゲルの「主人と奴隷の弁証法」をあらゆる歴史の舞台として再発見する。このように、コジェーヴの解釈の特徴はヘーゲル哲学をなによりも人間学として構築し、それを「マルクス主義的な歴史決定論」に結びつけて理解する点に求められるだろう。このようなコジェーヴの人間学は、ヘーゲルの欲望概念を基礎に据えている。以下では、コジェーヴの欲望解釈を確認し、その議論をバトラーがどのように読み直しているかをみていこう。

コジェーヴによれば、「人間の存在そのもの、自己意識的な存在は、欲望を含み、欲望を前提とする」（コジェーヴ　二〇一二：一二）。コジェーヴにとって、「自己意識的な存在」こそ「人間の存在そのもの」である。そして、人間が自己を意識するのはただ「欲望」を通してのみ可能になるとされる。「欲望」とは異なり、「思惟」や「悟性」といった認識活動は「対象」に向かい、その限りで対象に「飲み込まれて」（コジェーヴ、二〇一二：一一）しまい、したがって、それらの認識活動においては自己意識は成立しない。それに対して、「欲望」は「人間が自我として、本質的に非我と異なり根本的に対立する自我として［…］自己を構成し自己を開示する」（コジェーヴ、二〇一二：一二）ものである。例えば、「食欲」を例にとろう。「食欲」は、それを満たすために食物を欲望するが、それはまさに対象を「非我」として「否定」する行為である。しかし、この「否定」は「純粋な破壊」ではない（コジェーヴ、二〇一二：一二）。というのは、対象を「非我」として「否定」する行為は、反対に、自己をそれに対立するものとして構成するものでもあるからである。「欲望から生まれる行動がこの欲望を充足させるためにある客観的な実在を破壊するとしても、［…］この破壊そのものによって主観的な実在を創り出している」（コジェーヴ、二〇一二）のである。この意味で、コジェーヴにとって、欲望は自己意識の本質である。それは対象の否定を通して自己を構成するのである。

だが、「食欲」といった「動物的欲望」は自己意識の成立において必要条件ではあっても十分条件ではない。ここで重要であり、またバトラーが注視するのが、コジェーヴが欲望を「動物的欲望」と「人間的欲望」とに区別している点である。コジェーヴによれば、「動物的欲望」は「自然的対象」に向けられる。そうである以上、その欲望は「自己」や「他者」には向けられない。欲望が対象の否定によって自己を創出するのであれば、また、その否定された内容が自我の内容になるのであれば、動物的欲望によって得られる自我はそれが自然的対象に向けられている以上、動物的、自然的自我でしかなく、「この自我が自己意識に至ることは決してないだろう」（コジェーヴ、二〇一二：一三）とみなされる。コジェーヴは、動物的欲望においては「自己感情」（コジェーヴ、二〇一二：一二）が生まれるにすぎないのであり、本来の自己意識は実現されないというのである。

では、自己感情から自己意識が生まれるのはいかにしてなのか。コジェーヴは「自己意識が存在するためには、欲望が非自然的な対象、所与の実在を越えた何物かに向かう必要がある」（コジェーヴ、二〇一二：一三）と述べている。ところで、コジェーヴによれば、このような所与を越えるものは唯一「欲望それ自身」（コジェーヴ、二〇一二：一三）である。なぜなら、欲望は自然的対象と異なって、それ自身は実在しないものだからである。欲望はある実在の「不在」を現前させるのであり、それこそ、自己を保存しようとする自然的生命とは決定的に異なる点である。したがって、自己意識が成立するためには欲望は他者の欲望へと向かう必要がある（コジェーヴ、二〇一二：一四）。これこそ、コジェーヴにとって真に「人間的な欲望」なのであり、それは詰まるところ「承認を求める欲望」なのだ。

> 他者の欲望を欲すること、これは究極的には、私がそれである価値もしくは私が「代表」する価値が、この他者によって欲せられる価値でもあることを欲することになる。すなわち、私は他者が私の価値を彼《ママ》の価値として「承認する」ことを欲するのであり、私は彼《ママ》が私を自立した一つの価値として「承認する」ことを欲するのである。換言すれば、人間的欲望［…］は、いかなるものであれ、終局的には、「承認」への欲望に基づいている（コジェーヴ、二〇一二：一六）。

したがって、コジェーヴにとって、自己意識を構成する「人間的欲望」とは「承認を求める欲望」である。そして、その欲望から帰結する「承認を求める闘い」が人間の歴史の起源にあると、コジェーヴは考えるのである。

ところで、「承認を求める闘い」はヘーゲルの『現象学』では主人と奴隷の関係に帰着するのだった。したがってコジェーヴにとって、この「承認を求める闘い」によってのみ人間的存在が実現することになるのだから人間の歴史とはつねに「主人であることと奴隷であることとの相互作用の歴史」（コジェーヴ　二〇一二：一八）である、ということになる。「自己意識の「起源」について語ること、これが必然的に「自己意識の自立性と非自立性、主人であることと奴隷であること」を語ることになるのは、そのためである」（コジェーヴ　二〇一二：一八）。

このようなコジェーヴの欲望の議論に、バトラーは批判的な考察をくわえている。人間的欲望は、他者の欲望を目指す限りでそれ自身「非自然的欲望」である。コジェーヴは動物的欲望を人間的欲望の前提や条件として位置づけてはいる。だが、人間的欲望はこのような自然や生命といった所与の「超越」として理論化され、したがって人間的欲望はその限りで純粋な「否定」ないし「無」である。コジェーヴにとって、この欲望の否定性は「人間の歴史」を創出する唯一の「行動」の原理である。それは「世界を人間的なものに作り変え」るのである（コジェーヴ　二〇一二：二一）。かくして、バトラーはコジェーヴの主体を「ヒロイックな主体」と定式化する（SD: 76）。コジェーヴの主体は自然を否定し、それによって歴史を創造するヒロイックな行動の主体なのである。バトラーはこのようなコジェーヴ的欲望が「身体から離れた（disembodiment）欲望」であらざるをえない点を指摘する。そこでは、身体や自然は単なる所与、超越されるべき所与とみなされる。したがって、バトラーは次のように述べている。「彼の見方に浸透している意識と自然との区別は、欲望を肉体離脱した追求として促進するよう彼を導く」（SD: 78）。言い換えれば、コジェーヴの欲望は「主人の欲望」であり、それは自己の身体性を廃棄するものとして現れる。だが、私たちが前節でバトラーのヘーゲル論において確認したのは、身体的事実性は単なる所与ではなく、それ自身「媒介」であるという事実である。身体性を排除した「主人」の「自由であろうとする欲望」が結果的に己の身体的事実性によって失敗してしまうのはすでにみた通りである。

このような「身体のパラドックス」（ないし「限定された自由のパラドックス」）の問題を、バトラーはジャン・イポリットにおいても引き続き深められるテーマであるとみなしている。「私はイポリットに立ち返ることで、欲望に関するヘーゲルの定式を依然としてトラブルに陥らせている規定性と自由のパラドックスを再考するよう努める」(SD: 79)。そこで次に、イポリットにおいてこのパラドックスがどのように再考されるのか、バトラーの叙述に即して考察しよう。

(2)イポリットの「悲劇的主体」

ジャン・イポリットのヘーゲル哲学研究もまた、「フランス・ヘーゲリアニズム」に重要な貢献をなしたものである。彼は一九三九年から一九四二年にかけて『精神現象学』を仏訳し、一九四六年にはその注釈書『ヘーゲル精神現象学の生成と構造』(以下、『生成と構造』と略記)を著している。また、フランス・ポストモダンとの関係で言えば、イポリットの研究はドゥルーズやフーコー、デリダらに影響を与えるものだった。したがって、フランス思想におけるイポリットの影響は決して小さくない。

それでは、イポリットはどのようにヘーゲル『現象学』を解釈したのだろうか。イポリットはコジェーヴのヘーゲル解釈があまりに人間学的である点を非難している。コジェーヴの解釈では、人間と自然の世界は二元論的に区別され、欲望は自然的所与を否定することで歴史を創造する人間の行動の原理とみなされた。それに対して、イポリットはこのような二元論的存在論に代えて、それらを統合する一元論をヘーゲル哲学に見出すことになる。バトラーは次のように述べている。「コジェーヴにとって、人間と自然の世界は存在論的に区別された領域である。他方、イポリットにとって、時間の共通の構造が両方の世界を統合する一元論的な原理として機能している」（SD: 81）。イポリットの解釈はコジェーヴと対照をなすが、それはとりわけ彼がヘーゲル哲学における「生命」をいかに理解していたかという点において際立つ。ここでは、バトラーのいう「身体のパラドックス」を考察するために、コジェーヴが超越されるべき単なる所与とみなした「生命」（ないし身体的事実性）をイポリットがいかに解釈したのかという点に着目して彼のヘーゲル解釈を取り上げたい。

コジェーヴにとって「生命」が自己意識の自然的所与でしかなかったのに対して、イポリットにとって「生命」は絶対者を動的かつ完全な一元論として見出すための契機である。その意味を解明するために、まず、イポリットが強調している「生命」が単なる個体の生命ではないということを確認することから始めよう。イポリットにとって、生命は「全体性の意識を指示している」（イポリット、二〇一一a：一九六－九七）ものである。この言葉の意味を理解する上で、イポリットの「死」に関する記述が役に立つだろう。イポリットは次のように述べている。「あたかも生ける個体を消滅させるのが宇宙であったかのように死は外から来るようにみえるが、この死は実は生物そのものに由来するものなのである。生物が生命の過程である限りにおいて、生物は生成するために死ななければならない」（イポリット、二〇一一a：二〇三）。死とは、個体というよりも「生物そのものに由来するもの」である。個体の水準では、死はその個体の否定であり、終局でしかない。しかし、死は普遍的な生命の次元においては単なる否定ではなく、新たな生物が生成する契機でもある。死は「全体」としての「生命」においては新たな個体を生み出し、再生産する契機なのである。「子どもたちの成長は両親の死である」（イポリット、二〇一一a：二〇三）。普遍的生命において「死」は生成の原理なのである。個体の死はその個体に対する否定であるが、その否定は普遍的生命の次元では同時に「統一への回帰」なのである。だからこそイポリットは、生命は「全体性の意識を指示している」と述べていたのである。

したがって、イポリットにとって「生命」こそ、「ヘーゲルの弁証法の魂」である。生命は個体の否定（死）をさらに否定することで自己を定立する弁証法の運動を実現しているからである。

> 周知のように、全ヘーゲル体系は、次のような直観から出発している。すなわち、絶対的生命は、自分に対立することによって自分を定立する運動のなかにおいてしか絶対なのではないという直観から出発している。この直観は、いっさいの弁証法を越え、その上に高まったフィヒテの「然り」なのではない。この直観がそうした〈然り〉であるのは、否定性（すなわちその否定の否定）を通じてでしかないのである。もっとも深い分裂のただなかに自分自身を見出すこの生命こそ、ヘーゲルの弁証法の魂なのである（イポリット　二〇一一b：三六四）。

バトラーはイポリットにおける「生命」が「思弁的な要素」であると論じている。イポリットの解釈において、「生命」は人間の実存（現実存在）を通り抜けるものである。つまり、「生命」の運動は現実に存在する人間個人の時間に限定されるものではありえない。普遍的生命においては「死」は生成の原理であった。この意味で、生命が実現している「時間」は人間の時間ではない。それは実存する人間の時間ではないのである。したがって、「生命」はイポリットにおいて「思弁的な要素」であり、すなわち「時間の弁証法的な概念」（SD: 85）である。実際、イポリットは『現象学』の方法を「死」の契機に見出しており、そこでは「死」という否定はそれをさらに否定することで新たな真理を生み出す生産的なものとして機能していると指摘している。生命の運動が「ヘーゲルの弁証法の魂」と言われる所以である。

この意味で、イポリットにおいて「生命」は単なる対象ではなく、また人間的欲望によって否定され超越される所与でもない。むしろ、生命とは自己知である、とイポリットは指摘している（イポリット　二〇一一a：二〇一）。生命は諸々の「他なるもの」を生み出しながら、しかしそこでは「他なるもの」が同時に〈自己〉でもあるような関係として現れる。それはまさに、「他なるもの」において〈自己〉である「絶対知」を即自的に実現しているのであり、「絶対知」は「生命」のこの運動を対自的に認識するときに生起するのである。この意味で、「真理は〈生命〉の外にあるのではない」（イポリット　二〇一一a：二〇一）。

このことはまたイポリットにとって、「絶対知は人間学ではない」（イポリット　一九七五：二三八）ことを意味する。事実、イポリットは『論理と実存』のなかで以下のように述べている。「実存は人間を、つねに同時に即自存在と対立しており、またそれとつねに関係しているあの対自存在の自由によって定義する。〔…〕この自由〔…〕によって、人間は人間としての自己自身を征服するのではなく、普遍的なものの、すなわち存在のロゴスの住まいとなり、真理を容れうるものとなる」（イポリット　一九七五：二九六－九七）。このようにイポリットにとって、人間の「実存」とは絶対者がロゴスとして現れる「住処」でしかないのであり、それゆえ「生命」が潜在的に実現している「時間の弁証法的な概念」は人間の現実存在を構成しながらも、それを超越しているのである。『現象学』が「思考された歴史」を通してわれわれに示すのは、「精神の生命のエーテル」である普遍的な自己意識の現存である。〔しかし〕この自己意識は人間の自己意識ではなく、人間的現実を通り抜けて、存在の自己意識である」（イポリット　一九七五：二八三）。

このようなイポリットの一元論は、しかし、「実存」の観点からみるならば絶えず「不幸な意識」の経験を反復するものであらざるをえない。人間は自己意識であるが、しかし、この自己意識は人間の実存には還元されないものだった。実存は「存在のロゴスの住まい」であり、「真理の容れ物」である。つまり、「人間はこの自己意識の痕跡」（イポリット　一九七五：二九七）でしかない。かくして、実存とは「不可能な冒険」（イポリット　一九七五：二九六）である。実存する人間にとっては、実体と主体の、即自存在と対自存在の統一は不可能なのであり、その可能性は「彼岸」にある。この意味で、実存とはひとつの袋小路なのである。

イポリットにおいて、絶対者とは実存を越えた時間的存在であり、この時間は人間には属していない。それゆえ、バトラーが述べているように、「イポリットにとって、時間は人間の現実を脱自的な企て、つまり永続的な自己‐離脱の様態を構成する」(SD: 82)。イポリットにおける実存的主体が反復するのはこの企てに伴う「不安」なのである。したがってバトラーは、コジェーヴ的主体が「ヒロイックな主体」であったのに対して、イポリットの実存的主体は「悲劇的な」主体であると指摘している(SD: 79)。コジェーヴの「ヒロイックな主体」が自然的所与を否定することによって歴史を作り出す「行動」の主体であったのに対して、イポリットの「悲劇的主体」はそのような人間の不可能性を告げるものである。実体と主体、あるいは即自と対自の不一致は、実存の置かれる共通の状況とみなされるのである。

このようなイポリットの議論に、バトラーは「身体のパラドックス」を認めている。コジェーヴにあっては生命や身体的事実性は自己意識によって否定され超越される所与でしかなく、その限りでコジェーヴ的主体は身体から離脱した主体であらざるをえない。それに対して、イポリットはコジェーヴよりも「生命」や「身体的事実性を尊重している」(SD: 91)といえる。「死」はまさに生命的、身体的事実性の水準にあるが、この「死」の契機はイポリットにおける「身体のパラドックス」を徴候的に示している。死は一方で、実存的主体の「制限されたパースペクティヴの条件」(SD: 91)である。「純粋に自由であろうとする欲望は究極的には死の還元不可能な事実性に敗れる」(SD: 92)。だが他方で、死の否定性は新しい生を生む生成の普遍的原理でもあり、この死によって形象化される否定や無は人間の意識の自由の原理でもある。したがって、ここに「身体のパラドックス」があることになるだろう。バトラーは次のように述べている。「人間の欲望は、人間的主体が決してそこに安らうことができないような死を超えた生を要求する。イポリットにとって、欲望はそれ自身が不可能な企てであることを示している」（SD: 91）。生命ないし身体的事実性はイポリットにおいて、人間の「自由」を特徴づける自己意識を可能にする根本的な原理でありながら、しかしその企ての限界を画すパラドキシカルなものなのである。

コジェーヴ、イポリットの考察に続いてバトラーが探求するのは、サルトルの哲学である。バトラーは、サルトルの「実存的主体」にこれまでコジェーヴやイポリットに即してみてきた「身体のパラドックス」の問題がより具体的に提出されると指摘している。したがって、ヘーゲルからサルトルへと向かうこの系譜は「ヘーゲルの教義を具体化する」（SD: 93）運動――より正確に言えば、ヘーゲルの学説を「身体化する」もの――であるとバトラーはみなしている。

(3)サルトルの「実存的主体」

コジェーヴのヘーゲル的主体は歴史を創造する行動の主体であり、その限りで「ヒロイックな主体」と呼ばれた。そこでは人間の動物的、自然的次元は超越される所与でしかなかった。このようにコジェーヴの解釈が即自存在と対自存在の二元論に導くものであったとすれば、イポリットのそれは絶対的な一元論である。しかしながら、そこで洞察されているのは実存の「不安」である。つまり、即自と対自の一致は人間の実存の水準では不可能なのである。バトラーの解釈によれば、サルトルの実存思想はこのようなコジェーヴとイポリットの議論双方を引き継いだものである。事実、サルトルの即自存在と対自存在の位置づけはコジェーヴとほぼ一致しており（SD: 95）、人間を「無益な受難」とみなし対自と即自の不一致を主張したサルトルの主張はイポリットのヘーゲル解釈と重なるものであろう（SD: 94-95）。

バトラーによれば、イポリットに見出された「身体のパラドックス」はサルトルの哲学においてより身体に肉薄した仕方で提起されているという。したがって、バトラーがヘーゲルからコジェーヴ、イポリット、サルトルへと向かう運動のなかに見出すのは、「意識の緩やかな身体化」の過程や「ヘーゲルの教義を具体化する」運動である（SD: 93）。とりわけ、バトラーは「意識の身体化」の契機をサルトルの「性的欲望」の議論に見出している。そこで以下では、バトラーがサルトルの「性的欲望」について論じている『欲望の主体』第三章第三節「トラブルと切望――『存在と無』における性的欲望の循環」の議論を中心にみていこう。

サルトルの「自由の主体」は「無」という「否定」に依拠する。サルトルにとって、対自存在は「それがあらぬところのものである」か「それがあるところのものではあらぬ」存在である。それは所与や事実性を否定し超越することによって成り立つ意識的存在である。その限りで、「サルトル的主体」は「肉体離脱した」意識の主体である。しかし、「サルトル的主体」は同時にその自由が規定されること、あるいは身体化されることを絶えず要求する主体としても現れる。実際、サルトル的主体は、即自と対自の一致という理念を追求する存在である以上、そこでは即自存在から切り離された対自存在のみが追求されているわけではない。ここに、バトラーはヘーゲルにおいて見出した「身体のパラドックス」ないし「有限な自由のパラドックス」を認める。「サルトルの即自と対自の存在論的二元論は有限な自由のパラドックスの再定式化としてみることができる」(SD: 96)。

対自存在とは、「それがあらぬところのものである」か「それがあるところのものではあらぬ」意識の存在様態を指していた。つまり、意識はその対象に向かって「超越」し、その対象ではあらぬものとして、その対象の「無化」として、存在する。このように即自存在の「無化」として与えられる対自存在は、しかし「絶対的な無」ではない。それは「存在全般の無化ではなく、個別的特殊的な即自の無化である」(Sartre 1943: 666)。したがって、「対自は、無全般であるのではなく、一つの特殊な欠如」であり、それは「これこれのこの存在の欠如として、自己を構成する」(Sartre 1943: 666 強調原文)。したがって、「欠如」の様態にある対自は、その根拠として即自存在を求め、究極的に「即自‐対自」の「一致」を目指すことになる。この人間存在の根本的な欲望を、サルトルは「神であろうとする企て」と形容する。というのは、神とは即自存在と対自存在とが一致した自己原因的存在者だからである。だが、サルトルはまさしくこの「神であろうとする企て」が実現不可能であると結論する。「対自は、事実上、存在としてのかぎりにおいてみずから自己を根拠づけようとする不断の企てであり、また、この企ての不断の挫折である」(Sartre 1943: 668)。サルトル的主体は脱‐自的であらざるをえないのであり、そこから「人間はひとつの無益な受難である」(Sartre 1943: 662) という周知の結論が下されることになる。

このような即自と対自の不一致というテーマは、サルトル哲学においては存在論的な条件として語られる傾向にある。つまり、対自存在の一般的なありようからこの不一致は帰結するように思われる。なぜなら、対自存在は「それがあるところのものではないもの」である以上、それは「それがあるところのものである」即自存在の「無化」によって厳密に規定されているからである。しかし、バトラーは『存在と無』における「性的欲望」に関する議論では事情が異なると指摘している。バトラーの見方では、サルトルは「性的欲望」の議論では「二元論のボキャブラリーを放棄している」のである。

　サルトルは『存在と無』において、性的欲望を「トラブル＝混濁（trouble）」として規定する（Sartre 1943: 427）。性的欲望は他の欲望とは異なる。例えば、「飢え」においては欲望の意識は透明である。というのは、「飢え」においては意識はそれが満たされた状態に向かって「身体的事実性」を超出するから、「この事実性は対自の本性そのものを巻き添えにするものではない」（Sartre 1943: 27）。そこでは意識は「対象をめざす」点で透明なのである。しかし、それに対して、「性的欲望は私を巻き添えにする」（Sartre 1943: 428）。それは「身体的事実性」に粘着させられるのだ。私たちは「欲望の外に立って」（Sartre 1943: 428）ある人物に対して性的欲望を抱くということはありえないのであり、この意味で性的欲望は「トラブル」つまり「混濁した」欲望なのである。「性的欲望の場合には、意識はいわばねばねばさせられている。われわれは、事実性によって侵されるままになっており、事実性から逃れることをやめ、欲望に対する受動的な同意へ向かって滑り落ちるように思われる」(Sartre 1943: 428)。

性的欲望が「トラブル」であるのは、意識が身体的事実性を超出するからではなく、むしろ意識が「自己をして身体たらしめる」(Sartre 1943: 429)からである。ところで、性的欲望とはサルトルにとって「他者体験」である。「性的態度は他者に対するひとつの原初的な態度である」(Sartre 1943: 447)。サルトルにとって、性的欲望(ないしセクシュアリティ)は決してセックス(生物学的性差)から帰結するような本能の類ではない。ある意味で『ジェンダー・トラブル』を思わせる語り口で、サルトルは「もし、セックスが単に用具でしかなく、ひとつの根本的なセクシュアリティのいわば象徴でしかないとしたら、どうなるだろうか」(Sartre 1943: 424)と問うている。バトラーがセックス-セクシュアリティの因果論を転倒させたのにいささか似て、サルトルは性的欲望における他者体験こそが根本的であり、セックスはその象徴的な表現でしかないとみている。

周知のように、サルトルは性的欲望における他者体験をサド-マゾヒズムの「循環」によって説明している。サルトルによれば、サド-マゾヒズムの試みはそれぞれ「挫折」を運命づけられたものである。サディズムは他者を対象化することで自己の自由を実現しようとする。サディストは他者を身体的事実性に還元することで自己の自由を追求するのだが、しかし、サディストはその「快楽」において自己を身体化せざるをえない。快楽はサディストを、自身が否定しようとしたはずの身体性にむしろ陥らせてしまうのである。それに反して、マゾヒストが試みるのは自己の対象化であり身体化であり、それによって他者を自由な主体として立てることである。ところが、マゾヒストは自己を道具に変えることを意識するとき、まさにその瞬間に、自己の自由、対自存在を露わにしてしまうのであり、そのとき他者がむしろ道具的な地位に結びつけられてしまう。かくして、サド＝マゾヒズムはそれぞれ「挫折」を経験する。サド＝マゾヒズムは「主体であるとともに対象であることの不可能性」を示しているといえる。この意味で、サド＝マゾヒズムは「弁証法」の関係ではない。つまり、その関係は決してアウフヘーベンされえない「循環」であるとされる。この「循環」はサルトルにとって他者関係を規定する構造である。

この「循環」は即自と対自の不一致という存在論的な必然性を示しているものとしても読むことができる。しかし、ここでバトラーが強調するのは、この「性的欲望」において示された「主体であるとともに対象であることの不可能性」が単なる存在論的な条件や対自存在の一般的性格から引き出されるというよりも、むしろ「身体的生（corporeal life）」に起因するものであるという点にある。実際、サルトルにおいて「対自存在」は「即自存在」の「否定」に立脚するものだったが、「性的欲望」の議論ではまさに「身体」が「対象」として分離されえないことが示されている。そこでは意識と身体の関係性は「混濁した」ものであり、両者は混じり合っている。バトラーが言うように、ここでは「事実性はもはや外部にはない。［…］それは自分自身の肉の経験である」（SD: 148）。

このように「性的欲望」の議論では、「主体であるとともに対象であることの不可能性」は存在論的な抽象的な条件というよりは「肉の経験」から導き出されたものとして把握されている。この意味で、サルトルの「性的欲望」の議論は、ヘーゲル的主体の「身体のパラドックス」を反復している。『存在と無』でサルトルは意識的存在を「対自」として、すなわち即自存在の「無化」として捉えたが、「性的欲望」の議論では人間が身体的存在であるという事実性から意識の「肉体離脱」が不可能であることが示された。[*2] バトラーはサルトルの「性的欲望」の議論を読解することを通して、即自と対自の一致の不可能を「身体のパラドックス」に求めるのである。

ところで、バトラーがサルトルの「実存的主体」に疑義を呈するのは次のような理由からである。サルトルの実存哲学において、即自‐対自の一致は不可能であった。しかしながら、彼の議論において、この一致の可能性（サルトルが「神になろうとする企て」と呼んだもの）は不可能なものではあるにせよ統制的な理念として働いている。それは不可能な理想なのだが、理念としては維持されているというのである。この意味で、サルトル的主体はイポリットの「悲劇的主体」の構造を反復しているということができるだろう。それに対して、フランス・ポストモダンの思想家はこのような理念上の主体観そのものに批判を向け、そのような対自と即自が一致した存在者そのものが一種の「虚構」ではないかと問うことになる。このように、サルトルの「実存的主体」は、続く構造主義やポスト構造主義の思想において批判の対象になるとバトラーは整理している。また、それとともに、ヘーゲル哲学への対立が先鋭化することにもなる。では、フランス・ポストモダンの思想において、「ヘーゲル的主体」や「実存的主体」に見出された「身体のパラドックス」は乗り越えられることになるのだろうか。

3　フーコーの「壊れた弁証法」

バトラーは『欲望の主体』第四章で、フランス・ポストモダンの思想家を考察の対象に据える。そこで考察されるのは、ジャック・デリダ、ミシェル・フーコー、ジャック・ラカン、ジル・ドゥルーズ、ジュリア・クリステヴァである。[*3] バトラーの関心はこれらの思想家をヘーゲル哲学の系譜において読む点にある。フランス・ポストモダンの思想家の多くはアンチ・ヘーゲリアンとして知られる傾向にあるが、バトラーはあくまでヘーゲルの系譜に引きつけて考察する。とりわけ、アンチ・ヘーゲリアンとして知られるのがドゥルーズとフーコーであろう。ドゥルーズは『差異と反復』のなかで、次のように述べている。「こうした徴候はすべて、一般化した反ヘーゲル主義にこれを帰しうる。つまり差異と反復が、同一的なものと否定的なものに、同一性と矛盾に取って代わったのである」(ドゥルーズ　二〇〇七：一一)。このような「時代の雰囲気」(ドゥルーズ　二〇〇七：一一)にもかかわらず、バトラーはあくまでヘーゲルとの連関において彼らの思想を読解する。バトラーによれば、「アンチ」という仕方でヘーゲルを「乗り越える」ことは不可能である。というのは、まさにヘーゲルの哲学そのものがそのような「対立」によって成り立っているからである。いささか強引ではあるが、このようにバトラーはアンチ・ヘーゲリアンをポスト・ヘーゲリアンとして(ヘーゲル哲学の「延長」にあるという意味で)読解するのである。

すでに確認したように『欲望の主体』の第四章では様々なフランス・ポストモダンの思想家が扱われるのだが、ここではそれぞれの思想家に関するバトラーの記述をいちいち取り上げることはあまりに煩雑な作業になるので控えておく。本章の問題関心はバトラーがいう「身体のパラドックス」の問題にある。バトラーは『欲望の主体』の最後でその問題に対する解決の糸口をフーコーの思想に探っている。そこで以下では、フーコーに関する彼女の考察を中心に『欲望の主体』の第四章の議論を概観することにしたい。

バトラーの解釈では、ヘーゲルの「欲望の主体」は「身体」を構成的に排除する主体であった。フランス実存主義の文脈においても、「実存の主体」が脱‐自態を運命づけられているのはヘーゲル的な「身体のパラドックス」のためであることをバトラーは示していた。それに対して、フーコーが企てたのは身体を破壊する「欲望の主体」の歴史を暴露することであったとバトラーは指摘している（SD: 236）。事実、フーコーは論文「ニーチェ、系譜学、歴史」のなかで、系譜学は「歴史による身体の破壊の過程を［…］明らかにすること」[*4]（フーコー　二〇〇六：三六一‐六二）であると述べている。このように、バトラーはヘーゲル的系譜のなかにフーコーの哲学を置くことでその独自性を際立たせている。

「欲望する主体」の批判、そして身体の歴史を［…］書くという計画は、主要な概念を新たに方向づけることの一部をなす。それはうまくいけば、欲望に関するヘーゲルのナラティヴの決定的な終わりを告げるだろう（SD: 235）。

バトラーはフーコーの『性の歴史Ⅰ——知への意志』を、このような「欲望の主体」の批判として読み直している。「フーコーの『性の歴史』の第一巻は、西洋の欲望の歴史が二元論的対立に依拠する弁証法的枠組みの内で十分に説明されうるかどうかを問うている」（SD: 217）。そこで、バトラーがフーコーの『性の歴史Ⅰ』をいかに読解しているかをみていくことにしよう。

フーコーは『性の歴史Ⅰ』で、欲望を権力との否定的関係で定義する認識論的枠組みを問うている。それは欲望と権力を対立の両極に位置づける思考の枠組みである。一方では欲望は無垢な本能のようなものとみなされ、他方では権力は欲望を抑圧する法として表象される。フーコーは後者を「反 - エネルギー」（Foucault 1976: 113）と呼んでいる。このような、フーコーが「法律的 - 言説的に（juridico-discursive）」（Foucault 1976: 109）と呼ぶ権力の表象のあり方は以下のいずれかの見解を生むことになる。「欲望に対して権力が外的な介入力しかもっていないとするならば、「解放」の約束であり、権力が欲望そのものを構成するものであるならば、いずれにしてもあなたはつねにすでに罠にかけられているという肯定である」（Foucault 1976: 109）。これらの記述はとりわけ、前者はマルクーゼ、後者はラカンといった具合に精神分析を念頭に置いているように思われるが、フーコーはこのような認識が「はるかに一般的なもの」であり、「おそらくそれは西洋世界の歴史に深く根を下ろしたものである」と述べている（Foucault 1976: 109）。したがって、バトラーは次のように述べることになる。「欲望に関する精神分析的な見方と解放主義的な見方双方が誤った約束に条件づけられた弁証法的な袋小路に陥っていることを、フーコーは主張している」(SD: 221)。ここで問われているのはバトラーによれば、「「主体」の欲望が否定性と不可避的に結びついている」(SD: 222)という認識論的前提そのものである。

欲望を法との否定的関係において表象することは、そのような法が抑圧し禁止する欲望を法の外部に前提することを意味している。バトラーによれば、それはラカンの精神分析にさえ認められる。ラカンにとって欲望はつねに「欠如」の相で捉えられるが、このことは彼が「享楽」という「抑圧に先立つ真の欲望」(SD: 221)を維持していることを意味するとバトラーは述べている。それに対して、フーコーが導入するのは「生産的権力」の概念である。フーコーが『性の歴史Ⅰ』で示したことは、法の外部に欲望を置く操作が「権力から自由な欲望」という「真理」を生み出し、この認識が実はセクシュアリティを規律や管理の対象とみなす「生-権力」の出現と歩みをともにしているという歴史的事実であった。つまり、権力は法の抑圧作用には還元されない。権力は法の外部に真理を生産し、それに介入し、コントロールしようとするものでさえあるのである。したがって、欲望は権力の外部にある真理でも、権力から自由で無垢な本能でもない。むしろ、欲望は権力の「道具(instrument)」である。欲望は権力によって「生産される」のであり、したがって、欲望は「それ自身の歴史的に特定の言語学的様相をもつ」(SD: 218)。

バトラーは、「ヘーゲル的主体」が理念上「主人と奴隷の弁証法」に認められるような「支配」

と「服従」の二元論的対立をアウフヘーベンすることでより高次の、より内包的な主体を生み出すのに対して、フーコーにおいてはこのような対立は弁証法的にアウフヘーベンされることで統一されるものではないと述べている。むしろ、バトラーはフーコーの「主体や目的論なしの弁証法」は「二元論的対立それ自身のヘゲモニーを掘り崩すようになる対立の増殖に導く」ものであると指摘している（SD: 225）。事実、フーコーは『性の歴史Ⅰ』で、セクシュアリティを抑圧する言説が声高に叫ばれた時代においてこそセクシュアリティに関する言説が「増殖」したこと、また、もともと病理学の用語であった「同性愛者（homosexual）」という言葉がそのような病理化に対して「抵抗」する側に流用されたこと等、二元論の図式をむしろ覆すような「増殖」や「反転」の運動を指摘している。バトラーはこれらを「非弁証法的転覆」（SD: 222）とも呼んでいる。

フーコーの思想がバトラーにとってヘーゲル哲学やフランス実存主義に対して一線を画すのは、「欲望の最終的な満足を達成することの失敗」がそれ自体弁証法の二元論的構造を内部から掘り崩すものとして「祝福される」点にある（SD: 229）。言い換えれば、ヘーゲル的主体の「失敗の喜劇」はいまや祝福されるべき「非弁証法的転覆」として称揚されるのである。バトラーが『欲望の主体』を次のように締め括っているのはそのためである。「ヘーゲルからフーコーを通して、欲望は私たちを奇妙にも虚構的存在に変えるようである。そして、承認＝認識の笑いは洞察の機会であるように思われる」（SD: 238）。

このようなバトラーの解釈が興味深く、注意を引くのは、フーコーの系譜学の試みをなお「弁証法」と形容している点だろう。バトラーはフーコーを「希薄な弁証法家」と呼び、その系譜学を「壊れた弁証法」、「たがの外れた弁証法」などと形容している。ヘーゲルとの差異を示しながら、なおバトラーはヘーゲルとの系譜においてフーコーを理解するのだ。事実、バトラーは「フーコーにとって欲望は生と死を賭けた闘いになる」(SD: 227) とみなしたり、フーコーの系譜学を「主人と奴隷の弁証法の再定式化」(SD: 237) と解釈していたりする。バトラーはフーコーの「ニーチェ、系譜学、歴史」を取り上げながら、そこで「主体」が「身体の規制」を通して形成されていることに着目して、次のように述べている。

ヘーゲルにとって、奴隷は意識のない身体であり、主人はそれ自身の身体性を否認する純粋な抽象の形象である。フーコーの系譜学的説明はこれら二つの形象を、どんな特定の主体にも帰すことのできないひとつの反転の関係に統合する (SD: 237)。

つまり、バトラーによれば、ヘーゲルの「主人と奴隷の弁証法」において割り振られていた「主人」(身体を否認する意識)と「奴隷」(意識なしの身体)という二つの形象はフーコーにおいてそれ自体ひとつの主体形成の過程として統合されるのである。

権力が身体を規制し服従させることを通して主体を形成するものであれば、そして欲望がフーコーにとって権力の装置であり言説であるなら、そのとき「欲望の主体」はそれが排除してきた、しかしそれ自身の条件である「身体の歴史」(SD: 238) を抱えもつことになるだろう。「欲望の真理」はいまだ書かれていない身体の歴史に横たわっている」(SD: 238) のであり、したがって、「欲望は歴史的な特定の諸身体のあいだの相互関係の文脈において理解され」(SD: 238) る必要があるのだ。だが、それでは、「どんな主体」が「どんな犠牲を払って」生み出されているのだろうか (SD: 238)。バトラーはフーコーの系譜学が具体的な身体の歴史の記述によって補われなければならないと指摘しているが (とりわけジェンダーの問題がフーコーの記述では無視されていることをバトラーは指摘している)、サラ・サリーがいうように『欲望の主体』ではこのプロジェクトは十分に行われていない (Salih 2002: 40)。その試みが実現されるのは、『ジェンダー・トラブル』においてである。

おわりに——欲望から身体へ、そしてジェンダーへ

バトラーはヘーゲルの『精神現象学』の読解を通して、自分自身の存在に固執することが可能になるためには「承認」が必要であることを学んだ。自己の「生存」が可能であるためには他者によって承認されなければならず、そのためには「他者との相互承認」が実現されなければならない。だが、バトラーは「他者との相互承認」が可能になるためには「身体」によって「媒介」されなければならないことを付け加えた。ヘーゲルの「欲望の主体」は「世界と主体との究極的な調和」を

探求する「形而上学的主体」であった。この主体はその「調和」を追求しながら絶えずそれに失敗する。バトラーはフーコーの系譜学を通して、その「失敗」を「欲望の主体」が構成的に排除する身体の問題に求めているように思われる。かくして、ヘーゲルから二〇世紀フランス思想へと遍歴しながらバトラーが見出すのは「欲望の主体」によって排除された「身体の歴史」が書かれなければならないということである。

このことはまた、ジェンダーの問題を必然的に喚起する。バトラーは『欲望の主体』の唯一本文中の余白に埋め込まれた注のなかで、「ヘーゲル的主体」を「彼」という代名詞で書くことをわざわざ断っている。

ヘーゲルの主体は虚構上の人物であり、明白にジェンダーを認識できないものであるが、私はこの虚構に「彼」と言及するだろう(SD: 20)。

ここから推し量ることができるのは、バトラーにとって「ヘーゲル的主体」(そして哲学の主体)が「男性的主体」であるということである。実際、バトラーは『欲望の主体』の最終節や八〇年代に書かれた論文の中で、ヘーゲルの主奴論における「主人」が「身体から離脱した主体」であり、この主体がボーヴォワールの議論に即して「男性的主体」であることを指摘している(Butler 1986)。それはおそらくフーコーにおいてさえそうであり、バトラーは彼がジェンダーを十分に議論していないことを批判し、しかし「フーコーが提示した「身体の歴史」は当然ジェンダーの歴史を理論的に含むはずである」（SD: 234）と指摘している。実際、バトラーは『欲望の主体』の最終節でクリステヴァに関する議論を導入することで「欲望の主体」が「女性性の否認」（SD: 233）によって成り立っている構造を明らかにしている。したがって、ジェンダーは哲学に対して派生的で副次的な問題なのではない。ジェンダーの思考は、「身体から離脱した」哲学の主体を批判的に問い直すための契機なのである。かくして、『欲望の主体』以後のバトラーの「生と哲学を賭けた闘い」は、その賭金を欲望から身体――とりわけジェンダーやセクシュアリティ――に移すことになる。

第Ⅱ部　『ジェンダー・トラブル』へ

第四章　現象学からフーコーへ——八〇年代バトラーの身体／ジェンダー論

はじめに

私たちは前章で、バトラーの「生と哲学を賭けた闘い」が欲望から身体（そしてジェンダー）へとその舞台を移すことになることを明らかにした。『欲望の主体』の最後では、「欲望の主体」が排除する「身体の歴史」を書く必要があることを示し、それはフーコーの系譜学によって探求されることが示唆された。事実、『ジェンダー・トラブル』ではフーコーの系譜学を基盤にして議論が展開されることになる。しかし、バトラーの身体及びジェンダーに関する理論は『欲望の主体』から『ジェンダー・トラブル』へと一挙に展開されたわけではない。すでに八〇年代後半には、バトラーは身体やジェンダーの問題に立ち向かっていたのであり、その理論的格闘が『ジェンダー・トラブル』を準備したのである。本章ではこの間のバトラーの理路を考察するが、以下でみるように

『欲望の主体』から『ジェンダー・トラブル』へと向から道のりは決して平坦なものではなかった。

ここで、『欲望の主体』の成立過程を考慮することは重要である。『欲望の主体』がそもそも一九八四年に学位請求論文として提出された「回復と創造――ヘーゲル、コジェーヴ、イポリット、サルトルにおける欲望の企て」を一九八七年に加筆、修正した上で出版されたものであったことはすでに確認した。ところで、一九八四年から一九八七年に行われたこの「修正」は単なる校正にとどまるものではない。というのは、一九八四年に提出された時点ではサルトルに関する考察までで終わっており、フランス・ポストモダンを扱った章は含まれていなかったからである。さらに、出版に際して付加されたこの章は「若書き」(SD: viii) の一種だったとバトラー自身が述懐しており、次のように述べている。「一九八五年から一九八六年にかけて、私は、〔『欲望の主体』の〕最終章で示し、のちに『ジェンダー・トラブル』を書いている際に形成した理論的運動を行う準備をまるでしていなかった」(SD: viii)。バトラーは『欲望の主体』の成立事情をこのように振り返り、読者に本書に対して寛大に接してほしいと要求している (SD: viii)。いずれにせよ、『欲望の主体』の最終章はバトラーにとって性急に行われた時期尚早のものだったのであり、その本格的な記述は『ジェンダー・トラブル』に持ち越されることになる。

だが、身体を探求すべき理論的課題として設定した点に関しては、ヘーゲルからサルトルまでを扱った一九八四年の博士論文の時点ですでに十分に考察されていたと推察される。私たちがみたように、バトラーは『欲望の主体』第一章で「主人と奴隷の弁証法」の読解を通じて「身体のパラドックス」を明らかにし、また、コジェーヴ、イポリット、サルトルに即して分析されたのはこのパラドックスが彼らの思想においても反響していることだったからである。しかしながら、そのような問題として見出された身体に対してどのように理論的にアプローチするのかという点に関して言えば、少なくとも一九八四年の時点ではいまだ判然としていなかったのではないか。もしそうだとすれば、『ジェンダー・トラブル』以前の八〇年代後半の彼女の思索において何が問題であったのかが鮮明になる。この時期、バトラーは身体（及びジェンダー）をいかに記述するかという問題をめぐって思索を巡らせていたのである。

その際にまずバトラーが着手したのがメルロ＝ポンティやボーヴォワールの現象学であった。[*1] メルロ＝ポンティの「生きられた身体」、ボーヴォワールにおける身体及びジェンダーが彼女の研究対象となる。つまり、バトラーの関心はヘーゲルからフーコーへと一挙に進んだわけではなかったのである。バトラーがヘーゲル哲学研究以後まず着目したのはむしろ現象学的身体論なのである。したがって、「ヘーゲルからフーコーへ」と舵を切るバトラーの思索の過程を捉える上で、私たちは八〇年代のバトラーと現象学との関係を考察する必要がある。そして、八〇年代のバトラー自身の身体／ジェンダー論と『ジェンダー・トラブル』で示されたそれとを比較することによって、いっそう後者の理論的特徴を把握することができるように思われる。そこで以下では、『欲望の主体』の周辺で書かれた八〇年代のバトラーの諸論文を中心に考察することにしよう。

1 非デカルト的現象学――バトラー身体論の出発点

『ジェンダー・トラブル』における現象学評価――とりわけ、ボーヴォワール――はきわめて一面的なものである。ボーヴォワールの「ひとは女に生れない、女になる」という有名な言葉を引いて、バトラーは「女になる前の主体」が前提とされていることを批判する。「ボーヴォワールにとって、ジェンダーは「構築された」ものである。しかし彼女の公式では、そのジェンダーを現在、なんらかの方法で身につけたり、手に入れたりしていても、原則的にはべつのジェンダーを身に帯びることも可能な行為主体、コギトが想定されている」(GT: 11)。そして、バトラーはこのような「行為主体」や「コギト」を前提としない「構築」の理論を確立することを試みたのであり、その際とりわけフーコーの「主体化＝服従化」の理論が援用された。

ダイアナ・コールが指摘しているように(Coole 2008)、『ジェンダー・トラブル』では現象学とポスト構造主義の立場が区別されており、前者が後者の観点から批判されていることは明瞭である。しかしながら、コールもいうように、この区別は『ジェンダー・トラブル』におけるものであって、それ以前のバトラーの思索において中心的な区別はむしろ「デカルト的現象学」と「非デカルト的現象学」の区別であった(Coole 2008: 14)。先に『ジェンダー・トラブル』における現象学評価が一面的であるとしたのも、もともとはバトラー自身が現象学に対して二面的な評価を与えていたからである。そして、興味深いことに、メルロ＝ポンティとボーヴォワールは後者の「非デカルト的現象学」に数えられ、肯定的に評価されていたのである。

実際、博士論文を提出した翌年一九八五年に、バトラーは「精神は時間である（Geist ist Zeit）――ヘーゲルの「絶対者」のフランスにおける諸解釈」という論文で、『欲望の主体』をとくにその第二章の内容を中心に手短にまとめており、そこで彼女はコジェーヴやイポリットのヘーゲル的「時間」概念が形而上学的な構造をもつものであるとして批判している。この論文が『欲望の主体』の内容と異なるのは、彼女がこのような問題を乗り越える上でメルロ＝ポンティの哲学にその可能性を探っている点である。バトラーによればメルロ＝ポンティは、「時間は身体と欲望の歴史を通して人間のアイデンティティを構造化する」ものであり、したがって「絶対者は身体的な欲望の歴史として具体化される」とみなした（Butler 1985: 78）。このようなメルロ＝ポンティの現象学に、バトラーは身体の問題を解決する糸口を見出そうとしているのである。

また、この時期にバトラーがボーヴォワールを熱心に取り上げるのも同じ理由からである。バトラーは論文「パフォーマティヴ・アクトとジェンダーの構成」（1988）で、次のように述べている。「ボーヴォワールもメルロ＝ポンティも、身体はある特定の文化的、歴史的な可能性を具体化するための能動的なプロセスであり、それを記述するには身体的な具体化に関する現象学の理論が説明を迫られるような複雑な取り込みのプロセスだと理解している」（Butler 1988: 524）。そして、バトラーはこのような現象学がフェミニズム理論において「適切な出発点」となると主張する。「文化的なアイデンティティを構成し、それを身にまとうためのさまざまな行為に現象学が注目することは、身体がどのように日常的にジェンダーの型にはめられていくのかをフェミニズムが理解しようとするには適切な出発点となる」(Butler 1988: 525)。このように、バトラーはメルロ＝ポンティとボーヴォワールの現象学を自身のフェミニズム理論に積極的に取り入れていたのである。

それでは、両者が指し示す「非デカルト的現象学」とはいったいどのようなものであろうか。それは『ジェンダー・トラブル』で批判されたボーヴォワールの「女になる前の主体」の地位に関わるものだといえる。バトラーは「シモーヌ・ド・ボーヴォワールにおけるセックスとジェンダー」(1986) 及び「セックスとジェンダーの変異」(1987) で「デカルト的現象学」を言語や文化に先立って自我を前提にするものとして、これを批判している。この「デカルト的自我」は「身体をもたない魂 (disembodied souls)」とみなされる。それに対して、「非デカルト的現象学」においては、この「自我」は「身体を具えた (em-bodied)」ものであるとして、バトラーはボーヴォワールに即して次のように述べている。「人は女に生れない、女になるということは、この「なる」(生成)」が肉体から離れた (disembodied) 自由から文化的な身体化 (embodiment) への道をたどるということを意味しない。実際、ひとははじめからその身体であり、そしてそののち、そのジェンダーになるのである。セックスからジェンダーへの運動は、身体化された生 (embodied life) に内的であり、すなわち、それは一方の身体化 (embodiment) から他方の身体化への運動なのである」(Butler 1987: 130)。

このように、バトラーは『ジェンダー・トラブル』とはまったく反対の解釈と評価をボーヴォワールに与えている。『ジェンダー・トラブル』では「デカルト的コギト」が前提とされているかどで非難されていたボーヴォワールは、それ以前の諸論文では「デカルト的コギト」に対する批判者として描かれていたのであり、ボーヴォワールの理論には「構築」の前のデカルト的な精神的実体は存在しないとされる。このように、メルロ＝ポンティやボーヴォワールによって素描された「非デカルト的現象学」は、バトラーが自らの身体論を展開するうえで最初の出発点を与えるものであった。

2　現象学的身体論とフーコーの系譜学

「非デカルト的」と形容されるメルロ＝ポンティやボーヴォワールの現象学は、八〇年代のバトラーにとってきわめて重要な理論であったことがわかる。それでは、バトラーはメルロ＝ポンティ及びボーヴォワールの現象学からどのような身体概念をとりだしたのであろうか。バトラーは「パフォーマティヴ・アクトとジェンダーの構成」で次のように述べている。

メルロ＝ポンティによれば、身体は歴史に規定された概念であるだけでなく、絶え間なく現実化されるはずのさまざまな可能性の集合である。彼は身体が歴史に規定された概念だと主張するが、それはすなわち、身体が意味を帯びるのは、現実世界において、具体的でかつ歴史によって媒介された表出を通じてだという意味である（Butler 1988: 524）。

ここで、身体は「可能性の集合」であると定義される。その意味を、バトラーは次の二つの点に整理している。ひとつは、「身体が現実世界において知覚によってどのように捉えられるかは、なにか内的な本質によってあらかじめ決定されているわけではない」（Butler 1988: 524）という点であり、いまひとつは、「世界において身体が具体的に表出されるときには、歴史に規定されたさまざまな可能性の集合のなかの特定のものが選ばれて表出される」（Butler 1988: 524）という点である。身体はいわば「可能態」と「現実態」の二つの側面をもつものとして理解されているということもできるだろう。

バトラーは身体やジェンダーをフェミニズムの見地から批判的に分析する上で、このような「現象学的な前提に依拠する」とはっきりと主張している。「私がはっきりと思い描いているところでは、ジェンダーの批判的な系譜学は、現象学的な前提に依拠するものである」（Butler: 1988: 530）。バトラーのいう「現象学的な前提」とは身体を「可能性の集合」と捉えるものである。したがって、「ジェンダーの批判的な系譜学」はその前提にもとづいて、歴史的に構築された身体をその可能性のうちの「特定のもの」とみなすものである。

このようなパースペクティヴはフーコーの系譜学とも密接に関連している。のちに、バトラーは

『ジェンダー・トラブル』で現象学とフーコーのあいだに切断線を引くことになるが、この時点では「断絶」よりもむしろ「連続」が強調される。この時期のバトラーは、フーコーの系譜学は「現象学的な前提」に則った上で行われなければならないと考えていたのであり、現象学とフーコーは相互補完的な関係であるとみなしていたのである。バトラーは「ボーヴォワールにおけるセックスとジェンダー」(1986) で次のように述べている。

ジェンダーの記述に関する二元論的な制限を問いに付すことで、ウィティッグとフーコーは、おそらくはボーヴォワールが想像もしなかったような方法で、セックスからジェンダーを解き放った。しかし、身体を「状況」とみなす彼女の見方はおそらくそのような諸理論の土台を築いたのである (Butler 1986: 48)。

このように、バトラーはフーコーの系譜学がボーヴォワールの理論を裏づけ、補完するものであるとみなしている。このことは、身体の「現象学的前提」に則ってジェンダーの系譜学を試みる八〇年代におけるバトラー自身のプログラムと一致する。

すでにみたように『ジェンダー・トラブル』におけるボーヴォワール評価にはある種の「転回」が認められたが、同様のことは両性具有者である (現在ならインター・セックスと呼ばれるであろう) エルキュリーヌ・バルバンに関するフーコーの分析に対する彼女の評価にも認められる。『ジェンダー・トラブル』ではバルバンに対するフーコーの分析はきびしく批判されている。「フーコーによれば、エルキュリーヌが住むセックス（性差）の世界は、身体の快楽が、一次的な原因や究極の意味としての「セックス」を直接に指し示すことのない世界である。フーコーの言葉を使えば、それは「猫がおらず、猫のニヤニヤ笑いだけが充満する」世界である。〔…〕しかしここで私たちが目にするのは、『性の歴史Ⅰ』のなかでフーコーの分析が放逐しようとする解放主義の言説に、フーコー自身が感傷的に溺れてしまっている様子である」（GT: 131）。こうしてバトラーは、『性の歴史Ⅰ』でフーコー自身が提示した反解放主義の立場から、法や権力から自由なセクシュアリティというフーコーのバルバン分析にみられる見方を批判する。

それに対して、論文「セックスとジェンダーの変異」（1987）では、なるほどフーコーのバルバンの分析は「ユートピア的」であるとしながらも、しかし、この論文を丹念に読むと、彼女がこの「ユートピア的可能性」に対して一定の余地を与えていたことが窺える。

ウィティッグとフーコーは新たなアイデンティティを提供したが、それは〔…〕ユートピアなままである。しかし、〔この点で〕ゲイル・ルービンが精神分析を現代のジェンダー・アイデンティティの形態における親族構造の再構築として読み直したことを思い出すことは有用である。もし、彼女がジェンダー・アイデンティティを親族関係の「痕跡」と理解することが正しいのなら、また、ジェンダーがますます親族関係の名残りから自由になると指摘したことが正しいのなら、そのとき私たちは、ジェンダーの歴史はジェンダーをその二元論的制限から次第に解放するものであることを示していると結論を下す根拠をえるように思われる（Butler 2010a: 516）。

きわめて曖昧な言い方ではあるが、フーコーやウィティッグが示した「ユートピア的可能性」は現行のジェンダー秩序が変われば実現しうる、とここでのバトラーはみなしているように思われる。『ジェンダー・トラブル』ではもはや留保なく批判されるフーコーのバルバンの分析に、なぜバトラーはこの時点では一定の可能性を認めていたのであろうか。その理由はやはり、身体の「現象学的前提」に求めることができるだろう。この「前提」において、身体は「可能性の集合」である以上、このようなユートピア的な身体の可能性もまた排除することはできないのである。いや、むしろ、そのような可能性は既存の秩序に対するオルタナティブを提示するものでさえある。

いずれにせよ、現象学とフーコーの系譜学はこの時期においては相互補完的な理論として描かれている。この時期のバトラーにとって、フーコーの系譜学は身体の「現象学的前提」という出発点から遂行されねばならないと想定されていたのである。

3　バトラーのメルロ゠ポンティ批判

それでは、『ジェンダー・トラブル』にみられる「転回」はいかにして生じたのであろうか。言い換えれば、バトラーはいかにして「現象学的前提」から離脱し、このような前提抜きの系譜学を構想するに至ったのであろうか。この「転回」を捉える上で重要なのが、ともに一九八九年に書かれた「性的イデオロギーと現象学的記述」と「フーコーと身体的書き込みのパラドックス」の二つの論文である。この節ではまず前者をみていこう。

これまで肯定的に言及されてきたメルロ＝ポンティだが、ここでは事情が異なる。バトラーはメルロ＝ポンティの『知覚の現象学』の第一部第五章「性的存在としての身体」を考察している。バトラーは、一方で、彼のセクシュアリティ論が「自然主義的イデオロギーから自由なセクシュアリティのフェミニスト理論を提供する」(Butler 1989a: 85) 可能性を示唆しているとしながら、他方で、それにもかかわらず、メルロ＝ポンティの記述には「セクシュアリティの異性愛的な性格についての規範的な想定」(Butler 1989a: 86) が認められると批判している。

メルロ＝ポンティは、セクシュアリティを「ひとつの自立した環」としてはみなさない点で自然主義的な説明から離れている。メルロ＝ポンティによれば、「生物学的実存は人間的実存のなかに噛み合わされており、後者固有のリズムとけっして無関係には存在しない」（メルロ＝ポンティ 一九六七：二六四）。身体やセクシュアリティといった「生物学的実存」をそれ自体独立した領域として描き出すことは不可能なのである。だが、それは「生物学的実存」が実存に「還元」されるということでもないと彼は注意している。「身体とは実存が凝固化または一般化されたものにすぎず、一方、実存の方もひとつの不断の受肉にほかならない」（メルロ＝ポンティ 一九六七：二七五）。実存は

「身体の中に己を実現する」(メルロ＝ポンティ　一九六七：二七四)。したがって、それは一方が他方を表現するというような一方的な関係ではないのであり、それらは分かちがたく結びついているのである。したがって、セクシュアリティは「本能」にも「実存」にも還元されえない。「セクシュアリティをそれ自体とは別のものに還元してしまうようなセクシュアリティの説明は成り立たない」(メルロ＝ポンティ　一九六七：二八二)。むしろ、セクシュアリティは「認識的ならびに実践的存在の全体と内面的に結合して」(メルロ＝ポンティ　一九六七：二六一) いるのである。

このように、メルロ＝ポンティの理論はセクシュアリティの自然主義的ないし還元主義的な説明を斥けており、それゆえにバトラーはこの点にフェミニスト理論への応用可能性を認めている。しかし他方で、メルロ＝ポンティのこのようなプログラムにもかかわらず、彼もまたセクシュアリティの「自然主義的説明」に陥っている点をバトラーは批判する。そのときにバトラーが問題にするのが、シュナイダーに関する考察である。

メルロ＝ポンティは暗黙に、シュナイダーの「性的無能力」(ないしアセクシュアリティ) を「異常」として言及している。「或る患者〔シュナイダー〕は、もはや自分で進んでは性行為をまったく求めようとしない。卑猥な絵をみても、性的主題の会話によっても、また女体をみても、この患者には何の欲情も生まれてこない」(メルロ＝ポンティ　一九六七：二五七)。このようにメルロ＝ポンティは、シュナイダーに「色情的な知覚」の欠損や変質をみてとっている。それは言い換えれば、「正常人」なら「卑猥な絵」や「性的主題の会話」、「女体」に欲情するはずだ、と彼が考えていることを物語っている。事実、メルロ＝ポンティは次のように述べている。「正常人においては、身体は単純に任意の一物体として知覚されるようなことはなく、こうした客観的知覚さえも、より隠微な一つの知覚によって浸透されている」（メルロ＝ポンティ　一九六七：二五九）のに対して、「シュナイダーにとっては、女性の身体はなんらの特定の本質ももつものではない。彼のいうところによれば、女性を魅力的にしているのはその性格であって、女体としては彼女はどれも似たり寄ったりである」（メルロ＝ポンティ　一九六七：二五九）。そして、「病人［シュナイダー］にあって消滅したものは、己れのまえに性的世界を投棄して、自分を色情的状況のなかに置く能力であり、換言すれば、色情的状況が始まったときこれを維持するなり、あるいはこれを継続して行ってついに堪能するにいたる能力なのである」（メルロ＝ポンティ　一九六七：二五九）と結論づけている。このように、メルロ＝ポンティはシュナイダーの「性的無能力」を「正常」に対する「異常」として描き出しており、また他方、そのシュナイダーに関する記述はメルロ＝ポンティ自身がどのようなセクシュアリティを「正常」として考えていたかを照らし出している。

シュナイダーに関するメルロ＝ポンティの記述において描かれた「正常なセクシュアリティ」に、バトラーはミソジニーの構造を見出している。「シュナイダーを異常とするメルロ＝ポンティの主張にあるのは、脱文脈化された女性身体［…］が自然な魅力を発するという前提である」(Butler 1989a: 92)。この「女性身体」は主体としては生きていないような対象としての身体である。それに対して、その身体を知覚する主体は男性である。この男性は「奇妙にも肉体離脱した（disembodied）のぞき魔であり、そのセクシュアリティは奇妙にも非‐肉体的である」（Butler 1989a: 93）。このように、メルロ＝ポンティがシュナイダーを「異常」とする分析から一体何を「正常」なセクシュアリティとみなしているかが推察されるが、それはきわめてヘテロセクシュアルかつミソジニックなものである。バトラーは「メルロ＝ポンティにとって、女性身体は、男性的欲望の身ぶりを不可避的に喚起する「シェーマ」において見出される「本質」をもつものであり、彼はこの知覚が自然的あるいは機械論的原因によって条件づけられているとは主張しないが、それはそのようは説明が普通与えるのと同じような必然性を持っているように思われる」（Butler 1989a: 94）と述べている。この分析から彼女は次のように結論づけている。「セクシュアリティを理解するために非‐規範的な枠組みを提供しようとする現象学的方法の約束は、錯覚にもとづいていることが判明する」（Butler 1989a: 95）。それは「ヘテロセクシュアルな関係という特定の文化的動態」をあたかも「身体的実存の普遍的構造」であるかのごとくに記述してしまうのである（Butler 1989a: 95）。

私たちがみてきたように、バトラーはまず「現象学的前提」にもとづいた身体やジェンダーの系譜学を探求していた。ところがいまや、そのような前提そのものが間違っているのではないかという疑念が生じているのではないだろうか。たとえ、「構築」以前の主体が「身体を具えた」ものであるにしろ、そこで仮定された身体に対する認識自体がなんらかの「錯覚」にもとづいているのではないだろうか。それは「特定の文化的動態」を「生きた身体」の「普遍的構造」とみなしているのではないか。このような批判的観点がはっきりと形成されるのは論文「フーコーと身体的書き込みのパラドックス」においてである。

4　現象学から系譜学へ

八〇年代におけるバトラーは基本的に現象学的身体論とフーコーの系譜学を相互補完的な理論として描いていた。つまり、彼女は「現象学的前提」としての身体の存在論的な次元と歴史的に構築される身体との次元を区別していたのである。そして、バトラーはこのような「現象学的前提」にもとづく系譜学を想定していたのであった。しかし、論文「性的イデオロギーと現象学的記述」でみたように、そのような前提とされる身体の次元そのものが歴史的構築と無縁ではないことが明らかとなった。言い換えれば、身体の存在論は歴史的に特定の認識論的な規範から自由ではないのだ。次に考察する論文「フーコーと身体的書き込みのパラドックス」において、私たちはフーコーの系譜学の試みが現象学的身体論から離脱していく契機をみることができる。そこには現象学に対する直接的な言及はないが、フーコーの系譜学そのものから「現象学的前提」を取り除こうとするバトラーの思索が認められるように思われる。実際、バトラーはその最初のパラグラフで次のように述べている。

身体とは、言説と権力の体制がみずからを書き込む場であり、法的生産的な権力諸関係にとっての結節点あるいは結合手段である。しかしながら、このように述べると、ある意味でそこにあらかじめ与えられており、身体そのものの見かけ上の構築の場になるよう存在論的に役立てうるひとつの身体が存在する、と例外なく示唆することになる。「身体」と呼ばれるこの場を領域画定するものは何なのだろうか（Butler 1989b: 601）。

このように、バトラーは「構築のプロセスから存在論的に区別される」身体とは何か、と明確に問うている（Butler 1989b: 601）。バトラーは『欲望の主体』でもすでに権力が介入する以前に存在すると前提にされているフーコーの身体に関する存在論的公準に疑問を投げかけていたが、その問いに関する考察はほとんど手つかずのまま放置されていた（SD: 237）。だが、バトラーはこの論文のなかで、「身体そのもの」という存在論的次元自体を「系譜学的批判に開かれた構築」（Butler 1989b: 602）とみなすべきだと主張している。したがって、明らかにここで、バトラーは「現象学的前提」そのものを系譜学の対象とみなしており、その意味で一種の「転回」を遂げているといえるだろう。

このように、バトラーはフーコーの系譜学を、フーコー自身が抱えていたといえる「現象学的前提」（と彼女が呼んでいたもの）を問いに付すことで、よりいっそう洗練させようとする。

フーコーが、身体は文化あるいは言説／権力の諸体制の固有の結合の内部で構築されており、これら固有の諸体制の外部においては身体のいかなる物質性も存在論的独立性も存在しない、と主張したいとしても――そして実際にそう主張しているとしても――、やはり彼の理論はニーチェから借用された系譜学の概念に依拠しているのであり、系譜学は身体を表面とみなし、また一連の不可視の「諸力」［…］とみなす。［…］フーコーは身体とはその文化的書き込みの諸関係の外部には存在しないと主張しているように思われるが、「書き込み」のメカニズムそれ自体は身体そのものに対して必然的に外的な権力を含意しているように思われる（Butler 1989b: 602）。

フーコーの系譜学の試みにおいても、身体の存在論的区別が見え隠れしている。「身体は権力によって構築される」と主張するとき、どうしても私たちはそのセンテンスの構造においてそのような「構築」以前に存在する存在論的な身体を前提にせざるをえない。フーコーは、なるほど権力や言説によって身体が構造化されるとしたが、そのような構造化が遂行される「不定詞」としての身体が存在するかどうかという点では曖昧であり、また実際にそのような「不定詞」としての身体の次元を前提にしている節がある。したがって、バトラーは、フーコーにみられる「現象学的前提」の残滓を批判的に乗り越えようとしているのであり、そのような前提をも系譜学の対象とするプログラムを提案しているのである。

そして、やはりここでも、フーコーのエルキュリーヌ・バルバンの分析に対するバトラーの評価がひとつのメルクマールとなるであろう。バトラーは次のように述べている。

フーコーは時に『性の歴史』第一巻において、あるいは、一九世紀の両性具有者であるエルキュリーヌ・バルバンの日記への短い序文において、身体の表面を打ち破り、統制的体制──「歴史」のある種の悪循環と理解された──によってそうした身体の上に課される文化的一貫性の統制的実践を崩壊させるような身体的諸力の前言説的な多様性に訴えようとする（Butler 1989b: 607）。

バトラーがバルバンに関するフーコーの議論に一定の可能性の余地を残していたことはすでにみたとおりである。しかし、ここで検討している論文「フーコーと身体的書き込みのパラドックス」でのバトラーは、「潜在的な前カテゴリー的源泉」と解された身体はそれ自体「前言説的で前歴史的な」ものであり、そのとき文化や歴史はそのような身体に外的に課されるものになってしまい、文化や歴史は「法的な用語で表現される」ことになる、と批判的に言及し直すことになり、次のようにはっきりと批判をくわえる。「これは、権力を法的であると同時に生成的でもあるような諸様態において定式化するというフーコーの言明したプログラムとは反対のものである」（Butler, 1989b: 607）。権力の「前」に「潜在的な前カテゴリー的源泉」として身体を位置づけることは、「身体の構築された地位についての彼の議論が証明すると考えられた中心点を最終的に掘り崩してしまう」（Butler 1989b: 607）とバトラーは主張するのである。

この論文に至るまで留保つきとはいえ一定の可能性をみとめていたフーコーのバルバン分析に対して、もはやバトラーは積極的な可能性を認めない。バトラーは「潜在的な前カテゴリー的源泉という前提」、すなわち「前言説的で前歴史的な「身体」」そのものを「系譜学的批判の対象」にすべきだと主張するのである。それは、これまでバトラーが保持していた身体の「現象学的前提」を問うことへの明白な意思表示であるとともに、フーコー自身にまだ残っていた存在論的な身体という同様の前提を取り除き、この前提をすら問いに付すものとして系譜学を洗練させようとする試みに他ならない。こうして、バトラーは八〇年代にあれほどのこだわりをもって執着していた「非デカルト的現象学」――とりわけその「現象学的前提」と彼女が呼んでいたもの――に対してついに別れを告げたのだといえるだろう。

おわりに

「フーコーと身体的書き込み」において素描された理論的パースペクティヴと『ジェンダー・トラブル』におけるそれとのあいだの距離はもはやほとんど存在しない。実際、『ジェンダー・トラブル』における有名なテーゼ「セックスはつねにすでにジェンダーである」（GT: 9）は、「前言説的なもの」とみなされた自然的身体としてのセックスを「系譜学的批判に開かれた構築」とみなすものだったといえるだろう。

『ジェンダー・トラブル』で問題にされた「セックス／ジェンダーの区別（sex/gender distinction）」はジェンダーをセックスの「文化的解釈」とみなすものだった。それは「〈生物学は宿命だ〉という公式を論破するために持ち出されたもの」であり、そこで理解されたセックスとジェンダーとは「セックスの方は生物学的で人為操作が不可能だが、ジェンダーの方は文化の構築物だ」というものである（GT: 8）。この区別に対してバトラーが問うたのは、ジェンダーが男と女という「二つのもの」とあらかじめ仮定されており、「ジェンダーとセックスのあいだの模倣関係」が暗に信じられていた点である（GT: 9）。それは言い換えれば、この言説の枠組みのなかでジェンダーを「二つのもの」として統制する政治的カテゴリーとしてセックスが働いていることを示している。それゆえ、「セックス／ジェンダーの区別」はそもそも「区別ではない」（GT: 10）ことになる。セックスそれ自体が「ジェンダー化されたカテゴリー」（GT: 10）だからである。

したがって、バトラーは『ジェンダー・トラブル』で「前‐言説的」ないし「自然的」とみなされていたセックスのカテゴリーを「系譜学的批判に開かれた構築」とみなして批判的に分析することになる。この意味で、バトラーが『ジェンダー・トラブル』で「セックスはつねにすでにジェンダーである」と力強く主張し、その後大きな波紋を呼んだ議論は、八〇年代における現象学研究からゆっくりと形成されていった理論的パースペクティヴによって可能になったといえる。その主張は、八〇年代における「現象学からフーコーへ」と舵を切るバトラーの理論的展開のなかで自然的身体それ自体を「系譜学的批判に開かれた構築」とみなすことによって可能になったのである。[*2]

第五章　『ジェンダー・トラブル』とアイデンティティの問い

はじめに

バトラーは『欲望の主体』で西洋哲学が身体ないしジェンダーの問題を排除してきた歴史を明らかにしたが、ジェンダーの分析が具体的に行われたわけではなかった。前章でみたように、ジェンダーを対象とする彼女の思索が本格的に始まるのは八〇年代後半以降のことであった。また第一章でみたように、八〇年代はバトラーがフェミニズム理論やレズビアン＆ゲイ・スタディーズ、そして学内のアクティヴィズムなどに参与していった時期であった。その時代はまた、アメリカ合衆国において「エイズ危機」が猛威をふるい、ホモフォビアがいっそう強化され、席巻した時代でもあった。『ジェンダー・トラブル』はこのような歴史的背景のなかで執筆されたのである。

『ジェンダー・トラブル』以前／以後と分けられるほど、同書はフェミニズム、クィア理論に大きな歴史的影響を与えたテクストだった。出版からおよそ三〇年近く経た今、同書は「古典」の地位を得たといっても言い過ぎではないだろう。同書の世界的な影響力に関しては、著者のバトラー自身にとっても大きな驚きであった。バトラーはあるインタヴューで、当時の戸惑いを伝える次のような興味深いエピソードを紹介している。「この本を書いていた当時は、ゲイ&レズビアン研究はまだ影も形もありませんでした。本が出たとき、ゲイ&レズビアン研究の第二回年次大会がアメリカで開かれましたが、その折にこの本が予想もしなかった方面で取り上げられました。そういえば夕食会で隣に座った男性から、クィア理論をやっていると自己紹介されたとき、「クィア理論って何ですか」と尋ねてしまったのですよ。彼はまるで私の気が狂ったのではないかというような顔をしました。私がクィア理論と呼ばれているものの一翼を担っていると思いこんでいたのですね。けれども当時私が知っていたことと言えば、テレサ・ド・ローレティスが『ディファレンシズ』という雑誌で「クィア理論」という特集をやったことぐらいでした。「クィア理論」というのは、彼女が組み合わせた言葉ぐらいにしか考えていなかったのです。私がクィア理論の一翼を担っているなんて、まったく思いもかけないことでした」(Butler 1994a: 110)。

このエピソードは『ジェンダー・トラブル』を「クィア理論」の「古典」と考えるひとにとっては意外なものだろう。もちろん、その見解が誤っていると主張したいわけでない。学説史的にみれば、『ジェンダー・トラブル』を「クィア理論」の「古典」とみなすことは正当だろう(序論参照)。

むしろ、ここで考察したいのは、当時のバトラーにとって『ジェンダー・トラブル』とはいかなる書物だったのかということ、より正確に言えば、それはどのような歴史的磁場のなかで書かれたのかということである。『ジェンダー・トラブル』はいかなる歴史的な背景のなかで書かれ、何を目指したテクストだったのだろうか。

1 『ジェンダー・トラブル』の両義性

バトラーは先に言及したインタヴューのなかで、『ジェンダー・トラブル』は「フェミニズムの書」だったとはっきりと述べている。

クィア研究や、ゲイ&レズビアン研究の理論家である前に、フェミニズムの理論家だと言いたいですね。フェミニズムへの関わりが、たぶん私の一番の関心事なのです。『ジェンダー・トラブル』は、フェミニズムの内部に存在する強制的異性愛を批判したもので、読者としてはフェミニストを想定していたのです（Butler 1994a: 110）。

事実、同書は既存のフェミニズムに大きな問題転換を迫る思想書だった。それはフェミニズムが拠って立つ基盤である「女」というアイデンティティを批判的に検証するテクストだった。それでは、それは具体的にどのような「批判」だったのか。バトラーは一九九九年に『ジェンダー・トラブル』に寄せた序文のなかで、次のように述べている。「一九八九年当時の最大の関心事は、フェミニズム文学批評に異性愛的な思い込みが広く流布していることだった。わたしは、ジェンダーの境界と妥当性を仮定して、ジェンダーの意味を男らしさと女らしさという一般に認められた概念に制限するような見方に、反駁しようとした」(GT: viii)。バトラーが問題視していたのはなにより も、当時のフェミニズムの主体である「女」が「異性愛者」であると自明視されていたことだった。

また、同じ序文のなかで、バトラーは当時の「レズビアン・フェミニズム」を批判してもいる。「八〇年代の多くのフェミニストはレズビアニズムはレズビアン・フェミニズムにおいてフェミニズムと合流すると想定していたが、『ジェンダー・トラブル』はレズビアンの実践がフェミニスト理論を例示するという見方を拒絶し、それら二つの関係をよりトラブルに満ちた関係にしようと試みた」(GT: xi)。八〇年代という時代状況のなかでなされたこの批判を理解する上で、例えば同時代にパット・カリフィアが行った次の批判を併せて参照しておこう。カリフィアはアドリエンヌ・リッチの論考「強制的異性愛とレズビアン存在」(1980)を取り上げて、「リッチは、ヘテロセクシュアルの制度に反対すると信じる多くの女たちを、ダイクになる必要なしにレズビアン連続体に組み込むことが可能であることを見出した[…]。そのくせ、その性行為がフェミニズムに反するとと彼女が思うレズビアンは、その中から排除した。ブッチとフェムや、サド/マゾヒズムのレズビアンなどがそれだった。彼女はゲイ男性と同盟するレズビアンも排除した」(カリフィア　一九九八：一六‐一七）と述べている。リッチの「レズビアン連続体」や「女に同一化する女（The Woman-Identified Woman）」というレズビアン・フェミニズムのレズビアンの定義は、もともとはフェミニズム内部のレズビアン差別や排除、分断に反対して「女同士の連帯」を築くための概念であったのだが、その連帯を描こうとするあまり、異性愛女性とレズビアンの差異を抹消してしまう「脱‐性化」の側面があった[*1]。また、カリフィアが指摘しているように、レズビアン・フェミニズムはブッチ‐フェムの文化を「異性愛の再生産」として、そしてサド／マゾヒズムを「異性愛における支配／服従モデルの再生産」として非難する傾向があった[*2]。したがって、カリフィアは次のように問う。「女性はレズビアンにならなくても男性支配に抵抗できるし、ヘテロの制度にだって逆らうことができる。彼女たちの困難と努力には敬意を払うべきだろう。しかし、彼女たちを役割モデルとして祭り上げ、その分コミュニティの大半を占める人たちを追放してしまったら、わたしたちは得るものよりも多くのものを失うことになるのではないだろうか？　なぜブッチやフェム、そしてSMダイクが、性差別と女性嫌悪の産物として排除されねばならないのだろう？」（カリフィア　一九九八：一八）。バトラー自身、「レズビアニズムは政治的信念のエロティックな完成物ではない」（GT: xi）と述べている。バトラーはフェミニズム内部の「異性愛中心主義」を批判するとともに、またレズビアンがフェミニズムの内部で「脱‐性化」され、シスターフッドの「例」とみなされていた状況に介入したといえる[*3]（バトラーのブッチ／フェム・アイデンティティに関しては本章第四節を参照）。

冨山一郎が指摘しているように、[*4]『ジェンダー・トラブル』は他のフェミニストの思考と同時代的に共振するものだった。バトラーの批判は明らかに、八〇年代に「黒人女性」の立場からフェミニズムの「白人中心主義」を批判したベル・フックスや、フェミニズムと植民地主義の関係を問うたポストコロニアル・フェミニストのガヤトリ・C・スピヴァクらの思想と結びついている。バトラー自身『ジェンダー・トラブル』のなかで次のように述べている。「ジェンダーは、人種、階級、民族、性、地域にまつわる言説によって構築されているアイデンティティの様態と複雑に絡み合っている［…］。その結果、ジェンダーをつねに生み出し保持している政治的及び文化的な交錯から「ジェンダー」だけを分離することは不可能である」（GT: 4-5）。彼女たちを「ブラック・フェミニスト」や「ポストコロニアル・フェミニスト」、「クィア理論家」などと分類する前に、まずはこの同時代的な思索の共振を確認しなければならないだろう。そこでは「政治的及び文化的な交錯から「ジェンダー」だけを分離すること」の困難と暴力性が感知されていたのである。

だが、ここで重要なのは、フックスやスピヴァクと同様にバトラーにおいても、フェミニズムに対する批判はその「外部」からなされたものではなかったという点である。バトラーは次のように述べている。「けれども、ここでさえ、つまり、フェミニズムのなかの権力概念に対立するときでさえ、やはり私はフェミニズムの「中に」おり、フェミニズムの「側に」立っているのです。重要なのは、このパラドックスを働かせることです」（Butler 1994a: 125）。このように、『ジェンダー・トラブル』におけるフェミニズム批判は、しかしそれにもかかわらず、フェミニズムというアイデンティティ・ポリティクスの「内部」でなされたのである。それゆえ、バトラーの思想を単に「脱アイデンティティ」の思想として整理することは『ジェンダー・トラブル』の両義的な位置を無視することになるだろう。フェミニズムの「内部」で書かれながら、しかし、フェミニズムを批判した『ジェンダー・トラブル』の両義性を忘却することは、同書でバトラーが批判したものにむしろ陥ってしまうように思われる。バトラーはすでに『ジェンダー・トラブル』のなかで次のように述べている。

フェミニズムがしなければならない批判的作業は、構築されたアイデンティティの外側にフェミニズムの視点を打ち立てることではない。そんなことをすれば、フェミニズム自身の文化的位置を否定し、ひいては包括的な主体として――フェミニズムが批判すべき帝国主義的な戦略を配備する位置として――邁進する認識論のモデルを構築してしまうことになる（GT: 201、強調引用者）。

言い換えるなら、バトラーにとって「アイデンティティの外部」という位置はありえない。その位置はむしろ、フェミニズムがその当初から一貫して批判してきた「普遍」を標榜する「男性的主体」の位置と同じである。なぜなら、「普遍」とみなされてきた「男性的主体」はボーヴォワールが力強く示したように、どんな個別的、特殊なアイデンティティにも徴づけられていない無徴の主体だからである。それゆえ、『ジェンダー・トラブル』がフェミニズムの「内部」で書かれたことを無視し忘却することは、致命的な読解であるといわざるをえないだろう。

だが、それでは、バトラーはどのような「フェミニズムの政治」を探求したのだろうか。

2 フェミニズムと反解放主義

バトラーが『ジェンダー・トラブル』で問うたのは、「女というアイデンティティ・カテゴリー」を「フェミニズムの主体」として無批判に前提にすることに対してだった。とりわけ、そのような「フェミニズムの主体／解放の主体」として表象される「女」が「異性愛の女」を指していたことだった。このことから明らかなのは、アイデンティティ・カテゴリーが権力関係や規範から決して自由ではないということである。以下で考察するように、バトラーがフーコーの権力論や反解放主義を重要視するのはそのためである。

そこでまず、フーコーの『性の歴史Ⅰ――知への意志』の議論を簡単に振り返っておこう。フーコーの権力論は権力に対する一般的な見方に批判的な変更を迫るものだった。フーコーが批判したのは、権力を主体に外的なものと表象する「抑圧」の枠組みだった。彼が「抑圧仮説」と呼ぶこの枠組みにおいて、権力は主体に対して「抑圧」、「禁止」、「検閲」など否定的に働く「反‐エネルギー」のメカニズムとして表象される。したがって、この表象の枠組みにおいて、主体はこの抑圧的な権力に屈するか、あるいはその支配を打ち破り自らを解放する者として描かれることになる。それに対して、フーコーが明らかにしたのが主体は権力や言説を通して生産されるという点である。フーコーが『性の歴史Ⅰ』で分析したセクシュアリティを例にとろう。「抑圧仮説」において、セクシュアリティとは権力の外部にあるエネルギーであると考えられる。この権力の「外部」にあるという位置が、例えば精神医学や精神分析をしてセクシュアリティに「真理」があり、分析されなければならないとされ、他方、そこに「抑圧」からの「解放」があると信じさせることにもなったのであった。それに対してフーコーが『性の歴史Ⅰ』で企てたのは、このような「真理の政治史」の「逆転」である（Foucault 1976: 80-81）。実際、彼が「セクシュアリティの言説」を系譜学的に探求することで発見したのは、セクシュアリティを「真理」として語らせ、言説化することで、それを管理しようとする「生‐権力」の仕組みだった（Foucault 1976: 191-93）。セクシュアリティは権力の「外部」にあるどころか、個人の性的な振る舞いの規律の問題として、また出生率などの人口の調整、管理の問題として、まさに権力が介入する場として生産された「装置」なのである。それゆえ、フーコーは「抑圧仮説」にみられる主体と権力の相互外在的な二元論的関係を斥け、「生産的権力」という見方を提示し、それによって権力の外部に「解放」を求める「解放主義的な政治」を批判したのであった。

バトラーがフェミニズムにおける「普遍的な家父長制」という理論モデルを批判したのはこのような観点から考えることができる。この家父長制という概念に関してバトラーが問題視するのは、

「「女」という一般に共有できる概念があるという考え方」（GT: 5）である。家父長制の概念は男の支配とそれに対する女の被支配という枠組みを作り出す。このときバトラーにとって問題なのは「女性的という「固有性」が完璧に脱文脈化される」（GT: 6）点にある。つまり、「女」という「固有性」が「階級や人種、民族、その他の権力関係の諸軸で作られている構築物から分析上、政治上、分離されて」しまう。だが、家父長制によるジェンダー抑圧を他の権力関係から分離させることは本当に可能なのだろうか。家父長制の見方において「女」は抑圧される対象として自明視されるが、この男女の二元論は果たして自然なものなのか。

フーコーの論を援用してバトラーが示すのは、権力関係が単一な形態ではないことである。フーコーは『性の歴史I』で大胆にもセックス（生物学的性差）は「想像的」で「思弁的な要素」であると主張している（Foucault 1976: 207）。フーコーによれば、セックスはセクシュアリティの「本質」ではない。むしろ、それはセクシュアリティの統制の結果、形成され、またセクシュアリティの統制の道具として機能するという。バトラーもまたフーコー（及びモニク・ウィティッグ）の論を参照して、セックスはセクシュアリティの原因ではなく結果であると議論を逆転させる。

ジェンダーがセックス、ジェンダー、欲望の経験の統一を意味しうるのは、セックスがジェンダーと欲望を必然化すると理解されるときにおいてのみである。そこでは、ジェンダーはそれ自身を心的かつ／あるいは文化的に指示するものと理解され、欲望は異性愛であり、それゆえそれが欲望する他方のジェンダーとの対立関係を通して差異化するものと理解される。男女それぞれのジェンダーの内的一貫性や統一性は安定した対立的な異性愛を必要とするのだ（GT: 30-31）。

したがって、「強制的で自然化された異性愛の制度」こそ「ジェンダーを二元的な関係として要求し、規定する」（GT: 31）のであり、男と女というカテゴリーの差異化は「異性愛の欲望の実践を通して達成される」（GT: 31）のである。したがって、二元論的なものとしてジェンダーを自明視することはこの異性愛規範を温存することになってしまう。性別を二つに分けるという「自然」に思える操作は、実際には、そのカップリングである異性愛を自然化する操作でもあるのだ。バトラーがエピグラフで引いているウィティッグの言葉を借りれば、「セックスは社会を異性愛的なものとして作り出す政治的カテゴリーである」（GT: 1; Wittig 1992: 5）。したがって、「家父長制」によって指示される「抑圧する男」と「抑圧される女」という見取り図は、「異性愛規範」を前提にしてはじめて成り立つ構図なのであり、決してジェンダーの抑圧という単一の権力構造によってのみ規定されているわけではないのである。

「家父長制」が「女」に対する「抑圧」の普遍的なメカニズムとして概念化されたものだったのに対して、フーコーは権力関係を主体を抑圧するだけでなく生産する多層的なものとみなした。フーコーが『性の歴史Ⅰ』で解放主義的な政治を批判し、「解放の主体」が実は権力によって生み出されることを明らかにしたのだとすれば、バトラーがいうように、「フェミニズムの主体は、解放を促すはずの、まさにその政治的システムによって言説の面から構築されていることになる。このことは、もしそのシステムが支配的な差異の軸線に沿ってジェンダー化された主体を生産したり、あるいは男性的であると想定されている主体を生産していることとなると、政治的に問題を孕んだものとなる。このような場合、「女」を解放する目的があるからといって無批判にそのようなシステムに訴えることは明らかな自滅行為であろう」(GT: 3)。事実、先の議論で明らかになったのは、男との対立物としての女という二元論的なジェンダー観を援用することが、ジェンダーの非対称性や性差別を認識し、是正する上できわめて重要であったとしても(そしてそれがいまでもきわめて重要であるとしても)、異性愛を自然化し強化する規範的な「政治的システム」を無批判に前提にしてしまうことになる、ということだった。

この意味で、フーコーの「反解放主義」がバトラーにとって重要なのは、フェミニストという「解放の主体」がその内部で人種主義や異性愛主義といった規範を再生産している現実に目を向けるためであったといえるだろう。それは、差別や暴力の複合性を単純化せずに注意深く考察する必要性を示していると言い換えることもできよう。前節でみたアイデンティティの「外部」を認めないバトラーの立場もこの点から理解されなければならない。バトラーはある意味でフーコー以上に反解放主義を推し進め、フーコーがアイデンティティの「外部」を夢みたエルキュリーヌ・バルバンの議論をさえ批判していた(第四章参照)。それでは、バトラーがいうようにアイデンティティや権力の「外部」が存在しないならば、「フェミニズムの政治」のどこに「抵抗」の契機があるのだろうか。

3　ヘーゲルからフーコー、そしてジェンダー・パロディへ

バトラーはフェミニズムの主体としての「女」を「法のまえの主体」ないし「解放の主体」として表象することを批判した。法の「外部」に主体を置く試みは、その主体そのものが「多層的な権力の配置」（GT: 103）のなかでいかに形成されるのかという点を見逃してしまう。「解放」の約束はときの権力を単一的に表象し、「解放」を約束された主体は自らが「多層的な権力の配置」のなかで作られていることを忘却してしまう。したがって、バトラーはフーコーに依拠しながら、法の外部を想定しない「フェミニズムの政治」を模索することになる。そのような政治のあり方を検討するために、ここでもう少しバトラーのフーコー解釈にこだわりたい。これまで不問にしてきたのだが、バトラーのフーコー解釈にはかなり特異な点があり、しかも、それはバトラーの求める「フェミニズムの政治」を考える上で非常に示唆的な部分なのである。

それはまさにバトラーの法的権力の概念に関わる。バトラーはフーコーに言及しながら、「権力の法的システムは、それが後に表象するようになる主体を生産する」（GT: 2、強調原文）、あるいは「法はそれが抑圧すると言われている欲望を生産し、産出する」（GT: 103）と述べている。法は抑圧的であると同時に生産的であるというバトラーのテーゼは『ジェンダー・トラブル』全体を貫く要のテーゼである。だが、この見解はフーコーの権力論に則すなら端的に誤りという他ない。

フーコーにとって法はあくまで抑圧的なものであり、「法の外部」を生産するのは「生産的権力」と彼が呼ぶものだからである。[*5] したがって、バトラーが「法の生産性」テーゼをどのように導きだしたのかが問われなければならないだろう。ここで参照する必要があるのが前著『欲望の主体』である。言い換えれば、バトラーは『欲望の主体』で示したフーコー解釈を下敷きにして『ジェンダー・トラブル』でそれを展開させたのである。

『欲望の主体』で、バトラーはフーコーが法と権力をいかに区別し、解釈したかを批判的に検討している。第三章でみたように、フーコーの「生産的権力」を法の二元論的な構造を攪乱する重要な概念としてバトラーは着目していた。だが、バトラーはフーコーの「生産的権力」の概念を評価しながら、次のような批判的なコメントを残している。

> フーコーは法的権力の領野に二元的な思考を付与した。しかし、法的権力と生産的権力との彼の区別でさえもそれ自身、法的で二元的な区別、すなわち生と反-生の、肯定と否定の対立であるように思われる。さらにいえば、生産的権力はそれ自身が存続するために、その対立項、すなわち法的権力に、依存しているようである。［…］したがって、肯定は否定の脅威によって条件づけられている、ちょうど、ヘーゲル的主体が彼の生を危険に追いやり、死の恐れを耐え忍び、そしてそのときになって、旅のつづきをするあいだずっと、生を重んじ維持することを決心するようになるのと同じように（SD: 228）。

バトラーは「法的権力」と「生産的権力」のフーコーによる区別がそれ自体（フーコーが法に付与したはずの）二元論的な構造をもつものだと述べている。実際、近藤和敬はフーコーの「生産的権力」の概念化は総体的な権力から「法的権力」を引き算することで成り立っていると述べている。[*6] このようなフーコーの立論を、バトラーは逆転させる。「生産的権力」は法の「否定」を条件にして成り立っているというのである。この意味で、法の否定的作用こそが権力の生産性を生み出すのである。

これは言い換えれば、バトラーがフーコーの思想をヘーゲル哲学を媒介にして解釈していることを浮き彫りにしている。すでにみたように、バトラーはフーコーをあくまで弁証法の議論に位置づけ、彼の系譜学を「主人と奴隷の弁証法の再定式化」とみなしていたのはそのためである。もちろんだからといって、バトラーはフーコーの哲学をヘーゲルに還元させているのではない。むしろ、『ジェンダーをほどく』におけるバトラーの言葉を借りるなら、彼女の戦略は「フーコーを通してヘーゲルをねじ曲げる」（UG: 31）点にある。バトラーがフーコーの思想を二元論的な弁証法の構造のなかに位置づけるのは、それによって二元論的な弁証法の構造を「脱構築」するためであると言い換えることもできるだろう。[*7]

その上でバトラーが着目するのが、フーコーが提示している「増殖（proliferation）」という概念である。「増殖」とは耳慣れぬ概念ではあるが、『ジェンダー・トラブル』に頻出するタームである。

フーコーは『性の歴史I』でセクシュアリティを「抑圧された」ものとみなす「抑圧仮説」を批判的に検討することを通して、セクシュアリティに関する言説が実はもっとも抑圧的と考えられていた時代においてこそもっとも爆発的に増殖したという歴史的事実を明るみにしている。セクシュアリティを抑圧しようとするまさにその言説こそが、セクシュアリティを刺激し、炙り出し、増殖させることになる。さまざまなセクシュアリティの様態が狩りだされ、螺旋構造のように無限に産出されていく。それだけではない。セクシュアリティに関する病理学的言説がその意図に反する方法で流用されることにもなる。「同性愛者（homosexual）」はもともと病理学のタームだったが、「同性愛者」がその人権を得るための闘争に流用されることにもなったのである。この流用は、抑圧と解放という二元論的な法の構造をはみだすものである。

ヘーゲルの弁証法の枠組みでは理念上、対立する二項はより内包的な主体へと統合される。だが、フーコーの『性の歴史I』では、対立する二項は統合されるのではなく、むしろ、その「統合」に「失敗」し、法の二元論的構造を脅かすものとして現れる。もちろん、すでに第二章及び第三章で確認したように、バトラーはヘーゲルの「欲望の主体」をそのような統合に絶えず失敗する主体として描いていた。しかし、フーコーとともに、このような「失敗」は「統合」の「失敗」としてネガティヴに描かれるのではなく、統一的な主体の幻想を暴く契機として「祝福される」ことになる。それは言い方を換えれば、ヘーゲルの「喜劇的主体」の「失敗」をフーコーを通して政治的に有効な資源として活用することを意味する。それでは、この「失敗」の洞察は『ジェンダー・トラブル』でいかに具体的に活用されることになるのか。私たちはそれをバトラーの「ジェンダー・パロディ」の議論に認めることができるだろう。

フーコーの『性の歴史I』がフランスで出版されたのが一九七六年であるが、バトラーがそれを読んだのは八〇年代のアメリカ合衆国においてであった。七〇年代フランスから八〇年代アメリカ合衆国への、この歴史的な差異と変遷は思いの他重要であるように思われる。とりわけセクシュアル・マイノリティの歴史において、この二つの時期の違いは「エイズ危機」の経験にある。「殺す権力」から「生かす権力」への移行を診断し、法や国家なしの権力理論を築こうとしたフーコーの思惑に反して、八〇年代当時のセクシュアル・マイノリティが置かれた状況において目に見えて明らかだったのは法や国家と呼ばれる領域の横暴だった。バトラーは「性の逆転／性的倒錯（sexual inversions）」（1992）で、「フーコーが〔『性の歴史I』で〕語ろうとした問題を孕んだ歴史」が「最近のエイズの流行に関する挑戦の視座の下では機能しない」（Butler 1992: 345）ことを指摘している。「エイズ危機」の時代におけるジャーナリスティックな言説の構造が「〔男性〕同性愛に彼の死を結びつけ、彼の同性愛を死の欲動とみなす」（Butler 1992: 359）効果をもっていたことや政府によるエイズの医療費の削減に触れながら、フーコーが「性差に関する統制的な言説がそれ自身、死を生産し、死を宣告し、死をあまつさえ増殖させうることを考慮にいれなかった」ことをバトラーは批判する（Butler 1992: 360）。また、バトラーは「模倣とジェンダーの抵抗」（1991）で、当時のアメリカ合衆国の政治の文脈のなかでゲイ男性に対してレズビアンが「禁止された対象としてさえ呈示されない」としながら、「表立って禁止されれば、言説の場を占めることができるし、そこから逆転した言説とでもいうべきものを言葉にすることができる。〔だが、〕ひそかに追放されてしまうと、禁止の対象の資格さえもないということになる」（Butler 2010b: 127）と述べている。バトラーはこのような排除を「抹消という計略（ruse of erasure）」と呼び、この権力の様態としての「抹消」についてフーコーは無視していると批判している（Butler 2010b: 136）。

以上のような『ジェンダー・トラブル』が置かれた歴史的背景を鑑みるなら、フーコーの権力論の枠組みのなかで法的権力を再考しようとしたバトラーの試みはむしろ必然的な要請であったとさえいえるかもしれない。このような歴史的背景のなかで、バトラーはフーコーを批判的に読み直すことを通して当時の政治的状況に応答する理論を彫刻していったのである。

4　ジェンダー・パロディ

さて、以上を確認したうえで、バトラーのジェンダー・パロディ論を本節ではみていくことにしよう。『ジェンダー・トラブル』で示された「ジェンダー・パロディ」に関する理論的考察は、当時のフェミニズムの理論とはおおきく異なるものだった。バトラーも述べているように、「フェミニズムのジェンダー・パロディ観では、そのようなパロディ的なアイデンティティは、ドラァグや異装の場合はミソジニーであり、またとくにブッチ／フェムのレズビアン・アイデンティティの場合は、異性愛実践から借りてきた性役割のステレオタイプを無批判に取り込んだものと考えられてきた」(GT: 187)。このような見方はパロディを「本物」に対する「偽物」とみなす考えであり、それは別段、当時のフェミニズムにのみ当てはまる認識ではない。事実、バトラーは若い頃に陥った「苦しみ」を次のように述懐している。

若い頃、私は私の「存在」がコピーであり模倣であり、派生的な例であり、現実の影であるといわれることに長いあいだ苦しんだ。強制的異性愛は、オリジナル、真理、正統であると自称する。本物を決定する規範が意味するのは、レズビアン「である」ことはつねに一種のものまねで、市民権を与えられている異性愛の幻想にすぎない充足を自分も経験しようとするが、それはつねに失敗するだけの無駄な努力であるということだった(Butler 2010b: 127)。

この意味で、『ジェンダー・トラブル』におけるジェンダー・パロディに関する考察は、決して「知的な遊戯」などではなく、現実の生存に掉さした問題意識から発せられたものである。上でみたジェンダー・パロディを「誤ったコピー」とみなす見方において前提とされている考え方は、まず、オリジナルなジェンダー・アイデンティティが存在し、次に、ジェンダー・パロディはその誤った模倣であるというものだった。それゆえ当時のフェミニズムにおいて、そのような「模倣」はジェンダーやセクシュアリティの規範を再生産するものであるとみなされたのである。

それは言い方を換えれば、パロディを「真」に対する「偽」とみなす考え方である。したがって、そこには「男」と「女」という二元論的なジェンダー観や、その異性愛の構造が「自然なもの」として前提にされていることになる。しかしながら、バトラーが提示した「ジェンダー・パロディの概念は、そのようなパロディ的なアイデンティティがなんらかの起源を模倣していると考えるものではない」(GT: 187)。バトラーはパロディを「真／偽」とは異なるパースペクティヴから捉え直し、それによってジェンダーの二元論的構造を脱構築しようとする。

むしろバトラーにとって、パロディは「成功／失敗」という「行為」の水準で考察されなければならないものである。[*8] ジェンダー・パロディはジェンダー・アイデンティフィケーションの「失敗」である。例えば、ドラァグがその「失敗」であるのは、セックス、ジェンダー、セクシュアリティ、それらのあいだに想定される「首尾一貫性」の「法」(例えば、オスは男になり、女を愛する、というような)から逸脱しているからである。しかし、この「失敗」が明らかにするのは、それらの契機が実は「それぞれまったく別物だということ」(GT: 187)である。それは、セックス、ジェンダー、セクシュアリティがそれぞれ「別物」として演じられうることを明らかにすることで、「ジェンダーの偶発性」を明るみに出す。セックス、ジェンダー、セクシュアリティのこれらの水準が一貫しているわけではなく、むしろその「自然なもの」にみえる「首尾一貫性」が「規範的な幻想」であるということが暴露されるのだ。

また、レズビアンのブッチ／フェム・アイデンティティに関しても、バトラーは同様のことを指摘している。「レズビアンのフェムは、異性愛の場面を思い起こさせるかもしれない。だがそのとき、彼女は、異性愛の場面をずらしてもいるのである。ブッチとフェム、両方のアイデンティティにおいて、起源とか自然のアイデンティティという観念は問いに付されている」（GT: 168）。例えば、バトラーはあるレズビアンのフェムが「彼女のボーイがガールであるのを好む（she likes her boys to be girls）」と説明したことを取り上げ、それは「「男性性」をブッチ・アイデンティティの文脈に置き、意味づけ直す」（GT: 167）ものであると述べている。当時のフェミニズムの文脈では、ブッチ・アイデンティティは「異性愛男性」への「同一化」とみなされ（GT: 167）、したがってフェム・アイデンティティは「異性愛の場面を思い起こさせる」ものとして批判される傾向があったのに対して、ここでバトラーがあるフェムの言葉を引きなから示しているのは「女性の身体と男性的アイデンティティがエロティックに戯れるような、それら二つの関係の不安定化」が「レズビアンのフェムの欲望の対象（もちろん、それはひとつではない）」を構成しており（GT: 167）、それゆえ「ブッチとフェム、両方のアイデンティティにおいて、起源とか自然のアイデンティティという観念は問いに付されている」ということである。

これらのパロディの例が示しているのは、ジェンダーが「社会的に作られたもの」であるということ、それは実体や属性ではなく、一連の「行為」の積み重ねであるということである。ジェンダー・パロディは「真」のジェンダーに対する「偽」ではない。それはジェンダーという「一連の行為」の「失敗」である。そして、そうだとすれば、規範的なジェンダーへの同一化そのものがパロディの構造をもつものであることが判明する。つまり、それはジェンダーの「首尾一貫性」という「約束」を果たすために行われる「一連の行為」なのである。それゆえ、ジェンダー・パロディの「失敗」は、ジェンダー・アイデンティフィケーションに対する派生的で偶然的な事柄ではなく、それ自体に構成的につきまとう「構造的な失敗」を例証するものである。「「現実」になることの失敗、「自然」を身体化することとの失敗は、〔…〕すべてのジェンダーの演技に共通する構造的な失敗であると私は言いたい」(GT: 200)。

ジェンダー・パロディを「偽」ではなく、「失敗」あるいは「行為」として描くことで、バトラーは「オリジナルなもの」それ自体が「模倣の構造」をもつものであることを明らかにした。オリジナルなものとそのパロディの関係は、「コピーとコピーの関係」なのだ。バトラーは、このような関係を暴露するパロディの実践に私たちが直面するとき、そこに「笑い」が生まれると指摘している。

「規範的なもの」が存在するという感覚を失うことは、笑いの原因になりうるし、とりわけ「規範的なもの」や「起源的なもの」もコピーであり、しかもかならず失敗するコピーであり、誰もそれを身体化できない理念であることが明らかにされた場合はそうである。この意味で、笑いは徹頭徹尾、起源が失われているという認識の中に生まれるものである(GT: 189)。

ドラァグ・パフォーマンスやレズビアンのブッチ／フェム・アイデンティティは、異性愛における二元論的なジェンダーの模倣でもなければ、既存のジェンダー規範を再生産するものでもない。それらジェンダー・パロディは結果として、「『規範的なもの』や「起源的なもの」もコピーであり、しかもかならず失敗するコピーであ」ることを暴露する。ジェンダー・パロディが喚起する「笑い」の契機は、異性愛的主体のジェンダー化の実践そのものにつきまとう「構造的な失敗」を反復することで、「男」と「女」というジェンダーの二元論的構造や異性愛が決して「自然なもの」ではなく、「社会の構築物」であることを示しているのである。この意味で、ジェンダー・パロディが反復する「失敗」は、フーコーを通して「祝福される」ヘーゲルの「失敗の喜劇」と同様、ジェンダーの二元性をアウフヘーベンするような原理ではない。それはむしろ、二元論的な弁証法的構造そのものが幻想であることを暴露する。つまり、ジェンダー・パロディは異性愛規範における二元論的なジェンダーの構造そのものを「非自然化」するのである。したがって、ジェンダー・パロディはセックスの二元論に制約されていたジェンダーの法的構造の内部に「ジェンダーのラディカルな増殖」(GT: 203) を引き起こし、「ジェンダーのさまざまな物象化によってこれまでやむなく締め出されていた可能性」(GT: 46) を開くのである。

このように、バトラーにとって抵抗の契機は法の「外部」にではなく、その「内部」に見出される。ジェンダー・パロディが示しているのは、いわば法の内部の矛盾のなかに未来を開いていく契機が存在するということである。

もしも攪乱が可能となるなら、それは法の次元のなかからの攪乱であり、法が法自体に挑戦し、それ自身の予期しない組み合わせをおびただしく生産する可能性を通じてなのである。そのとき、文化によって構築された身体は、その「自然な」過去にではなく、その起源にある快楽にでもなく、文化的可能性の開かれた未来に解き放たれるだろう（GT: 127）。

5 フェミニズムとアイデンティティ

最後に以上の考察から、バトラーが探求する「フェミニズムの政治」とは何かをみていくことにしよう。

これまで考察してきたバトラーの議論がフェミニズムに対して示唆していたのは、「女」というジェンダー・アイデンティティが例えば家父長制といった単一の権力によってのみ一義的に形成されているわけではない、ということである。それはむしろ、「女」というアイデンティティの形成が異性愛規範によって可能になってもいることを暴いた。すなわち、「女」というアイデンティティは「多層的な権力の配置」のなかで形成されるのであり、それゆえジェンダーだけを「階級や人種、民族、その他の権力関係の諸軸で作られている構築物から分析上、政治上、分離」することはできないのである。事実、フェミニズムというアイデンティティ・ポリティクスは構成上、そのような「多層的な権力の配置」のなかで様々な「他者」と出会わざるをえない。

肌の色やセクシュアリティや民族や階級や身体能力についての述部を作り上げようとするフェミニズムのアイデンティティ理論は、そのリストの最後を、いつも困ったように「エトセトラ」という語で締めくくる。修飾語をこのように次から次へと追加することによって、これらの位置はある状況にある主体を説明しようとするが、つねにそれは完全なものにはならない（GT: 196）。

アイデンティティ・ポリティクスはその内部に「他者」ないし「無限のエトセトラ」（GT: 196）を抱え込まざるをえず、したがって、そのアイデンティティの「失敗」に直面せざるをえない。このことは、アイデンティティが前提にされるべきカテゴリーではなく、「様々な意味が競合する」場であることを示している。バトラーにとって「肌の色やセクシュアリティや民族や階級や身体能力」（GT: 196）といった「女たち」の差異は、「女」という「主語」に対する派生的な「述部」として理解されるべきではなく、それらの差異はむしろ、そこで用いられている「女」の意味そのものを問う系譜学の試みを要求するものである。

それは言い換えれば、「女」というアイデンティティが所与の実体や属性ではなく、それ自体が絶えざる「意味づけのプロセス」にあることを意味している。バトラーはボーヴォワールに即して、次のように述べている。

人は女に生れない、女になるというボーヴォワールの主張に何か正しいものがあるとすれば、その次に出てくる考えは、女というものがそもそも進行中の言葉であり、なったり、作られたりするものであって、始まったとか終わったとかいうのは適切な表現ではないということである。現在進行中の言説実践として、それは介入や意味づけ直し（resignification）に向かって開かれているものである（GT, p. 45）。

アイデンティティが「意味づけのプロセス」であるということは、そのようなプロセスの「外部」という位置はないことを意味している。すでに確認したように、バトラーが求める「フェミニズムの政治」とはこのような「意味づけのプロセス」から降りることではない。むしろ、バトラーはその「内部」から「意味づけのプロセス」を「再意味化」に開こうとするのである。言い換えれば、「女」という言葉でいったいどんな「私たち」を指しているのか、その「意味」を絶えず問うことを、バトラーの『ジェンダー・トラブル』は要請している。したがって、バトラーが探求する「フェミニズムの政治」はアイデンティティが抱えもつ矛盾や失敗——すなわちトラブル——を避けるのではなく、そのトラブルをこそ引き受け、そこに留まろうとするものなのである。

この意味で、バトラーの思想はまさにアイデンティティ・ポリティクスの「内部」、その「矛盾」に粘り強く留まり、そのなかで批判的に形成された思考の所産といえるのではないだろうか。吉原令子によれば、アメリカ合衆国における「一九六〇、七〇年代の女性解放運動の歴史は「女」という同一性をもとにした組織の創造と解体の連続とも言える」（吉原　二〇一三：二八）もので あり、「八〇年代には女性間の差異をテーマとするフェミニズム理論や批評が盛んになるが、運動の中では一九六〇年代後半から七〇年代にかけて「女」という同一性への疑問が投げかけられていた」（吉原　二〇一三：二三）という。この意味で、バトラーの思想は第二波フェミニズムの残した遺産と課題の双方を引き継ぐものだということができるだろう。

また、ジェイムス・クリフォードは近年のアイデンティティを「乗り越える」ことを標榜する言説に警鐘を鳴らしながら[*9]、アイデンティティ・ポリティクスの両義性を指摘している。彼によれば「アイデンティティの維持に決定的なプロセス」とは「文化的な要素をつなぎ／はずし、記憶／忘却し、集め／排除する」両義的なものであり、「このような文化的プロセスや政治の居心地の悪い（uncomfortable）場所」にアイデンティティ・ポリティックスを位置づけている（Clifford 2000: 97）。クリフォードはまた、このような場所において「私たちは歴史的な「否定的能力」を育むことができる」と主張し、その「否定的能力」とは「他者の歴史的な経験に私たち自身が部分的にしかアクセスできないことを自覚する」能力であると述べている。バトラーが求める「フェミニズムの政治」はまさにこのようなアイデンティティ・ポリティクスの両義性を引き受けるものではないだろうか。事実、バトラーは『ジェンダー・トラブル』のなかで次のように問うている。

連帯とは、その内部の矛盾を認め、それはそのままにしながら政治行動をとるはずのものではないか。また、おそらく対話による理解が引き受けねばならない事柄のひとつは、相違や亀裂や分裂や断片化を、しばしば苦痛を伴う民主化のプロセスのひとつとして引き受けることではないか（GT: 20）。

バトラーが求める「フェミニズムの政治」は、「女」というアイデンティティを無批判に前提にすることでもなければ、そのアイデンティティの「外部」から政治を俯瞰するような帝国主義的な様式でもない。それはむしろ、アイデンティティとそれが抱える矛盾やトラブルをも引き受けながら、それを「他者」へと向けて「再意味化」に開こうとする政治のあり方である。「私たち」という名の下に「他者」の経験を領有してしまうアイデンティティ・ポリティックスの隘路や矛盾を経験したからこそ、バトラーはそれを自覚した政治のあり方を模索したのであり、それはまさしくアイデンティティ・ポリティックスの両義的な経験から育まれたものだといえるだろう。したがって、バトラーの思想の要点をアイデンティティの「乗り越え」にあるとみなすことは、その核心をなす問題意識を見失うことになる。バトラーがアイデンティティ・ポリティックスの経験から学んだことは冨山の言葉を借りれば、「私たち」が「困難」であるということ、それゆえ「私たち」とは誰かを絶えず批判的に問う必要があること、この意味で「「わたしたち」の困難さにとどまりつづける」ことなのである。冨山は次のように述べている。

> 「わたしたち」を失う絶望には、政治において「わたしたち」を維持することの困難さが前提にされているのである。いいかえれば、「わたしたち」を維持することにより何を押し殺してきたのかという問いが、そこには存在するということだ。ひとの顔をしたひとではない存在を押し殺すことにより維持されてきた「わたしたち」を失う絶望は、したがって希望でもある。バトラーにとって「新しい社会運動」の新しさには、この絶望と希望が同居しているのである。この新しさにおいてバトラーは、絶望をすぐさま次の「わたしたち」でもって補填することも、絶望を前にして既存の「わたしたち」の防衛に向かうことも、選択してはいない。「わたしたち」の困難さにとどまりつづけることこそ、バトラーの選択なのである（冨山　二〇〇〇：九五-九六）。

したがって、アイデンティティが孕む「居心地の悪さ」のなかにとどまりながら他者との対話の空間を切り開こうとする実践こそ、バトラーの『ジェンダー・トラブル』に賭けられているものだといえるだろう。アイデンティティは「乗り越えられる」べきものというより、批判的に引き受けられるべきものなのである。

このことはバトラーにとって、クィア・ポリティクスに関しても同様である。バトラーは『問題なのは身体だ』の最終章で次のように述べている。

もし主体の系譜学的批判が現代の言説上の手段によって形成される構成的、排他的な権力関係に対する問いかけであるならば、それに従って、クィア主体についての批判はクィア・ポリティックスの民主化の継続に欠かせないものであるだろう。アイデンティティ用語が使われるべきであり、「アウトであること」が肯定されるべきであるのと同様に、これらの概念自体が生産する排他的作用は批判されなければならない。［…］この意味で、クィア主体の系譜学的批判がクィア・ポリティックスの中心になるのは、それがアクティヴィズムのなかの自己批判的領域を構成している限りにおいて［…］である（BTM: 172-73）。

したがって、バトラーにとって、クィア・ポリティクスもまた、アイデンティティの「外部」を探求するものではない。上で述べられているように、「アイデンティティ用語は使われるべきであり、「アウトであること」は肯定されるべき」であるのだ。しかし、それと同時に、アイデンティティが孕む「排他的作用」を批判的に注視する必要があるのである。「クィア」とて、「私たち」の名の下に他者を排除することから自由なわけではないのであり、「アクティヴィズムのなかの自己批判的領域」こそがクィア・ポリティクスにおいて重要なのである。したがって、バトラーが求める「フェミニズムの政治」、そしてクィア・ポリティクスとは、アイデンティティに外在的ではなくあくまで内在的な実践なのであり、アイデンティティが孕む問題、矛盾、逆説、痛み、緊張、両義性において思考することだといえるだろう。

第Ⅲ部　パフォーマティヴィティ

第六章　ジェンダー・パフォーマティヴィティ――その発生現場へ

はじめに

前章では、バトラーの『ジェンダー・トラブル』をアイデンティティとその政治との関連から考察した。その際、とくに（ヘーゲルを介した）フーコーの権力論／反解放主義の見地から、バトラーがいかなる「フェミニズムの政治」を探求したかを示した。本章から第八章の議論では視点を変えて、パフォーマティヴィティ概念を軸にバトラーの「生と哲学を賭けた闘い」をみていくことにしたい。

そこでまず、バトラーが一九九九年に寄せた『ジェンダー・トラブル』序文の以下の言葉を再び引用することにしよう。

私は、ジェンダー規範という暴力――例えば、解剖学的にみて異常な身体をしているために監禁され、家族や友人を奪われ、カンザスの大草原にある「施設」でその生涯を送った叔父、〔…〕そのセクシュアリティのために家を追われたゲイのいとこたち、一六歳のときの私の荒れに荒れたカミングアウトと仕事や恋人や家庭を失うというそれ以降に立ち現れた大人の世界の光景――について多少は分かるようになった。〔…〕〔私が本書『ジェンダー・トラブル』で、ジェンダーの〕非自然化（denaturalization）について記述したのは、〔…〕単に言語と戯れたいとか、「現実」の政治の場で道化を演じてみせたいと思ったからではない。それは生きたいという欲望、生を可能にしたいという欲望、そのような可能性を再考したいという欲望からなされたのである。私の叔父が家族や友人やその他の広範な人間関係といった集団のなかで生きるためには世界はどのようなものでなければならないのだろうか。私たちはいかにして、人間に対する理念的な形態学的な締めつけを、規範から締め出された者たちが生きながらにして死を宣告されることのないようなものに変えなければならないのか（GT: xx-xxi）。

『ジェンダー・トラブル』の出版が一九九〇年であるから、それが執筆されたのは八〇年代後半の頃である。八〇年代のアメリカ合衆国ではエイズが流行し、またエイズが「ゲイの病気」とみなされることでホモフォビアがいっそう煽られ、強化された時代だった。後にバトラーが振り返っているように、それはエイズで亡くなった者たちが「公的に嘆かれることのない」時代であった

(Butler 2006: 35)。それはまたセクシュアル・マイノリティにとって、「エイズ危機」の中で醸成されたホモフォビックな社会において「生きながらにして死を宣告される」に等しい経験であった。『ジェンダー・トラブル』は、「ジェンダーをほどく』(2004)でバトラー自身が振り返っているように、『ジェンダー・トラブル』は、「ジェンダー規範から外れ、その規範の混乱において生きている人々が、それでも自分たち自身を、生存可能な生を生きている者としてだけでなく、ある種の承認に値する者としても理解できるような世界を想像する試みだった」(UG: 207)のである。

したがって、バトラーが『ジェンダー・トラブル』で企てた「ジェンダーの非自然化」は決して単なる知的な遊戯でも言葉遊びでもない。二元論的なジェンダーとそのカップリングである異性愛を「自然」とみなす操作は、同性愛者やトランスジェンダーのあり方を「病理/異常」とみなすことと同義である。バトラーの「ジェンダーの非自然化」は、「女性の身体を脱構築で切り刻む」(バーバラ・ドゥーデン)というよりは、現実に「切り刻まれた」/「生きながらにして死を宣告された」セクシュアル・マイノリティの生が「承認に値する」そのような世界を模索する試みだったといえる。このような「ジェンダーの非自然化」を理論的に探求する上で援用されたのが、これから本章以下で考察するジェンダー・パフォーマティヴィティの理論である。このように、バトラーのパフォーマティヴィティ理論には、これまで私たちが追及してきたコナトゥスの問い、すなわち「生存の問い」が賭けられているのである。

バトラーのパフォーマティヴィティは彼女の理論的代名詞といえるほど中心的な概念であるが、

漠然として捉え難い側面もある。その理由には、第一にこの概念が非常に多義的であり多様な理論的背景をもつ点と、第二にこの概念が時間の推移とともにバトラー自身の思索の内部で変化している点を挙げることができる。前者に関しては、バトラーは『ジェンダー・トラブル』の序文（1999）で、同書がフーコーやクリステヴァ、レヴィ＝ストロース、ラカンといった「フランスの理論」だけでなく「フェミニスト理論への長い従事から生まれた」と述べており、ゲイル・ルービンやモニク・ウィティッグ、エスター・ニュートンの名が挙げられている（GT: x-xi）。また後者に関しても、バトラー自身「『パフォーマティヴィティ』が時ともに変化した」ことを率直に認めている（GT, p. xv）。したがって、本章以降の考察ではバトラーのパフォーマティヴィ理論を統一的に描くというよりは、それが理論化された時期や背景、その特色をできるだけ丁寧に追うことにしたい。

本章では、バトラーがはじめて「パフォーマティヴ」という用語を用いた一九八八年の論文から一九九一年に書かれた論文「模倣とジェンダーへの抵抗」までの『ジェンダー・トラブル』及びその周辺の論考を扱い、パフォーマティヴィティに関してとくに「パフォーマンス」がもつ意味を注視することにしたい。その上で、バトラーが先に挙げていたフェミニスト理論の系譜を中心に取り上げる。それによって本章で探求したいのは、バトラーのジェンダー・パフォーマティヴィティのいわば発生現場である。

1　「ボーヴォワールの再記述」としてのパフォーマティヴィティ

バトラーがパフォーマティヴィティに最初に言及したのは一九八八年の論文「パフォーマティヴ・アクトとジェンダーの構成――現象学とフェミニズム理論」においてである。パフォーマティヴィティといえば、もちろんその概念の祖である言語哲学者J・L・オースティンの名が浮かぶ。だが、この論文でも――そして実は『ジェンダー・トラブル』でも――オースティンへの言及はただの一度もないことにまず注意しよう。[*1] のちに、例えば『触発する言葉』（1997）でオースティンに積極的に言及するバトラーだが、当初はオースティンとの結びつきをそれほど強くは意識していなかったのかもしれず、あるいはせいぜい暗示的なものにとどまっていた。

それでは、バトラーはどのようにジェンダー・パフォーマティヴィティを着想するに至ったのだろう。それは先に言及した論文からも明らかな通り、そしてモヤ・ロイドも指摘しているように、シモーヌ・ド・ボーヴォワールの『第二の性』の議論から出発している。ロイドは、バトラーのパフォーマティヴィティを「ボーヴォワールの再記述（re-scripting）」とまで評しているが（Lloyd 2007: 41）、事実、バトラーが「行為（act）としてのジェンダー」を理論化する上で最初に着目したのがボーヴォワールの思想であった。やや長くなるが、バトラーは前掲論文で次のように述べている。

フッサール、メルロ＝ポンティ、G・H・ミード等が提唱した「行為」の現象学理論は、社会的主体が言語や身振りやその他あらゆる象徴としての社会的記号を使って、どのように日常的に社会的現実を構築するのかを説明しようとする。現象学はときに言語に先立って選択し構築する主体（構築という行為の唯一の源であるかのように装っている主体）が存在すると想定しているようにみえることがあるが、この構築論をもっと推し進めて、社会的主体を構築という行為の主体というよりも、むしろその対象と捉える使い方もある。

ボーヴォワールが「人は女に生れない、女になるのだ」と主張するのは、この構築理論現象学の伝統から自らに取り込みつつ解釈し直しているのである。この意味では、ジェンダーは様々な行為が発生する原点となる安定したアイデンティティでもなければ、主体の場でもない。むしろそれは、時間の流れのなかでかりそめに構築されるアイデンティティ――種々の行為をあるかたちで反復することによって作り出されるアイデンティティなのである。［…］ジェンダーとは、様々な身振り、動き、パフォーマンスによって、ひとつのジェンダーを持つ自己という幻想を日常的に構築する方法だと理解しなければならない（Butler 1988: 519）。

バトラーがこの論文でとくに援用しているのは、ボーヴォワールの現象学的身体論である。ボーヴォワールは『第二の性』で「女」とは自然ではなく、絶えざる生成の過程にある「歴史的状況」

であると主張した。バトラーは別の論文「身体をジェンダー化する――ボーヴォワールの哲学的貢献」(1989)で、ボーヴォワールの「人は女に生まれない、女になる」を取り上げ、そこで、「ひとが女になることを最終的に女「である」こととみなすのは誤りだろう。ボーヴォワールにとって、ひとは決して女「である」のではない。というのは、生成の行為は決して本当には完成しないからである」(Butler 1992: 255)と主張し、また同様に「この生成にははじまりも終わりもない」(Butler 1992: 257)と述べている。事実、ボーヴォワールが『第二の性』で明らかにしたことは、「女」の「意味」を生物学やマルクス主義、精神分析といった方法で規定することが不可能であることだった。「女になる」というボーヴォワールの言葉が意味するのは、「女」の「意味」がつねに「生成」の過程にあり、そのときどきの歴史のなかで規定されるが、その意味を最終的に定義づけるような審級は存在しないということである。この意味で、ボーヴォワールにとっての「女」とは特定の(そして可変的な)「歴史的状況」である。

『ジェンダー・トラブル』ではボーヴォワールは「女になる」という生成や行為のまえに「ひと」を想定しているとして批判されるが、一九八〇年代のバトラーはボーヴォワールの理論が主意主義的な「行為の主体」を前提にするものではないとみなしていた(第四章参照)。事実、ボーヴォワールが『第二の性』で示したことは、「女になる」ことが「普遍」を標榜する「人=男(man)」に対する「他者になる」ということだったのであり、八〇年代のバトラーがいうように、「他者として、女たちには選択が欠けているというよりは、むしろ、彼女たちは自分たち自身のエージェンシーの感覚に反対するものを選ぶよう強いられるのであり、そのため、まさに選択の意味をゆがめ、掘り崩すよう強いられるのだ」(Butler 1992: 256)。

だが、このことは逆に言えば、ジェンダーに関するボーヴォワールの分析が「投企」や「選択」といった実存主義の概念に頼ることには一定の限界があることもやはり示唆している。「女になる」ことが個人の「選択」ではなく文化を通して「強制」されるものであるなら、「投企」や「選択」といった実存主義の概念は明らかに適切な分析タームであるとは言い難い。実際、バトラーは『ジェンダー・トラブル』で、ボーヴォワールが前提にしている「投企」や「選択」といった実存主義の概念を問いに付すことになるが、この批判はすでに論文「パフォーマティヴ・アクトとジェンダーの構成」においても部分的に展開されている。バトラーはそこで、実存主義の概念に代えて「生き残りの戦略(a strategy of survival)」(Butler 1988: 522)という概念を用いており、「戦略」というフーコー的な用語でジェンダーのメカニズムを捉えることを提唱している。だが、一九八〇年代のバトラーは、この批判を通じてボーヴォワールの思想を否定するのではなく、むしろ、現象学的な行為概念を「行為の主体」を前提にするものからその主体そのものが社会的に構築されるような行為概念へと「拡張させる」方向へと舵を切る。まさにこの点に、ロイドがバトラーのパフォーマティヴィティを「ボーヴォワールの再記述」と呼ぶ所以があるだろう。

「ボーヴォワールの再記述」を遂行する上で論文「パフォーマティヴ・アクトとジェンダーの構成」においてとくに参照されるのが、人類学者のヴィクター・ターナーである。ターナーは人類学者だが、リチャード・シェクナーとともにパフォーマンス・スタディーズの草分け的存在としても知られている。バトラーが注目するのは、彼の「社会的パフォーマンス（social performance）」という概念である。

人類学者のヴィクター・ターナーは、儀礼的社会劇の研究で、社会的な行為はパフォーマンスの反復を必要とすると述べた。この反復は、社会のなかで確立された意味のひとまとまりを再演することでもあり、また同時にそれを追体験することでもある。それは日常的で儀礼化された形で社会的に確立された意味を正当化する（Butler 1988: 526）。

ターナーは「パフォーマンス（＝演技）」という概念を舞台上での「演技」から「社会的な行為」に拡張して用いることで、日常的な社会的行為をパフォーマンスとして分析する方途を開いた。そして、のちに形成されるパフォーマンス・スタディーズはまさに、あらゆる社会的行為を「パフォーマンスとして（as Performance）」分析する学問である。バトラーはターナーの「社会的パフォーマンス」の議論を応用して、ジェンダーを「社会的パフォーマンス」として分析しているのである。「ちょうど脚本が様々なやり方で上演されるように、また芝居には脚本と解釈の両方が必要なのと同じように、ジェンダーをもつ身体は、［個人的に選択するのではなく、］文化的に制限を加えられた身体空間のなかで自分の役割を演じ、すでに存在している規範の枠内で解釈を行う」

(Butler 1988: 526)。

ここで、八〇年代のバトラーにとって「行為／パフォーマンス」が持つ意味を明確化しておこう。バトラーがボーヴォワールを評価したのは、「行為」が現実や対象を構築する点を浮き彫りにしたからである。ジェンダーは人に生来備わっているような「自然」や「本質」がなんらかの「行為」を通して「表現」されたものではなく、むしろ「行為」を通してそのような「本質」が構築されるつまり、バトラーは現象学でいうところの「志向性（intentionality）」を重要視していた。だが他方で、バトラーがボーヴォワールの理論を問題視したのは、ジェンダーを記述する上で「投企」や「選択」といった概念がなじまないという点にあった。実際には、ジェンダーの行為は文化的・社会的に強制される（決定されるのではないにせよ）ものであって、人が自発的に「選択」するものであるとは言い難い。バトラーがジェンダーを「パフォーマンス」として捉えるときに強調するのは、「行為」は一方でそれが対象を「構築する」だけでなく、その行為自身が文化的、社会的慣習を反復するよう強制されるものでもあるという点である。あたかも俳優の行為が脚本によって規定されているように、である。この意味で、当時のバトラーにとって「行為／パフォーマンス」は主意主義的な概念ではない。さらに、それが「決定論」でもないことを付け加えることができる。というのは、ちょうど俳優のパフォーマンスが脚本によって規定されつつも俳優本人にはある程度の解釈の余地が残されているように、ジェンダーの行為／パフォーマンスは文化的規範に規定されれ、それを反復しつつも、そこにはつねに規範を裏切ったり、攪乱したり、あるいはとにかくその規範の実現に失敗してしまう可能性が存在する。のちにパフォーマンス概念は主意主義的に解釈され、バトラー自身『問題なのは身体だ』（1993）で批判的に再考することにもなるが、もともとパフォーマンス概念には自由意志／決定論の二元論を乗り越える意図があったというべきだろう。

2 パフォーマティヴィティの二重の歴史

バトラーのパフォーマティヴィティ概念が曖昧さを生むひとつの要因に、そもそもパフォーマティヴィティ概念自体が複雑な来歴を持っている点を挙げることができる。オースティンのパフォーマティヴィティがのちにデリダら脱構築派に批判的に拡張され、具体的には「デリダ‐サール論争」を引き起こしたことはよく知られている。だが、アメリカ合衆国のアカデミズムにはパフォーマティヴィティをめぐってさらに厄介な歴史があることはあまり指摘されていない。先に言及したパフォーマンス・スタディーズがそれである。

パフォーマンス・スタディーズでもパフォーマティヴは用いられており、シェクナーによれば、それは「パフォーマンスのような（like a performance）」という幅広い意味で用いられているという（Schechner 2013: 123）。ジェイムス・ロクスレイは『パフォーマティヴィティ』で、パフォーマティヴィティがパフォーマンス・スタディーズ（さらにカルチュラル／ポストコロニアル／クィア・スタディーズなど）において導入されることになるが、「それは必ずしもオースティンから借りられてきたのでも、オースティンへの応答を通して発展してきたねじれた伝統から借りてこられたのでもない。あるいは、もしそれが借用されているのであれば、それは移植された概念（concept）というよりはむしろ〔単なる〕用語（term）であろう」（Loxley 2007: 140）と指摘し、したがって、オースティン経由のパフォーマティヴィティ（脱構築派の理論を含む）とパフォーマンス・スタディーズを中心に展開されたそれとの関係は「せいぜい潜在的なもの＝自覚症状のないもの（asymptotic）として記述される」（Loxley 2007: 140）と述べている。

実際、パフォーマンス・スタディーズが誕生したのが一九六〇年代、オースティンの『言語と行為』の出版が一九六二年で、おそらく両者は紙一重のところですれちがっている。このことはパフォーマンス・スタディーズ（あらゆる行為を「パフォーマンスとして（as Performance）」捉え返す研究）がもともとはオースティンら言語行為論の影響から独立して生まれ、のちにその親近性が「発見」された、ということを意味する。パフォーマティヴィティには、ロクスレイの言葉を借りれば「二重の歴史」（Loxley 2007: 140）、イヴ・コゾフスキー・セジウィックの言葉を借りれば「分割された歴史」（Sedgwick 1993: 2）が存在するのである。そして、バトラーのパフォーマティヴィティはまさにこの歴史の接点にあるか、あるいはバトラーこそが二つの歴史を結びつけたと考えることができる。事実、J・H・ミラーはバトラーの『ジェンダー・トラブル』をこの二つの歴史（彼の言葉を借りれば「パフォーマンスとしてのパフォーマティヴィティ」と「スピーチ・アクトとしてのパフォーマティヴィティ」）の「ミッシングリング」であると述べている（Miller 2007:

222)。

ミラーと同様の見解をとるのがセジウィックである。セジウィックは以下のバトラーの言葉を引いて、そこにパフォーマティヴィティの「分割された歴史」の接点を見て取っている。そこで、セジウィックが引くバトラーの論文「パフォーマティヴ・アクトとジェンダーの構成」からの言葉をみてみよう。

例えばジェンダーを、ある身体のスタイル、いわばある「行為（act）」だと考えてみよう――それは志向的（intentional）でかつ「パフォーマティヴ」であるが、この場合「パフォーマティヴ」という語自体が「演劇的（dramatic）」と「非参照的（non-referential）」という二重の意味をもっている（Butler 1988: 521-22）。

ここでバトラーの「パフォーマティヴ」は「演劇的」であり「悲参照的（＝非指示的）」であるという意味で用いられている。一方の「演劇的」の場合、それはパフォーマンス・セオリーを思わせる規定である。バトラーの「パフォーマティヴ」を「行為遂行的」と訳すことにためらいを覚えるのは（実際、例えば表題の「パフォーマティヴ・アクト」を「行為遂行的行為」と訳すのは奇妙である）、それが“perform”（演じる）の意味合いを反響させたものでもあるからである。他方で、「非参照的」の場合には、パフォーマンスが参照するような「台本」（つまり本質や起源）は存在しないこと、その意味でジェンダーのパフォーマンスが「事実確認的」ではないことを意味するだろう（興味深いことに、邦訳では〝non-referential〟は「遂行的」と訳されている）。つまり、ジェンダーはなんらかの本質やアイデンティティを参照／指示しているのではなく、そのパフォーマンスの持続的な反復があたかもそのような実体があるかのように現実を構築しているのである（とりわけ、ここで重要なのは、ジェンダーがその「本質」としてセックスを「参照する」のではないという点である）。セジウィックはこの規定に、パフォーマティヴィティの「二重の歴史」、その「分割された歴史」の架橋を見出すわけである。

このように、一九八八年の論文や『ジェンダー・トラブル』におけるパフォーマティヴィティはその「二重の歴史」の「接点」に位置づけられる。しかし、この時期のバトラーのパフォーマティヴ理論の特色は、例えば『問題なのは身体だ』以降の議論と比較すると明らかに「演劇的」のニュアンスの方を強調している点にある。例えば、清水晶子は一九九一年のバトラーの論文「模倣とジェンダーへの抵抗」を分析して、この小論が「バトラーの著述の中でもとりわけパフォーマンスとパフォーマティヴィティとの切りはなしがたさが目立つもの」と指摘している（清水 二〇〇六：一七四）。実際、バトラーがパフォーマティヴィティから「演劇性」を切り離そうとする傾向を強くするのは『問題なのは身体だ』（1993）以降のことである。いずれにせよ、バトラーのパフォーマティヴィティにある種の「二重の歴史」が反響しているのであれば、その後のバトラー自身が言語行為論に積極的に活路を開いたためにこれまでの先行研究ではあまり考察されてこなかった「行為／パフォーマンス」としてのジェンダー・パフォーマティヴィティの系譜もまた同様に議論されなければならないだろう。

3　政治的カテゴリーとしてのセックス――ルービン、ウィティッグの議論を通して

私たちは、八〇年代後半のバトラーがボーヴォワールの現象学から「行為としてのジェンダー」を抽出し、それをターナーの「社会的パフォーマンス」の概念と結びつけたことを確認した。それでは、この「パフォーマンスとしてのジェンダー」はいかにして「ジェンダーの非自然化」に結びついていくのか。本節では、『ジェンダー・トラブル』とその周辺におけるパフォーマティヴィティ理論に大きな影響を与えたゲイル・ルービンとモニク・ウィティッグの議論を、次節ではエスター・ニュートンのドラァグ論を取り上げる。

『ジェンダー・トラブル』とその前後におけるジェンダー・パフォーマティヴィティは、「セックス／ジェンダーの区別（sex/gender distinction）」を問い直すことでジェンダーを「非自然化」するものだった。それはジェンダーをセックスの「表現」や「文化的解釈」とみなすのではなく、まさに行為／パフォーマンスとしてのジェンダーがその「本質」とみなされるセックスの幻影を作り出す、というものだった。実は、八〇年代後半のバトラーは、セックスという自然的身体も「徹底的に文化的な出来事」であるということをボーヴォワールの思想から読みとっている。

もし私たちが身体を文化的な状況と考えるなら、そのとき自然的身体の観念、実際には自然的「セックス」の観念はますます疑わしいものになるだろう。ジェンダーの限界、つまり性的に差異化された解剖学の生きた解釈に対する可能性の幅は、解剖学によって制限されているというよりも、慣習的に解剖学を解釈している文化的な諸制度の重みによって制限されているように思われる（Butler 2010a: 29）。

このように、バトラーはボーヴォワールに、セックスを「自然」に位置づける「セックス／ジェンダーの区別」を批判的に問い直す視座を読み込んでいる。バトラーがこのようなボーヴォワールの議論の系譜として参照しているのがゲイル・ルービンやモニク・ウィティッグのテクストであり、バトラーはそれらを通してボーヴォワールの「反自然主義」を具体化していく。

「セックス／ジェンダーの区別」を批判的に問うバトラーの視点を考察する上で、ゲイル・ルービンの論文「女たちによる交通」（1975）は重要な影響をもつものだった。事実、バトラーは八〇年代の諸論文で繰り返しルービンに言及しているし、一九九九年に寄せられた『ジェンダー・トラブル』の序文でもルービンの論文が与えたインパクトに触れている（GT: xi）。ルービンは「女たちによる交通」（このテクストでは「セックス／ジェンダーの区別」は基本的には踏襲されており、この点に関しては『ジェンダー・トラブル』で批判的に考察されることになるものの）でレヴィ＝

ストロースの議論を批判的に読み込むことで、「近親婚の禁止」がジェンダーの非対称性を生み出すだけでなく「同性愛差別」を生み出すことを指摘している。

近親婚の禁忌は同性愛の禁忌という不明瞭な前提を事前にもちだしている。ある種の異性愛的結合の禁止は、非‐異性愛的な結合の禁忌を前提にしている。ジェンダーは一つの性への同一化だけではない。それはまた性的な欲望が他の性へと方向づけられるべきであるという帰結に論理的に逢着する（ルービン　二〇〇〇：一二三）。

レヴィ＝ストロースがその『親族の基本構造』で明らかにしたことは、文化が発生するのは近親姦の禁止を通してであるということだった。近親姦の禁止が族内婚を禁じることで族外婚を可能にし、「女」が氏族間で「交換」されることで社会的な結束が形成される、というのが彼の議論だった。レヴィ＝ストロースはこのような近親姦の禁止を「自然」と「文化」の「あいだ」に位置づけ、文化の普遍的構造とみなした。ところが、この禁止はルービンが指摘するように「ある種の異性愛的結合の禁止」である。つまり、ここで禁止されるのは「異性愛」の近親姦であるとどういうわけか前提にされている。そうだとすれば、つまり「異性愛」という特定の形式が成り立つためには、その前提として「同性愛一般」がまずもって禁止されているということになる。それゆえ、ルービンによれば、親族規範は「交換する者（男）」と「交換される者（女）」というジェンダー・ヒエラルキーを構成するだけではない。それはまた、「同性愛差別」の構造を生産するものでもあるのだ。ルービンはレヴィ＝ストロースの批判的読解を通して、親族規範に「同性愛差別」を再生産する構造を明らかにしたのである。このように、ジェンダーの生産と同性愛嫌悪の生産が複合的なものであることを、ルービンは例証したのだ。

この点をもっともラディカルに問い直したのがレズビアンの小説家でフェミニスト理論家でもあったモニク・ウィティッグだったといえる。ウィティッグは論文「セックスのカテゴリー」（1982）で、ルービンがセックスを「前‐言説的なもの」の領野に置いたのに対して、セックスというカテゴリーそのものが異性愛規範によって成立していることを明らかにした。「セックスは社会を異性愛的なものとして作り出す政治的カテゴリーである」（Wittig 1992: 5）。彼女によれば、セックスは「女性」を「男性」との関係で規定する。それは「女性に『種』の再生産、すなわち異性愛の再生産の義務を課す異性愛社会の生産物であ」り、女性が「異性愛化される」ことを「自然」とみなすカテゴリーである（Wittig 1992: 6）。セックスを「あらゆる社会の前に」（Wittig 1992: 5）あるような自然的カテゴリーではなく、それ自体を「政治的なカテゴリー」とみなしたウィティッグの理論は、D・G・クラウダーも指摘しているようにバトラーのパフォーマティヴィティに酷似している（Crowder 2007: 491）。

バトラーは論文「セックスとジェンダーの変異――ボーヴォワール、ウィティッグ、フーコー」（1987）で、このようなウィティッグの議論をボーヴォワールの系譜の観点から読解している。「もし自然的身体――そして自然的「セックス」――がフィクションであるなら、ボーヴォワールの理論は暗黙のうちにセックスが最初からジェンダーだったのではないかを問うているように思われる。自然的「セックス」へのこの挑戦をはっきりと定式化したのがモニク・ウィティッグである」（Butler 2010a: 29）。このように、バトラーは（両者の思想的な立場の違いを認めながらも）ボーヴォワールの系譜からウィティッグの理論を読解し、セックスの二元論にジェンダーを還元させない議論として解釈している。実際、バトラーは先の論文で次のように述べている。「ウィティッグは概してセックスの超越を求めているが、しかし彼女の理論は等しく反対の結論、すなわちジェンダーの増殖を通してその二元論的制約を溶解することへと私たちを導くものでもあるだろう」（Butler 2010a: 32）。後者の立場が『ジェンダー・トラブル』の立場と同じものであることは明白である。[*2]

周知のように、バトラーは『ジェンダー・トラブル』でウィティッグの前者の傾向、すなわち、レズビアンの存在を「セックスの超越」とみなす傾向（つまり、レズビアンを「男」でも「女」でもない「第三の性」とみなす傾向）を批判した。[*3] レズビアンを「法の外部」に位置づけるウィティッグの理論的傾向は、レズビアンを権力から離れた「解放的主体」と位置づけることに陥る可能性がある。バトラーは『ジェンダー・トラブル』でそのような理論化は結果として、ブッチやフェムをはじめとした「セックスのカテゴリー」を奪取し再配備することによって同性愛特有の性的アイデンティティを増殖させるような言説――ゲイ／レズビアンの文化のなかの言説――に応じない」（GT: 166）ことになるのではないかと論じている。これはバトラーが『ジェンダー・トラブル』で一貫して展開している議論だが、論文「セックスとジェンダーの変異」で興味深いのは、同様の批判をバトラーがボーヴォワールに即して行っている点である。「ボーヴォワールが述べているように、そしてウィティッグが知るべきであるのは、文化の関係の外部には「人間の現実」へのどんな意義のある参照も存在しないということである。そして、二元論的制約を乗り越えようとするための政治的プログラムは、超越の神話よりも、むしろ文化的な刷新に関わるものであるべきだということである」（Butler 2010a: 32、強調引用者）。言い換えれば、バトラーは「ボーヴォワール主義者」としてのウィティッグを肯定しているといえるだろう。

　このように、バトラーはボーヴォワールの議論に潜在的に認められる「ジェンダーの非自然化」の理論を、ルービンやウィティッグの議論を参照することを通して、より具体的な厚みを持たせることになる。セックスは所与でも自然でも事実性でもない。それは異性愛規範によって可能になり、そして社会を異性愛化する政治的カテゴリーである。そうだとすれば、「自然」としてのセックスの自明性は失われ、同様に「セックス／ジェンダーの区別」はもはやその意味を失う。セックスの二元論的な表象が自然で自明のように思われるのは、セックスが自然的な本質や事実性だからではなく、社会的規範のもとで強制的に反復されるジェンダー・パフォーマンスの結果なのである。

4　模倣としてのジェンダー——ニュートンのドラァグ論を通して

バトラーは、ボーヴォワールの思想がジェンダーをセックスから切り離すジェンダーの反自然主義的な記述の可能性を開いたと指摘し、その可能性をルービンやウィティッグを参照することで深化させたといえる。このような「ジェンダーの非自然化」を推し進める上で、バトラーが着目したのが「ジェンダー横断的な同一化」の実践だった。実際、バトラーは論文「身体をジェンダー化する」で、ボーヴォワールの分析をよりラディカルに開く上で「ジェンダー横断的な同一化」の例を挙げている（Butler 1992: 259-60）。そして、『ジェンダー・トラブル』におけるジェンダー横断的な同一化の特権的な例がドラァグであったことは言を俟たない。

バトラーが『ジェンダー・トラブル』でパフォーマティヴィティの例として引いたのがドラァグだったが、その結果としてバトラーの理論がジェンダーを服装のように「自由意志」によって「選択」できるものとして主意主義的に解釈されたことは皮肉としかいいようがない。のちにバトラーは、主意主義的な解釈との混同を斥けるために、パフォーマンスとパフォーマティヴィティを理論的に区別しなければならないことを強調することになるが、ドラァグがバトラーに与えた洞察を無視することは決してできないだろう。ドラァグはバトラーにとって、あらゆるジェンダーが「オリジナルのない一種の模倣である」こと、首尾一貫していると想定されるセックス、ジェンダー、セクシュアリティがそれぞれ「別物」として演じられ、行為されうる可能性を示すことで「ジェンダーの偶然性」を明らかにするものだった。だから、ドラァグそれ自身は「抵抗」でも「攪乱」でもない。それはバトラーにとって、あらゆるジェンダーに含まれる構造を説明するアレゴリーである。

ドラァグは、ジェンダーが実体や属性、アイデンティティではなく「行為／パフォーマンス」であり、そして「行為／パフォーマンス」である以上つねに潜在的に「失敗」の可能性に脅かされたものであるという洞察をバトラーに与えたものだった。この点で重要なテクストがエスター・ニュートンの『マザー・キャンプ――アメリカにおける女装者（***Mother Camp: Female Impersonators in America***）』（1972）である。バトラーは論文「模倣とジェンダーへの抵抗」（1991）のなかで次のように述べている。

ここで告白に似たものを紹介するが、それはただ告白というものが不可能だということを理論化するためである。若い頃、私は私の「存在」がコピーであり模倣であり、派生的な例であり、現実の影であるといわれることに長いあいだ苦しんだ。強制的異性愛は、オリジナル、真理、正統であると自称する。本物を決定する規範が意味するのは、レズビアン「である」ことはつねに一種のものまねで、市民権を与えられている異性愛の幻想にすぎない充足を自分も経験しようとするが、それはつねに失敗するだけの無駄な努力であるということだった。しかし、ドラァグがなんらかの真理や先立つジェンダーの模倣でもコピーでもないとしたエスター・ニュートンの『マザー・キャンプ』をはじめて読んだときのことを、私はいまでも鮮明に思い出す。ニュートンによれば、ドラァグはあらゆるジェンダーが本物だとみなされるために必要とするものまねの構造を実演してみせるのである（Butler 2010b: 127）。

ニュートンの『マザー・キャンプ』は驚くべきことに一九七二年に書かれたものである（それはもともと一九六八年に博士論文として執筆されたものを修正して出版されたものである）。それはウィリアム・リープがいうように、「レズビアン／ゲイ／バイセクシュアル／トランスジェンダーの研究者がクローゼットから出ることが安全になるずっと以前のこと、レズビアン／ゲイ／バイセクシュアル／トランスジェンダー・スタディーズが学者のキャリアがとりうるひとつの道程になるずっと以前のこと」（Leap 2000: xviv-xx）であり、またジュディス・ハルバースタムがいうように、「ニュートンが「クィア」であるのはその言葉が新しい世代に再生され再利用されるようになる以前のことであり、そして彼女がブッチネスに同一化したのはレズビアン・フェミニズムがブッチ‐フェムを逸脱した、流行遅れの、奇怪なカテゴリーとみなしていた時期のことである」（Halberstam 2000: xii）。ニュートンの『マザー・キャンプ』はレズビアン／ゲイ・スタディーズがまだ現在のように確立されていなかった時代に書かれたものであり、また、彼女がブッチに同一化したのはブッチ‐フェムがレズビアン・フェミニズムのなかで「異性愛の再生産」として非難された時代である。したがって、彼女の仕事はきわめて先進的なものだったといえよう。それはまた、当時「エキゾチックな異国文化」を研究する傾向のあった人類学研究にあって、自国の文化をフィールドとする点においてもそうである。

さて、ニュートンは『マザー・キャンプ』のなかでドラァグを論じながら、ジェンダーを一種の「行為／パフォーマンス」として記述している。「ドラァグ・システムの効果は、性別役割を一般にそれらを規定すると考えられているもの、つまり解剖学的な性差（sex）から解き放つようにねじ曲げることである。ゲイの人々が知っているのは、性別に分類された振る舞いは達成されうるものである［…］ということである」(Newton 1979: 103)。この「達成されうる（can be achieved）」という言い方は、性別に分類される行為が解剖学的な事実によって決定されているということではなく、それが上手くなされれば別の性別のひとにでも「達成されうる」可能性を示唆している。そして、このことはその反対のこと、すなわち、セックスに「自然に適合している」と思われている振る舞いも、解剖学的な事実に由来するのではなく、うまく「なされている」にすぎないということを意味するだろう。「もしも性別役割の振る舞いが「誤った」性差をもつものによって達成されうるなら、それは論理的に、その振る舞いが「正しい」性差をもつものによっても、遺伝的に相続されるのではなく、達成されうるものであるということを示している」(Newton 1979: 103)。

このように、ニュートンはジェンダーの「行為／パフォーマンス」をセックスから切り離す。ジェンダーが「行為／パフォーマンス」であるということは、それが「正しい」セックスをもつ者であれ「誤った」セックスをもつ者であれ、ジェンダーを「達成」するためには模倣的なパフォーマンスを反復しなければならないことを意味する。まさにドラァグが実演してみせるのは、あらゆるジェンダー、自然に適合しているように見えるジェンダーでさえ、それが一連の行為であり、ドラァグと同様の「ものまね（impersonation）」の構造を有していることなのである。バトラーは『ジェンダー・トラブル』でニュートンに言及した箇所で次のように述べている。「ジェンダーを模倣することによって、ドラァグはジェンダーの偶然性だけでなく、ジェンダーそれ自体が模倣の構造をもつものであることを明らかにする」（GT: 187）。

ここまでの議論を整理することにしよう。『ジェンダー・トラブル』とその周辺の論考におけるバトラーのパフォーマティヴ理論はまず「ボーヴォワールの再記述」として押さえることができた。ボーヴォワールはジェンダーを「生成」や「歴史的状況」として捉えた。それはセックスのような自然的本質を前提にしない「行為としてのジェンダー」の理論を切り開くものだった。バトラーはこのようなボーヴォワールの思想を、ターナーの「社会的パフォーマンス」、ジェンダーの非対称性が異性愛規範と不即不離の関係にあることを洞察したルービンの研究、セックスが異性愛を自然なものとして強制する政治的カテゴリーであるとしたウィティッグの理論、ドラァグの人類学的研究を通してジェンダー・パフォーマンスをセックスから切り離すニュートンの研究と結びつけることで、よりラディカルに「ジェンダーの非自然化」を推し進めたといえるだろう。「ジェンダーがパフォーマティヴである」ということは、一方でジェンダーが「模倣」の構造をもつという意味で「演劇的（theatrical)」であり、他方でジェンダーの「模倣」がなんらかの「起源」や「本質」を模倣するのではなく、そのパフォーマンス自体が模倣の対象を生み出すという意味で「非参照的＝遂行的（non-referential)」であるということを意味する。バトラーのパフォーマティヴ理論は、ジェンダーをこのように「非自然化」することを通して、ジェンダー規範の暴力によって「失敗」とか「偽物」、「コピー」として蔑まれるマイノリティが生きる隙間を拡げる試みだったといえるだろう。

おわりに

本章では、バトラーのパフォーマティヴ理論に関してフェミニスト理論の系譜を中心に考察し、いわばその概念の発生現場を探究した。それによって、オースティンやデリダといった「大御所」の哲学者の影で見落とされる各種の理論家との影響関係を浮き彫りにするよう努めた。最後に、パフォーマティヴィティ概念が生まれたその時代の歴史的背景をつけ加えることで本章を閉じることにしたい。

折しも、バトラーがジェンダー・パフォーマティヴィティを理論化した八〇年代から九〇年代へ向かう時期は、エイズ・アクティヴィズムのアクト・アップや、そこから派生したクィア・ネーションが「ダイ・イン」や「キス・イン」のようなパフォーマンスを政治的に活用した時期でもあった。このような運動の盛り上がりのなかで、バトラーのパフォーマティヴィティが一方で主意主義的なパフォーマンス概念、ジェンダーを服装のように自由に着脱可能なものと捉える見方が波及することにもなったものの（BTM: 176）、それでも「演劇性」と「政治性」を分離することはもはや不可能であるとバトラーは述べている（BTM: 177）。エイズやクィアのスティグマに対する「政治的怒りの演劇化」は「恥じ入らせる呼びかけへの公的な抵抗」である（BTM: 178）。「政治」と「パフォーマンス」の結びつきを示したバトラーのパフォーマティヴ理論は、同時代のセクシュアル・マイノリティのアクティヴィズムの歴史と共振するものであり、その反響のなかで生まれたのだといえるだろう。このような時代のうねりのなかで、そしてフェミニスト理論の系譜のなかで、バトラーのジェンダー・パフォーマティヴィティは彫刻されていったのである。

第七章　身体の問題、あるいは問題としての身体

はじめに

前章で、私たちはバトラーのパフォーマティヴ理論には大きく「パフォーマンス」の意味と「スピーチ・アクト」の意味との双方が見出されたことを確認した。ミラーの言葉を借りれば、『ジェンダー・トラブル』はこのような二重のパフォーマティヴィティの「ミッシングリング」であった。前章ではとくに前者の系譜に即してバトラーのパフォーマティヴィティを考察したが、もちろん、バトラーのパフォーマティヴ理論はそれに尽きるものではない。それゆえ本章では、言語行為論との関連からバトラーのジェンダー・パフォーマティヴィティの理論を考察していく。

すでに『ジェンダー・トラブル』でもデリダの「カフカ論」が参照されるなど、明示的にではないにせよ言語行為論の影響が看取される。とはいえ、当初は言語行為よりも「パフォーマンス」の

意味合いが色濃く反映されたものであり、言語行為論への指示はあくまで暗示的なものにとどまっていた。しかし、『問題なのは身体だ』（1993）以降のバトラーは明示的に言語行為論における「パフォーマティヴ」の意味を強調するようになる。

その変化の要因のひとつとして、『ジェンダー・トラブル』が様々な誤解に曝されたことを挙げることができるだろう。もともと、バトラーが「パフォーマンス」という概念を強調した理由は、第一に、ジェンダーとは自由に選択できる行為ではなく、文化や社会によって強制されるものだという点にあった——ちょうど俳優のパフォーマンスが台本に規定されているように。第二に、パフォーマンスは文化によって規定されるにしても、完全に決定されるわけではなく、そこには「攪乱」の契機がある——ちょうど、俳優には台本に沿ったパフォーマンスが求められるものの、そこには一定の解釈の余地があるように。このように、バトラーはパフォーマンスに「自由意志／決定論」の二元論を逃れる視座を見出そうとしていたと考えることも可能である。ところが、パフォーマンスのモデルは——バトラーの意図がどうあれ——パフォーマンスを行う自由な主体を想起させる難点があった。その結果、ジェンダー・パフォーマティヴィティは「ジェンダーを服装のように選択できる」とする主意主義的な理論と解されることにもなった。また反対に、主体がパフォーマティヴに構築されるものだというバトラーの主張は、「言説」を主体の「原因」とみなして「すべては言説によって構築される」という極端な解釈を招き、「言説」があたかも神の天地創造に比す「神のような行為能力（godlike agency）」をもつものと解されてしまうことにもなった。皮肉なことに、まさにバトラー自身のパフォーマティヴ理論をめぐって「自由意志／決定論」の構図が再演されたのである。

そのために、バトラーが『問題なのは身体だ』で表明したのが「引用性としてのパフォーマティヴィティ」(BTM: xxi)である。『ジェンダー・トラブル』と違い『問題なのは身体だ』では、デリダの「署名、出来事、コンテクスト」、ショシャナ・フェルマン、バーバラ・ジョンソンなど脱構築派の言語行為論がはっきりと参照されている。そして、バトラーは『問題なのは身体だ』で改めてパフォーマティヴィティを次のように規定することになる。「パフォーマティヴィティは［…］反復的な引用の実践であり、その実践によって言説はそれが名づける効果を生産するのである、と考えられなければならない」(BTM: xxi)。

先にみたように、バトラーが『問題なのは身体だ』で「引用性としてのパフォーマティヴィティ」という概念を導入した背景には、『ジェンダー・トラブル』に対してなされた二つの誤解――「主意主義」と「言説決定論」――を解く意図があった。そこで本章ではまず、これらの誤読と対照させながら「引用性としてのパフォーマティヴィティ」についてみていくことにしよう。その上で第三節以降では、バトラーのパフォーマティヴ理論を、むしろ脱構築派のデリダやフェルマンの解釈と対照させ、その差異を浮き彫りにすることで、その特徴をより精緻にみていくことにしたい。それによって焦点化したいのが身体の問題であり、パフォーマティヴィティと身体の関係である。以上の試みを通して、バトラーのパフォーマティヴ理論が「身体の系譜学」として彫刻されていること、規範的な身体から零れ落ちる非規範的な身体の「生存」の問題に向けられていることを明らかにしたい。

1　引用としてのパフォーマティヴィティ

バトラーのパフォーマティヴィティが主意主義的な行為／パフォーマンス概念でないことを本節で改めてみていくことにしよう。すでに指摘したように、バトラーは『問題なのは身体だ』で、パフォーマティヴィティを「引用」という「言説実践」とみなし、「パフォーマティヴはそれが名づけるものを制定し、生み出す言説の実践である」とする「言語行為論」、とりわけデリダらによるその「批判的な再定式化」に明示的に依拠するようになる（BTM: xxi）。バトラーの「引用性としてのパフォーマティヴィティ」は、『ジェンダー・トラブル』に対してなされた自由意志／決定論の解釈のいずれにも反対するものである。『問題なのは身体だ』で、バトラーはデリダの「引用性」概念を参照することを通して自身のパフォーマティヴィティを洗練させている。そこで、デリダの「引用性」概念の特色をみていくために、まずオースティンの言語行為論をごく簡単に確認しておこう。

周知のように、J・L・オースティンは『言語と行為（How to Do Things with Words）』において発話を大きく「事実確認的発話（constative utterances）」と「行為遂行的発話（performative utterances)」の二つに分けた。前者は「真偽」の基準によって計られ、後者は「成功／失敗（不発）」、「適切／不適切」といった基準によって計られる発話である。例えば、「私は約束します」という発話は後者にあたる。それは発話が同時に「約束する」という「行為」であり、それゆえ「真偽」では計れない発話であるからである。「私は約束します」という発話がうまくいくかどうかは文脈によって条件づけられる。仮に、約束した当人が電車の遅延などによって集合場所に遅れた場合その「約束」は「失敗した」ことになるが、しかしその約束を「偽」とはいえないだろう。当人にはその約束を守る意志があったかもしれないからである。つまり、「約束」という発話は「真偽」で計れば矛盾してしまう。先の例でいえば、それが約束された時点では「真」であるが、それが実現されることに失敗した瞬間から遡れば「偽」である、ということになってしまう。むしろ、この場合の「私は約束します」という発話行為は単に「失敗した」発話であるというべきなのである。

オースティンの理論に対して、デリダが問題にしたのは「コンテクスト」の問題である。「すなわち、オースティンの諸分析が、権利上ないし目的論的に、コンテクストという価値、それも限なく規定可能であるようなコンテクストの価値を恒常的に必要としている、ということ」（デリダ　二〇〇二：三六）をデリダは批判する。とりわけ、デリダはオースティンが前提にしている「全面的コンテクスト」の「本質的な要素」として発話主体の「意図」を挙げている。「つまり自らの発語行為の全体に対して、語る主体の志向〔＝意図〕が意識的に現前するものとされる」（デリダ　二〇〇二：

三六－三七)。オースティンがその分析から「不真面目な」発話――舞台上の発話、詩、独り言といったもの――を考察の外に排除したことをデリダが批判するのは、まさに主体の「意図」によって発話とそのコンテクストを統御できるとオースティンが考えていた証左と考えられるからである。したがって、デリダは次のように問う。

あるパフォーマティヴな発話は、もしそれを決まり文句として言う行為がひとつの「コード化された」あるいは反覆可能な発話を反復するのでなかったら、成功しうるだろうか。言い換えれば、会議を開いたり、船を進水させたり、あるいは結婚式を挙げたりするために私が発する決まり文句がもしもひとつの反覆可能なモデルに合致しているものとして同定可能でなかったならば、したがってそうした決まり文句がいわば「引用」として同定可能でなかったならば、パフォーマティヴは成功しうるであろうか(デリダ　二〇〇二：四四－四五)。

事実、「私は結婚することを誓います」のような発話はそれが「コード化された」反復可能な「決まり文句」であるからこそ効力をもつのであって、発話主体の「意図」にパフォーマティヴな力が存在するのではない。このようにパフォーマティヴな発話が「コード化された」「決まり文句」の「引用」によって可能になるのであれば、「まさにそのことによって、すべての記号は、所与のいかなるコンテクストとも手を切り、絶対的に飽和不可能な仕方で、無限に新たなコンテクストを発生させることができる。このことが前提としているのは［…］いかなる絶対的な投錨中心もない諸々のコンテクストしかないということなのである」（デリダ　二〇〇二：三三）。発話が「引用」の可能性によって条件づけられているのであれば、それはつねに他所で別の仕方で引用される可能性に開かれており、それゆえ発話の「意図」を絶対的に統御することはできない。したがって、コンテクストを規定可能にするとされていた「意図」のカテゴリーは「その場所から発言の全場面と全体系を司ることはもはやできないだろう」（デリダ　二〇〇二：四五）とデリダは主張する。

パフォーマティヴを「引用性」として捉えることは「意図」のカテゴリーを脱中心化する。パフォーマティヴィティを自発的な行為としてのパフォーマンスに還元できない由縁である。バトラーによれば、パフォーマティヴな発話が「行為のような（act-like）地位」を獲得するのは「それが反復している慣習を覆い、隠す」限りにおいてである（BTM: xxi）。だが、バトラーのパフォーマティヴィティは「意図」のカテゴリーを脱中心化するだけでなく、さらに次のこと、すなわち、主体がパフォーマティヴに構築されることをも示唆するものだった。この点に関して、バトラーは『問題なのは身体だ』でアルチュセールの「呼びかけ理論」を参照しながら次のように述べている。

> 発話し、あるいは語り、そしてそれによって言説上の効果を生み出す「私」が存在するのであれば、まずその「私」に先行し、それを可能にする言説が存在することになる。その言説は「私」

> の意志を規制する軌跡を言語において形成するのである。したがって、言説の後ろに立ち、言説を通してその決断や意志を実行に移す「私」なるものは存在しない。反対に、「私」が存在するようになるのは呼ばれ、名づけられることを通して、アルチュセールの言葉を使えば呼びかけられる（interpellated）ことを通してである。この言説的な構成が「私」に先立って生じる。それは「私」の他動詞的な召喚なのである。実際、私が「私」と言いうるのは、私がまず話しかけられ、そしてその呼びかけが発話における私の場を組織する限りにおいてのみである。逆説的にも、社会的承認の言説的条件が主体の形成に先立ち、それを条件づけるのである。承認は主体に贈られるのではない。承認がその主体を形成するのだ（BTM:171、強調原文）。

バトラーのパフォーマティヴ理論は、主体形成の議論にまで拡張されるものである。言説は「私」が統御できるものではないばかりか、まさにその「私」を形成するものでもある。もし「私」が存在するのであれば、それはまず他者から呼びかけられることを通してであり、他者から発話主体として「認められる」必要がある。そして、この「承認行為」は特定の社会的慣習によって条件づけられているのであり、そのなかで「私」は形成されるのである。この点に関して、『問題なのは身体だ』における「医療的呼びかけ」（BTM: xvii）をその例として参照しよう。赤ん坊はその誕生において「この子は女の子ですよ」と呼びかけられる。「この名づけにおいて、女の子は「女の子化される（girled）」。つまり、ジェンダーの呼びかけを通して言語と親族関係の領域に運ばれるのである」(BTM: xvii)。このことが意味しているのは、ある存在が一人の「人間」としてカウントされ承認されるためには、それに先立って「ジェンダーの呼びかけ」が働いており、それに参与することによってであるということである。このようなジェンダー規範の「引用」を通して、ひとは主体として形成されるのである。

このように、バトラーにとってパフォーマティヴィティは「自由意志」による「行為／パフォーマンス」ではない。むしろ、ひとは存在するためにまず呼びかけられ、名づけられなければならない。それによってはじめて、ひとは「人間」としての「承認可能性」に入っていくのである。この意味で、パフォーマティヴィティは規範によって強制的に強いられる「反復的な引用の実践」である。

2　パフォーマティヴな失敗

フーコーの権力論がそうであったように、バトラーのパフォーマティヴ理論も一種の「言説決定論」と解される傾向があった。「主体は言説によってパフォーマティヴに構築される」とする論は、主体にはなんらの「自由」の余地もなく、ただ言説によって決定論的に構築される他ないという宿命論と解されたのである。この論点はとりわけ「身体」の問題をめぐって展開されることになった。「セックスはつねにすでにジェンダーである」とするバトラーの主張は生物学的な身体の存在を否定し、身体を言説に還元するものだとみなされたからである。

バトラーの「セックスはつねにすでにジェンダーである」は、生物学的な身体の事実性を否定するものではない。[*1] バトラーが明らかにしたことは、純粋な身体の存在を直接的に認識することはできないということにすぎない。私たちは言語を介して、また歴史的、文化的な認識論的枠組みを通して身体を認識する以上、「身体そのもの」を純粋に認識することはできない。セックスを自然的身体とみなし、それを前提にすることをバトラーが厳しく批判したのは、実際にはセックスという概念が「異性愛」の規範的枠組みによって可能になるカテゴリーであって、意味づけを待っているような白紙の物質ではないからである。このようにバトラーは「身体の存在論」を批判するが、それではバトラーの立場が「身体の認識論」であるかというとそうでもない。身体の「認識論的枠組み」は実際の身体の存在を統制する規範でもあるから、認識と存在の領野をナイーブに二分することはできない。事実、バトラーは『問題なのは身体だ』でセックスを「統制的理念」とみなしている。この「統制的理念」をカントのいう意味で解するのも興味深いだろう。その場合、セックスはあくまで理念上のものであって、現実にそれ自身が経験されるものではない、ということになる。けれども、ここでバトラーがセックスを統制的理念とみなすのはフーコー的な意味であり、つまり、この理念は超越論的なものではなく歴史的な規範である。この理念は、強制異性愛によって形成されると同時に、セクシュアリティを異性愛に統制する「言説実践」としてある。したがって、身体の「認識論的枠組み」はひとがその身体をいかに生きるか、その身体的生がいかに存在するかを規定する実践である。

このような「言説実践」の反復を通して、ジェンダーはパソォーマティヴに構築される。前節でみたように、ジェンダーがパフォーマティヴであるのは、行為主体が自発的に行うパフォーマンスであるからではなかった。むしろ、ジェンダーは規範の強制的な反復・引用によって構築される。これが決定論ではないのは、まさに「パフォーマティヴ」の意味に関わっている。元々、「パフォーマティヴ」のオースティン的意味は、⑴「約束します」といった発話が同時に「約束する」という実際の「行為」の遂行でもあり、⑵それが「行為」でもある以上「真偽」では計れず、「成功／失敗」という基準によってのみ計られる、ということだった。それに対してデリダが問題にしたのは、この「失敗」があらゆる発話、すべての記号に認められる特徴であり構造ではないか、ということである。

このことはある意味では、オースティンの理論そのものに潜在していた傾向であったともいえる。そもそもデリダ自身、「オースティンはパフォーマティヴの分析を、真理という価値の権威から、少なくとも古典的な形式での真／偽の対立から免れさせ、時折それらに代えて力の価値、力の差異の価値（発話内的　illocutionary）ないし発話媒介的な力（perlocutionnary force）を置き換えなければならなかった（こうした点でこそ、いささかもニーチェ的ではないこの思考において、ニーチェに向けて合図を送っているものがあるように私には思われるのである〔…〕）」（デリダ　二〇〇二：三五）と述べているし、後でみるようにフェルマンはまさにこの「ニーチェ主義」をオースティンの内在的な読解を通して示してみせたのだった。実際フェルマンが述べているように、オースティン自身が茶目っけたっぷりに「遊んでいる」ようにみえる。事実確認的発話／行為遂行的発話の区別を最終的に「脱構築」してみせるのも彼自身なら、彼の著書や論文のタイトルはあまりにも遊びが利いており、例えば『言語と行為』と訳されている“How to Do Things with Words”はいわゆる「ハウツー本」を模したものだし、「インク壺の三つの壊し方」といったタイトルだけみればふざけているとしか言いようのない論文も多数存在する。また、彼が挙げる「例」のなかには奇妙なシチュエーションとしか言いようのないものがある。そもそもオースティン自身が「真面目な哲学者」であったかどうかはかなりの程度疑問であるだろう。

いずれにせよ、脱構築派のパフォーマティヴ理論を参照するバトラーにとって、「失敗」の契機はあらかじめ規定できるような類のものではない。バトラーにとって、パフォーマティヴィティは強制的な規範の反復・引用であったが、それが必ずしも一義的に決定づけられるわけではないのは、このような「失敗」の契機が「再意味化」の可能性を開くからである。事実『ジェンダー・トラブル』では、ドラァグ・パフォーマンスやレズビアンのブッチ／フェム・アイデンティティといった「ジェンダー・パロディ」に認められる規範的なジェンダー化の「失敗」は、既存のジェンダーの「意味」を「再意味化」に開く可能性のある行為だと考えられたのだった。

このことはまさに「クィア」という言葉に顕著に現れている。「変態・おかま」と訳しうる「クィア」は元々ジェンダーやセクシュアリティの規範から逸脱した者を恥じ入らせ、スティグマ化する効果をもつパフォーマティヴな発話であるが、それは、例えばクィア・アクティヴィズムのスローガン「私たちはここにいる、私たちはクィアだ、それに慣れろ！（We're here, we're queer, get used to it !）」に明らかなように、むしろジェンダー規範を批判する言葉として「再-引用」されたのだった。このことが意味しているのは、「私」がそれを通して形成される「言説的構成」、アルチュセールの言葉でいえば「呼びかけ」がつねに失敗の可能性に晒されているということである。

言い換えれば、バトラーにとって、「パフォーマティヴィティ」と「社会的構築」は同じ意味の言葉ではないのである。パフォーマティヴィティは主体の「社会的構築」の「失敗」の次元をも含むより広い概念であり、それは「社会的な文脈に定義されるだけでなく、社会的な文脈を断ち切る力を備えている」のである（ES: 40）。この意味で、バトラーのジェンダー・パフォーマティヴィティは決定論ではない。それはむしろ強制的に反復される規範の変容可能性を開く理論であり、そして、このような規範の実現の「失敗」やその「再意味化」の可能性があるからこそ、規範的主体の「社会的構築」は幾度も反復される必要があるのである。

3　「行為は言及する」――パフォーマティヴィティと系譜学

バトラーはパフォーマティヴィティを「反復的な引用の実践」であり、それによって「言説はそれが名づけるものを生産する」と規定していたが、このような規定からすぐに気がつくのはバトラーがパフォーマティヴィティをフーコーの権力理論と結びつけて理解している点である。この理論的特徴はとりわけ、バトラーが脱構築派のパフォーマティヴィティ理論を批判するときに先鋭化する。そこで問題になるのは言説実践／言語行為が位置づけられる歴史的なコンテクストである。本節では、バトラーのパフォーマティヴ理論がむしろ脱構築派の見解と異なる側面を炙り出すよう努めたい。

バトラーがデリダらのオースティン解釈を批判するのは、それがパフォーマティヴィティの「失敗」を言語の構造として「一般化」している点にある。バトラーは『触発する言葉』で、「「失敗」は、ジャック・デリダやショシャナ・フェルマンにとっては、まさにパフォーマティヴィティの条件として一般化されるものである」（ES: 175）と述べている。この「一般化」が批判されるのは、彼女がデリダに即して述べているように、発話行為の社会性／歴史性が看過されてしまうからである（ES: 150）。それに対して、バトラーのパフォーマティヴ理論の特徴はこの「失敗」を歴史的、社会的規範との関係で捉え返す点にある。

『触発する言葉』でピエール・ブルデューの「ハビトゥス」概念が援用されるのはそのためである（反対に、バトラーはブルデューの論には「失敗」及びそれによる規範／ハビトゥスの変容の余地がないとして、この点で脱構築派の論を援用するのだが）。バトラーは次のように述べている。「ブルデューはパフォーマティヴィティの「力」は社会的権力の効果であり、社会的権力は権威のある既存の文脈やその手段である検閲を通して理解することができると主張した。このパフォーマティヴィティの社会的説明に対立するものとして、デリダは、先行する既存の文脈から発話を切り離すことによって発話の「力」が作られると述べた」（ES: 141）。バトラーにとってデリダの説明が問題なのは、デリダの論には「パフォーマティヴィティの「力」を記号としての反復性を保持するためには先行する文脈から断絶しなければならないという全ての記号にあてはまる構造的特質とみなす傾向」（ES: 148）があり、その結果、パフォーマティヴィティ、とりわけ「失敗した」発話を社会・歴史的に分析することができなくなってしまうからである。

ここで『問題なのは身体だ』で取り上げられている例を再び用いることで、「失敗した」発話行為の「歴史性」について考えてみよう。先にも言及した「医療的呼びかけ」の例である。そこで、バトラーは「胎児」に「この子は女の子だ！」と呼びかける例を挙げていた。超音波技術が発達する以前、性別の分からない胎児は"it"という代名詞で呼びかけられていたが、技術の進展によって胎児は"she/he"とジェンダー化されることになった。バトラーは『問題なのは身体だ』の最終章「批判的にクィアする」で再度この例に言及して、「女の子だ！」と呼びかけるのではなく、「この子はレズビアンだ！」と呼びかける「クィアなジョーク」を取り上げている。この発話行為は明らかに「失敗した」発話である。というのは、だれもこの胎児のセクシュアリティを知る術はないはずだからである。しかしながら、この発話はそのような一般的な意味で「失敗した」発話であるだけではない。「この子はレズビアンだ！」という奇妙な印象を与える発話は、次のことを（まさにパフォーマティヴに）描きだす。すなわち、「この子は女の子だ／男の子だ」という発話が暗黙の内に「この子は異性愛者だ」ということ、したがってその子は成人した後に異性と結婚するだろうという物語を暗に含んでいることを明らかにしているのである（BTM: 176）。「この子は男の子だ／女の子だ」というとき、その子が同性愛者や両性愛者である可能性はほとんど考えられていないのである。したがって、「この子はレズビアンだ」という発話は「この子は女の子／男の子だ」という発話が自明なものとして前提にしている異性愛規範を明らかにしており、また、その規範の存在のために、この発話は「失敗した」発話として機能しているのである。このように、バトラーは脱構築派のパフォーマティヴィティ理論に対してその発話が置かれるコンテクストの特殊性、とりわけその歴史性を強調するのである。

この点で興味深いのが、バトラーがフェルマンの『語る身体のスキャンダル』に寄せた「あとがき」のなかで控えめに付け加えた自説である。

私ならこれを異なった仕方で指摘するだろう。すなわち、言及は行為であるのではなく、むしろ、それが働きかける状況を想定している限りで行為は言及するのであると（Butler 2003: 122、強調引用者）。

フェルマンのパフォーマティヴィティ理論は言語（事実確認的発話を含んだ）のもつ「力」やその「行為」に焦点を当てたものだった。「言及は行為である」とは、事実確認的発話さえ含んだ発話が「行為」という力の過剰さをもつことを意味する。それに対して、バトラーはここで「行為は言及する」とつけ加えている。「この子はレズビアンだ！」という発話が異性愛規範という歴史的コンテクストを明らかにするように、「行為は言及する」のだ。このように、バトラーは、「行為」が歴史的に条件づけられ、また、その行為の「失敗」も歴史的条件の下で引き起こされることを強調するのである。このことは言い換えれば、バトラーにとってパフォーマティヴ理論がフーコーの系譜学の仕事と根本的に関わっていることを示している。

このように脱構築派のパフォーマティヴ理論とバトラーのそれとを対照させることでみえてきたのは、発話行為が置かれる社会的、歴史的コンテクストをバトラーが強調している点である。そして、そうであるがゆえに、バトラーのパフォーマティヴ理論はフーコーの系譜学の仕事と結びつくものであるということである。例えば、『触発する言葉』でヘイト・スピーチがどのような歴史的コンテクストのなかで可能になるのかが分析されているように、バトラーにとって問題なのは、発話行為の「一般的条件」ではなく、その「歴史的条件」である。そして、このことは、バトラーのパフォーマティヴ理論が問題化しているのがなによりも身体――社会的、歴史的状況に置かれた身体――の問題であることを意味している。

4　フェルマンからバトラーへ──あるいは言語と身体

バトラーのジェンダー・パフォーマティヴィティに関してあまりにも自明であるがゆえに注意を引かない、しかし根本的に重要な事柄を指摘するところから、この節での議論をはじめよう。それはジェンダーとは身振りや仕草、服装、化粧、習慣などの「身体的行為」を含むという点に関わる。つまり、ジェンダーは現実的にいって、すべてが（狭義の）言語的な行為であるわけではない。エリカ・フィッシャー＝リヒテは、バトラーとオースティンのパフォーマティヴィティの相違点として前者が「身体行為」を含む点を挙げている（フィッシャー＝リヒテ　二〇〇九：三六）。実際、バトラーはオースティンやデリダのパフォーマティヴ理論をわざわざ「言語学的パフォーマティヴィティ（linguistic performativity）」と区別することがある。それは（パフォーマティヴィティがパフォーマンスに還元できないとしても）前章で「パフォーマンス」の理論的意義を強調した理由でもある。さらに、この論点は、「集会」における「身体の集まり」をパフォーマティヴィティの見地から論じようとする最近のバトラーの試みにも連なる論点だろう（Butler 2015b）。

先行研究ではバトラーのパフォーマティヴィティに関してデリダの影響が強調されているものの、バトラー自身が述べているように、デリダの解釈は基本的には「エクリチュール」あるいは広義の「言語」活動に限られていた（Butler 2003: 114）。ジェンダー・パフォーマティヴィティはジェンダーという「身体的様式」にまでパフォーマティヴな構造を読み取るものであり、そうである以上、バトラーのパフォーマティヴ理論はデリダのそれには還元できないし、「応用」にしてはあまりにも拡張、敷衍されている感がある。この点で、先ほどからフェルマンの『語る身体のスキャンダル』に言及しているのは実は彼女がバトラーに与えた影響を強調したいからである。事実、バトラーは『語る身体のスキャンダル』に寄せた「あとがき」で次のように述べている。

それ〔フェルマンの『語る身体のスキャンダル』〕はデリダ〔…〕とは異なったスピーチ・アクトの理論への脱構築的アプローチを提供している。デリダは、スピーチではなく、エクリチュールの機能としてスピーチ・アクトを鋳直した。〔…〕〔それに対して〕フェルマンは脱構築的読解を声と語りへの問いへと連れ戻し、〔…〕それによって私たちに語りが部分的に身体的行為であることを気づかせたのである（Butler 2003: 114）。

とりわけバトラーにとって重要なのが、フェルマンがセクシュアリティという「身体的行為」をパフォーマティヴな構造として理論化した点である。そこで、この点に関するフェルマンの議論をまずみていくことにしよう。

フェルマンの解釈は、オースティンの言語行為論をモリエールの戯曲『ドン・ジュアン』やラカン派精神分析と接続した点に独創性がある。また、フェミニズム／クィア理論との関連で重要なのは、オースティンがパフォーマティヴな発話の「例」としてくりかえし取り上げる「結婚の宣誓」を理論的に強調した点にある。のちにセジウィックが「結婚」の式典のパフォーマティヴィティを論じることになるが、このような解釈に先鞭をつけたのがフェルマンだといえる。「宣誓」というパフォーマティヴな発話に関するフェルマンの分析は、彼女が論じる『ドン・ジュアン』との関連において際立つ。ドン・ジュアンは気に入った女性を口説くために「結婚」の「約束」をもちだすのだが、その「約束」はついに果たされない。というよりもむしろ、ドン・ジュアンにとって「結婚」の「約束」はレトリックにすぎず、ただその女性を「誘惑」するためにだけある。したがって、彼の「結婚」の「約束」はつねに「失敗」、「不発」に終わるのであり、彼はパフォーマティヴな発話に内在する「失敗」という契機を戦略的に用いているのである。フェルマンによれば、ドン・ジュアン的発話が明らかにしているのは、「約束」が単に不可避的に「失敗」につきまとわれているというだけでなく、それが本質的に「誘惑」の行為でもあるということである。「結婚」の「例」に言及しながら、フェルマンはその「約束」はどこかセクシュアルでエロティックなものなのであると指摘する。「パフォーマティヴな欲望はセクシュアリティの象徴体系をつねにレトリカルにモデルにしている」(Felman 2003: 76) のである。そして、「それはドン・ジュアン神話にかぎられることではないのであって、言語行為が性的行為の「パフォーマンス」の隠喩体系になぞらえられているのは、オースティンにおいてなのである」(Felman 2003: 76)。フェルマンによれば、オースティンが「結婚」を幾度も例に持ち出すのはそのためである。

このように言語行為とセクシュアリティとの連関を強調することによって、フェルマンはオースティン理論をフロイトやラカンの精神分析との接続を図る。フカンの次の言葉はフェルマンが引いているものである。「フロイトのいうセクシュアリティは、性に関わりのあるあらゆるものがつねに不発（失敗）であることに気づいたということだ。それは不能の観念そのものの基盤であり、原理である。失敗はそれ自体、あらゆる人間行為における性的なものとして定義することができる」(Felman 2003: 78)。フロイトやラカンを援用することで、フェルマンはパフォーマティヴな「失敗」を無意識的なセクシュアリティとして理解しているのである。したがって、フェルマンによれば、「言語はエロティックなものである」。が、このことはさらに次のこと、そしてフェルマンによればいっそうスキャンダラスなこととして、「エロティックなものが言語的である」ということを示唆している。つまり、フロイトやラカンが見出したセクシュアリティの「不発」、「失敗」の契機は言語のパフォーマティヴな構造をモデルとしているのであり、セクシュアリティそのものがその構造を反復しているのだ (Felman 2003: 78)。かくして、フェルマンは「言語行為」を同時に「身体行為」としても位置づける。発話行為とは「すぐれて語る身体の行為なのである」(Felman 2003: 79)。

以上のフェルマンの議論を、バトラーは次のように整理している。「ここで身体は少なくとも二つの仕方で機能している。第一に、それは、口で言い表されたものとして考えられるスピーチ・アクトのパフォーマンスに不可避な乗り物である。第二に、身体はセクシュアリティである。つまり、それは「意図的な」気質としてではなく、身体的欲望を構造化する無意識のファンタジー（幻想）として理解されている」（Butler 2003: 118）。この意味で、「身体は約束の有機的な条件であるが、同時に、それはその失敗のたしかな保証人でもある」（Butler 2003: 119）。身体——とりわけセクシュアリティ——こそが発話行為の「力」の過剰さとみなされるのである。

言語と身体の関係とはいかなるものかという問いは、バトラーのパフォーマティヴィティにつねにつきまとう問題である。すでに私たちは、その理論が「言説決定論」ではないことを指摘しておいた。それでは、バトラーにおいて身体と言語はいかに関わるのか。この点に関して、バトラーは『ジェンダーをほどく』のなかで、自身が「ショシャナ・フェルマンの『語る身体のスキャンダル』における見方を踏襲している」（UG: 199）ことを認めている。フェルマンにとって、身体とは言語行為の「乗り物」ないし「有機的条件」であるとともに、言語の「意味／意図」を裏切り逸脱する過剰さ、「失敗のたしかな保証人」でもある。バトラーは『触発する言葉』のなかで次のように述べている。

フェルマンにとって語る身体がスキャンダルであるのは、身体の語りが意図によって十分には統御されないためである。いかなる発話行為も、語る身体の修辞的効果を完全には統御できないし、決定することもできない。また同様に、それがスキャンダルであるのは、発話の身体行動を機械的に予測することができないためである。発話行為が身体行為であるということが意味するのは、身体が完全に発話のなかに現前しているということではない。発話と身体の関係は交差対句のそれである。発話は身体的だが、身体はそれが引き起こす発話を越えている。そして発話は、その言表の身体的手段に還元されない（ES: 155-56）。

したがって、フェルマンと彼女の見解を（修正しながらも）踏襲するバトラーにとって、言語と身体の関係は二元論的に対立したものでも、言語学的一元論にも還元されない奇妙な「内的関係」にある。身体は言説によって構築されながらも、決して言説には還元されない。この意味で、身体はつねに「語りの死角（blindspot）」（ES: 11）にあるのである。

バトラーが『ジェンダーをほどく』で「私はあまり良いマテリアリストではない（I am not a very good materialist）」（UG: 198）と述べるのはそのためである。一方で、「身体の存在論」を批判するバトラーにとって、社会的、歴史的認識論の外部にある純粋な身体なるものを捉えることはできない。身体についての考察は言語を介してなされる他なく、そうである以上、身体は歴史的な「認識論的枠組み」を通して分節化される他ない。そのため、バトラーの身体に関する議論は「言語で始まり、言語で終わる」（UG: 198）。だが他方で、このような言語的分析が身体の存在を汲みつくすこともまた同様に不可能なのである。身体は「語り」によって言及され分節化されるが、言語行為が同時に身体行為でもあることは身体がつねに言語による統制に対して絶えず過剰なものとして現れることを意味する。一方で、身体は言語によって「言及される」ことを通してのみ認識＝

承認される（recognized）。だが他方で、身体はそのような「言及」に還元不可能な「構成的外部」としても生産される。したがって、「身体とは言語がそれに関してどもるところのものである」（UG: 198）。

5　身体の系譜学としてのパフォーマティヴ理論

ところで、このようなバトラーの議論は私たちが第三章で考察したヘーゲルの身体論を想起させるものでもあるだろう。バトラーはヘーゲル的主体の「身体のパラドックス」を考察し、ヘーゲルの（形而上学的）主体が身体を否認しようとしながら、むしろそれに「とり憑かれる」主体であると述べていた。ここで最後に、バトラーにおいてヘーゲル哲学とパフォーマティヴィティ理論が結びつく点を一瞥しておこう。それによって、バトラーのパフォーマティヴ理論が「身体の系譜学」として構成されていることをより明確に示すことができるだろう。

事実、バトラーはヘーゲル『現象学』の言語をパフォーマティヴなものとして描き出している。彼女はヘーゲルの「感覚的確信」における「いま」に関する議論を取り上げながら、次のように述べている。

もっとも無媒介な契機である「いま」との関連で、その「いま」は私たちがそれに言及するときにはつねに過ぎ去ったものである。私たちは、それを指摘する瞬間、「いま」を失う――あるいは、それが消え失せてしまったようにみえるのである。このことが意味しているのは、言及行為はその言及対象を正確には掴まないということである。実際、だれもが「いま」を指摘しようとするときに直面する時間の問題は、すべての言及可能性に影響を与える遅延を確立する。[…]時間のラグは「いま」を示そうとする言語と示された瞬間とを分離するのであり、そのため、示す行為の時間と示されたものの時間のあいだには差異が存在するのである。このように、言語はつねにその標的を見失う。そして、その時間に言及するためには、そうであらねばならないのだ（Butler 2012b: 6）。

このように、ヘーゲルの『現象学』において、その言語はそれが指示しようとする言及対象を捉え損なう。バトラーは「いま」に対するのと同様の分析を「終わり」にも行い、「終わり」はそれを指示した瞬間にすでに過ぎ去ってしまうことを指摘している（Butler 2012b: 6）。この意味で、バトラーにとって、『現象学』の言語は徹頭徹尾「失敗」という「オースティン的否定」に貫かれているのである。

それでは、このような「否定的なもの」としての言語はヘーゲルの『現象学』においていかに身体の問題と関係するのであろうか。この点に関して、バトラーはマラブーとの共著『私の身体であれ』で次のように述べている。

ヘーゲルのテクストにおいて身体は現れていない。あるいは、身体は端的に不在である、と述べるのは正当である。しかしながら、そのような観点を維持することは、この「不在」がそれ自身現れの領野においていかにして知られることになるかをまだ説明していない。詰まるところ、生や形態、欲望、快に関するすべての議論が身体を仮定しているなら、そのとき、たとえ明白に主題化されていないにせよ、身体は論理的に前提にされているのである（Butler 2010d: 79）。

すなわち、バトラーによれば、ヘーゲルのテクストにおいて身体はある種の「不在」として現れており、この不在がいかにしてそのテクストに痕跡を残しているかが探究されなければならないのである。言い換えるならば、ヘーゲルのテクストの言語は身体を否認ないし否定しながら、しかし身体は「不在」という形でなお残るのである。身体とは言語によって決して否定し尽くされることのない残余なのである。[*2] この意味で、私たちが先の節でみたように、身体とは「語りの死角」にある「構成的外部」でもある。

以上の、いわばバトラー独特のマテリアリズムとでも呼べるものは、まさにフーコーの系譜学の企てと関連している。第三章で、私たちはバトラーがフーコーの思想をヘーゲルの弁証法の内で解釈していることを確認しておいた。『欲望の主体』で、バトラーはフーコーの主体化＝服従化論を「主人と奴隷の弁証法」の変種として捉えていたが、その意味をここではっきりと掴むことができる。すでにみたように、『欲望の主体』でバトラーがフーコーの主体理論を「主人と奴隷の弁証法の改訂」と捉えたのは、身体を否認する意識の形象である「主人」と、それによって否認されながら残存する身体性の形象である「奴隷」というヘーゲルの『現象学』において二つの別々の形象として理解されていたものが、フーコーの理論において、主体形成の二つの側面として合流することになる、と彼女が解釈していたからであった。フーコーは『監獄の誕生』でプラトンの主張を逆転させて、「魂は身体の牢獄である」と主張したが、それが意味するのは「魂」が「身体」をそれに服従させ、枠づけるということである。このようなフーコーの主体形成の議論を、バトラーはある種の「主人と奴隷の弁証法の改訂」とみなすわけである。

このようにフーコーの哲学を捉え返すことで、ヘーゲルの「主人と奴隷の弁証法」あるいはそこに認められた「身体のパラドックス」を具体的な権力関係の次元で捉え返すことが可能になるだろう。実際、バトラーは『権力の心的生』で、これと同様の図式をさらに発展させて、次のように述べている。

> 身体とは構築が生起する場ではない。それは破壊を契機として主体が形成されるような破壊である。こうした主体の形成とは、身体に枠組みを与えると同時に身体を服従させ統制することであり、またその破壊が規範化において、保持される［…］という様態なのである（PP: 92、強調原文）。

身体は言説的構築が生じる「場」ではない、とここでバトラーは述べている。それはつまり、身体とはその上で言説的構築が生じるような白紙の物質ではない、ということである。むしろ、「身体が言説的に構築される」ということは他方でその規範的枠組みから零れ落ちる身体を生み出すことでもあるという意味で、「構築」とは「破壊」でもあるのである。このように、バトラーは「言説的構築」を「破壊」という「否定的なもの」として描き出す。そして、さらに重要なことに、この「破壊された身体」という記述は言説的構築に先立つような存在論的身体を措定するものではない。むしろ、「破壊」とは「構築」の裏面であり、それらは同時に生起する。したがって、身体に規範的な枠組みを課す「言説的構築」は、『欲望の主体』の言葉を借りていえば「書かれなかった身体の歴史」を構成的に生み出すのである。

したがって、私たちがすでにみたように、バトラーの「パフォーマティヴィティ」は「社会的構築」と等符号で結ぶことはできない。バトラーのパフォーマティヴ理論の眼目はむしろ、身体の社会的、言説的構築から零れ落ちるような「構成的外部」としての身体にある。それは、身体の言説的構築、その規範化の過程において、その裏面として保持されているような「破壊された身体」、その非規範的な身体の歴史を見出そうと努める理論なのである。どんな身体が規範的な身体として認定され、承認されていくのか、そして、どんな身体がその規範化から排除されるのか――バトラーのパフォーマティヴ理論にはこのような問いかけが横たわっているのである。

おわりに

本章では、バトラーのパフォーマティヴ理論を脱構築派のそれとの共通性と差異の二つの側面から捉え返そうとした。『ジェンダー・トラブル』出版後に「主意主義」と「決定論」という二つの極端な誤解を受けたバトラーは、『問題なのは身体だ』でより明示的に脱構築派のパフォーマティヴ理論を参照することで、それらの誤解に応えようとしたといえる。だが他方で、本節後半部分で強調したのは、バトラーのパフォーマティヴ理論が脱構築派のそれに還元できるものではなく、むしろ、身体の位相をどのように理論化するかという点において微妙な差異が生じているということであった。その差異に着目することで示そうとしたのは、バトラーのパフォーマティヴィティ理論が「身体の系譜学」として提示されているということである。「身体を言説に還元するイデアリスティックな理論」という『ジェンダー・トラブル』への非難に対して、まさにバトラーは「問題なのは身体だ」と切り返したのだといえるだろう。

『問題なのは身体だ（Bodies That Matter）』で、バトラーはここでの"to matter"とは「物質になる（to materialize）」と「意味する＝重要になる（to mean）」の二つを含意していると述べている（BTM: 7）。バトラーにとって身体の物質性は所与ではなく、それが「物質になる」意味作用の過程なのである。身体が物質（＝質料）になる意味作用の過程とは、バトラーによれば、「身体が記号に先立つものとして位置づけられる」、まさにその「手順」であり、その効果である（BTM: 6）。「セックス／ジェンダーの区別」においてセックスはまさに「ジェンダーに先立つもの」として位置づけられたように、バトラーにとってこの過程は規範化の過程であり、「文化的規範が身体の物質性を統治する」（BTM: xii）過程である。この意味で、「身体が記号に先立つものとして位置づけられる手順」のなかで「身体」の領野から排除され、棄却された（abjected）身体が構成的に存在することになる。

リュス・イリガライがプラトンの『テアイテトス』の批判的読解を通して示してみせたのは、形相／質料の伝統的な哲学の二元論的言説のなかで「フェミニン（the feminine）」という質料性（物質性）が排除されるということだった。バトラーが『問題なのは身体だ』の第一章でイリガライを肯定的に読み直しながらも批判的につけ加えたのは「他の他者たち（other Others）」（BTM: 22）であり、形相に対する「質料」から排除されるのは女性の身体だけでなく、人種的他者の身体や同性愛者の身体といった「他の可能な諸身体」（BTM: 21）もまた含まれているということである。この意味で、「身体が物質になる」過程を問うことは、「「生」として、つまり保護する価値のある生、救う価値のある生、悲しむ価値のある生としてカウントされる生き方を資格づけるもの」（BTM: xxiv）を問うこととなのである。

このように、バトラーのパフォーマティヴ理論は前章でも確認したように、「生存の問い」に貫かれた理論としてある。次章では、「心的な生存」を問題化することで、この点に関していっそう明確化することにしたい。そこで焦点化したいのは、バトラーのパフォーマティヴ理論と精神分析との関わり、あるいはその「闘い」である。

第八章　メランコリー、そして生存の問いへ

はじめに

バトラーのパフォーマティヴィティの理論は「生存」の問いと分かちがたく結びついている。バトラーは『ジェンダー・トラブル』に関して、そこで問題になっていたのが「人間」をめぐる問いだったとのちに振り返っているが、それはジェンダー規範から逸脱することがいわば「人間」として認められない経験であるからである。規範から逸脱すると「人間」の境界から排除され、暴力に曝されるぞというトラブルへの脅しこそ、ひとを規範に服従させ、それを反復するよう強制する。だからこそ、バトラーがパフォーマティヴ理論によって示したのは、ジェンダーとは「生存の戦略」であるということである。

規範の暴力を、バトラーはときに“violence of derealization”と形容している。[*1] 直訳すれば「非

現実化の暴力」だが、ここではやや意訳して「いなかったことにする暴力」と訳すことにしたい。ストーンウォール暴動以後のセクシュアル・マイノリティの政治においてカミングアウトが主要な政治的実践であったのは、まさにセクシュアル・マイノリティが「いなかったことに」されていた／いるからにほかならない。そして、「エイズ危機」の時代に明らかなように、「いなかったことに」された者たちの死は「悲しまれるに値しない」ものとして公的な哀悼から排除されたのだった。この意味で、パフォーマティヴィティは模範的なジェンダーの主体がいかに構築されるかという点に関わるだけでなく、その裏面として、どんな存在が「非人間化」され、「いなかったことに」され、社会的に「抹消」されるかという問いに関わるものでもある。近著でパフォーマティヴィティとプレカリティ（不安定性）の関係性を追求しているように、バトラーのパフォーマティヴィティは生を不均等に不安定化する政治的力学の批判的考察と結びついているのである。

そこで本章では改めて、バトラーのパフォーマティヴィティを「生存の問い」との関連から捉え返すことにしたい。とりわけ本章では、心的な次元における「生存」を考察する。心的な生存は物質的な意味での生存に比べて価値がないわけではない。『ジェンダーをほどく』でバトラーが述べているように、「ファンタジーは現実の反対物ではない」（UG: 29）。差別や暴力は他者や社会からふるわれるだけではない。それはときに当事者自身が自分自身にふるうものである。規範的生とは異なった生の可能性を思い描くことができなければ、規範によって周縁化された者の生存は困難なのである。この意味で、「生き延びようとする闘いはファンタジーの文化的生から実際には切り離されない」(UG: 28-29)。

そこで本章でクローズアップしたいのがバトラーと精神分析理論の関わりである。はじめに、バトラーが『ジェンダー・トラブル』で精神分析理論の何が批判されたのかに焦点を当てる。第二節以降では、バトラーが精神分析理論を再構成しながらどのように「心的な生存」の可能性を理論化していったのかをメランコリーの概念を軸にみていく。本章の議論に通底している問いは、いかにして「社会的権力」と「心的なもの」は関連しているか、そして「いなかったことにする暴力」を行使する社会的権力のなかで「心的な生存」はいかにして可能なのか、という問いである。

1 精神分析と「生存の問い」

『ジェンダーをほどく』で、バトラーは改めて『ジェンダー・トラブル』を「生存の問い」に関わるものだったと振り返っていた。バトラーの『ジェンダー・トラブル』はジェンダー規範の「いなかったことにする暴力」に抗し、ジェンダー規範から逸脱した者たちが生存可能な場を切り開こうとするものだったといえる。『ジェンダー・トラブル』においてこの試みがとくに前景化するのは精神分析との対決においてであろう。そこで本節ではまず、『ジェンダー・トラブル』でバトラーが精神分析の言説の何を問題にしたのかを考察することにしたい。

これはむしろ、ラカン派の理論家からのバトラー批判を先にみておくと分かりやすいだろう。例えば、ヤニス・スタヴラカキスは次のようにバトラーを批判している。

ジュディス・バトラーが、近著『権力の心的生活』において、服従――彼／彼女（問題となっている主体）が服従させられているものへの熱烈な傾倒――なき主体性の形成はありえないと論じるとき、彼女は正しいと言わなければならない。しかし、彼女が、自分の説明を擬人化するとき（われわれが服従するのは、とりわけ初期の発育段階においては、おそらくは両親である）には、いくぶん伝統的な権力の概念化という限界内に留まってしまっているように思われる。ラカンにあっては、主体を形成しているそうした権力の場として描き出されるのはシニフィアンである。［…］このようなシニフィアンの権力は、物理的な存在や生物学上の両親の行動に還元可能なものではない。われわれが手短にみるように、この権力の担い手は――象徴的な〈法〉の担い手――は、〈父の名〉――象徴的な父であって現実の父ではない――である（スタヴラカキス 2003: 47）。

「象徴的な父であって現実の父ではない」――この批判はラカン派のバトラー批判としてはお馴染みのものであろう。「象徴的なもの」と「社会的なもの」とが「混同」されているとバトラーは批判されるのである。

そもそもラカンの「象徴的なもの」とはいわば「言葉の世界」である。[*2] ひとははじめから「言葉をもって」生まれるわけではない。ひとはまず、ラカンが「想像的なもの」と呼ぶいわば「イメージの世界」を生きる。ラカンによれば、幼児ははじめ自我や統合された身体像をもたない。鏡にうつる外的な自己のイメージを引き受け、それに同一化することで、自己の身体イメージは獲得されていく。だが、このイメージは外的なものであり、言い換えれば「想像的な他者」である。それゆえ、この想像的同一化は失敗を運命づけられている。主体は疎外の様態に置かれるからである。この「想像的なもの」の失敗（ないし「誤認」）を解決するために次に生じるのが「象徴的なもの」の次元である。「想像的なもの」が自己と（想像的）他者の二者関係によって構造化されていたとすれば、「象徴的なもの」においては、言語という第三項が導入され、大文字の他者（言語や大人という絶対的他者）によって承認されることで、「想像的なもの」において直面した疎外が解決されるという道が開ける。ところで、「言葉の世界」とは置き換えと代理の世界である。だから、主体の疎外は一見回避されたようにみえるが、実際には言語に服従することは欲望の置き換えや代理を伴うものである以上、主体は再び疎外の様態に置かれることになるのだ。それゆえ、「象徴的なもの」とは禁止の体系と言い換えることもできる。欲望を言語で表現することは言語による分節化を被ることだからである。重要なことに、ラカンにとってフロイトのエディプス・コンプレックスが意味しているのはこのような構造なのだ。

エディプス・コンプレックスとは、闘争的、想像的、近親相姦的な関係がそれ自体必然的に闘争、崩壊へと至るものである、ということを意味しています。人間が最も自然な関係、すなわち男と女の関係を確立しうるためには、うまくいっているなんらかの像、調和のモデルたる第三者が介入することが必要です。こう言っただけでは不十分でしょう。さらに言えば、掟、鎖、象徴的秩序、つまりパロールという秩序の介入、すなわち父〔〈父の名〉〕の介入が必要です（ラカン一九八七：一五九）。

したがって、ラカンにおいて、父とはシニフィアンの法――言語の法――を意味するのであり、「父の名」はその象徴的な表現であるということになる。ちなみに、ラカン用語の「現実的なもの」とはイメージや言葉からも排除された次元を指し、「象徴的なもの」に還元できない、むしろそれに抵抗するものである。

さて、バトラーは「象徴的なもの」と「社会的なもの」を混同しているのだと、ラカン派の理論家は主張するのだった。だが、ここで問題にしたいのはまさにこの「混同」である。バトラーが精神分析を批判したのは、この「混同」がむしろ精神分析家の側に見出されるのであって、さらに肝要なことはこの「混同」は不可避だということである。

例えば、バトラーが『ジェンダー・トラブル』で扱ったフロイトの「両性愛」の議論を取り上げよう。フロイトは「性欲論三篇」でエディプスに先立つ根源的なセクシュアリティとして「両性愛（bisexuality）」を指摘したが、しかし、フロイトのいう「両性愛」とは実際にはバトラーがいうように「二つの異性愛」であって、つまり「異性愛」と「同性愛」の両方を指す概念ではない(GT: 82)。例えば、フロイトは男性が他の男性を愛する場合、男性同性愛者を「女性」の位置に位置づけ、女性的な「気質(disposition)」をもつ者であると説明する。つまり、生物学的には同性愛の関係にあっても、「気質」の上では「異性愛」とみなされるのである。現代の用語で言い換えるなら、フロイトらの精神分析はセクシュアル・オリエンテーション(性指向)をジェンダー・アイデンティティ(性自認)と混同する、シスジェンダー[*3]の異性愛者が同性愛を認識するときに陥りがちな「勘違い」ないし「幻想」を反復しているわけである。同性愛は異性愛のモデルで説明されており、この意味でむしろ説明の方が倒錯している。そして、これらの問題含みな説明の重大な帰結は、同性愛のセクシュアリティが「不可能な欲望」(すなわち「現実的なもの」)とみなされてしまう点にある。

例として、ラカンの「ファルスの意味作用」における「女性同性愛者」の記述をみておこう。ラカンは「女の同性愛(female homosexuality)は愛の要求(the demand for love)の軸を強める失望(disappointment)によって方向づけられる(oriented)」(Lacan 2006: 583)と述べている。この言葉の意味を理解するために、ラカンの次の言葉も引いておく必要がある。「女が女性性の本質的な部分を拒否する、つまりあらゆる女の属性を仮装において拒否するのは、〈ファルス〉であるため——すなわち、〈他者〉の欲望のシニフィアンであるためである。女が愛されると同時に欲望されることを望むのは、ただ、女がそうでないもののためである。しかし、彼女は自身自身の欲望のシニフィアンを、彼女が愛の要求（demand for love）を向ける人物の身体において見出す」（Lacan 2006: 583)。ラカンにとって、女は「ファルスである」、すなわち「〈他者〉の欲望のシニフィアンであろうとする」という位置によって説明される。女は自分が「そうでないもの」のために、「同じ対象」から「愛されること」と「欲望されること」を求める。彼によれば、それが女性の方が男性よりも「うまく性的欲求の満足の欠如に耐えられる」（Lacan 2006: 583）理由である。したがって、ラカンが「女の同性愛」を「愛の要求の軸を強める失望によって方向づけられる」としたのは、おそらく、レズビアンはそれが愛する人物の身体に「自分自身の欲望のシニフィアン」を見出すことができないと彼が考えたからではないだろうか。バトラーの言葉を借りれば、ラカンはレズビアンのセクシュアリティを「失望した異性愛（disappointed heterosexuality）に由来する」（GT: 66-67）と想定しているのではないか。この意味で、ラカンの議論において、レズビアンはつねにアセクシュアル（asexual）であることになってしまう（GT: 67, 71)。ラカンの枠組みでは、レズビアンのセクシュアリティはセクシュアリティの「否定」によって説明されるのであり、したがってそのセクシュアリティはどんな象徴的な居場所も占めることができない。

精神分析の言説において同性愛者を「いなかったことにする暴力」が不可避なのは、それがはじめから異性愛をモデルにしているからである。奇妙なことに、エディプスの主体を生産するとされるインセスト・タブーは「異性間の近親姦の禁止」と前提にされている。異性愛の主体やその主体の性的差異は、インセスト・タブーの結果として説明されるはずなのに、不思議なことにインセスト・タブーが作動する以前から主体は異性愛の主体（それゆえ性的差異を伴った）とみなされているのである。それゆえ、バトラーが『ジェンダー・トラブル』で問うたのは、まさにインセスト・タブーの「一次性」というフィクションである。もしも精神分析の言説におけるインセスト・タブーが「異性愛のインセスト」の禁止であるなら、その禁止には「同性愛の禁止」が先立って存在しなければ異性愛という特定の形式は存在しないはずなのだから。

それでは、バトラーにとって「同性愛の禁止」こそ「一次的な禁止」なのだろうか。大澤真幸はバトラーの論をそのように受け止めて、次のように批判する。

バトラーは、原初的な状態において、人は同性の他者に深い愛着をもっていると仮定する。しかし、社会的な規範は、同性への愛を禁止する。こうして、人は同性への原初の愛を断念するのだが、このとき、メランコリックな同一化の機制が作用すると、バトラーは主張する。すなわち、女は女（母親）を身体化することで「女」となり、男は男（父親）を身体化して「男」となるというわけだ。このバトラーの説明にはいくつもの難点がある。最大の難点は、性的差異の説明をするのに、まさに性的差異を前提にしているということである。女が「女」になるためには、女に愛着をもち、女と同一化しなくてはならないのだが、自他の性的差異が確立する前に、女はどうやって、男から女を識別するというのだろうか（大澤　二〇〇九：一〇三）。

大澤の解釈は、バトラーが「同性愛の禁止」を「一次的な禁止」と仮定しているとみなすことで成り立っている。だが、バトラーは『ジェンダーをほどく』で、「まず同性愛的な愛が存在し、次いでその愛が抑圧され、それによって異性愛が結果として現れる発達論的なモデルを私が支持することを示唆した覚えはない」として、「一次的な異性愛のテーゼの内部においてのみ、それに先立つ同性愛の問いが現れるのだ」と述べている（UG: 199-200）。先にみたようにバトラーが示したのは、精神分析の言説において近親姦の禁止がエディプスの主体を生産すると考えられているが、このとき前提にされているのはこの近親姦が「異性間の近親姦」であるということであり、それが「異性間の近親姦」である限り（大澤の言葉を借りれば）「性的差異の説明をするのに、まさに性的差異を前提にしているということ」である。したがって、大澤の論は転倒している。バトラーがフロイトやラカンに対して行った批判こそ、彼らが「性的差異の説明をするのに、まさに性的差異を前提にしているということ」であり、その由縁が異性愛を前提にしている点にあることをバトラーは明らかにしたのである。

このことは言い換えれば、バトラーの問題関心が「普遍的な一次的構造」を理論化する点にはないことを意味する。むしろ、バトラーにとって重要なのは、「一次的」と考えられているインセスト・タブーが（レヴィ＝ストロースやラカンのように）自然と文化のあいだに位置づけられる普遍的な文化の基礎とみなされながら、それが実際には「異性愛規範」といった歴史的、社会的な認識論的枠組みによって可能になっているということである。いわば、「象徴的なもの」は「象徴的なもの」になることに「失敗」している。あるいは言い換えるならば、それは「想像的なもの」の特徴とされる「誤認」のメカニズムから自由ではない。この意味で大貫挙学が指摘しているように、バトラーにとって「象徴的なもの」とは「想像的なもの」の「ヘゲモニックな形態」であるにすぎない（大貫　二〇一四：五四）。したがって、バトラーの精神分析批判の要点は「超越論的なものと社会的なものとを分け隔てることが概念レベルにおいてさえいかに困難であるかということ」(Butler 2000b: 146)、すなわち、「象徴界の法と社会の法は最終的には区別できないということ」(Butler 2000b: 19) にある。

バトラーにとって、「象徴的なもの」は「社会的なもの」から最終的には分離されえないのであり、両者の「混同」はそれゆえ不可避である。実際、精神分析の理論家たちの一部が（彼らの言葉を借りれば象徴的な形式でしかないはずの）エディプス・コンプレックスを論拠に、同性婚を批判し、あるいは同性カップルの親をもつ子どもが統合失調症に陥りやすいなどといった主張をするときにこそ、この「混同」は目も当てられないほどあからさまに噴出している。[*4] だが、誤解しないようにしよう。ここでバトラーが求めているのは、この「混同」を差し控えることではなく、「象徴的なもの」を「社会的なもの」として自覚的に問い直していく視座をもつことである。「象徴的なもの」を「社会的なもの」との関連から捉え返すバトラーは『ジェンダー・トラブル』で、「現実的なもの」は「象徴的なもの」の「外部」ではなく、文化のなかで周縁化された「具体的な文化の可能性」であり、それは「文化のなかに完全に含みこまれているけれども、支配的な文化からは完全に排除されているもの」(GT: 105)であると論じる。したがって、バトラーが探求しているのは、「象徴的なもの」の硬直した枠組みを「社会的なもの」の見地から批判的に開き、「ジェンダー規範から逸脱した者」の(心的)生存を可能にする場を創造することである。

2 パフォーマティヴィティ、ドラァグ、異性愛のメランコリー

バトラーはある意味、自覚的、戦略的に「象徴的なもの」と「社会的なもの」とを「混同」しているということができるだろう。したがって、バトラーにとって「排除(foreclosure)」はあくまで社会的権力との関連において考察されなければならない機制である。言い換えるなら、バトラーの精神分析の読み直しは、『権力の心的生』における彼女自身の言葉を借りれば「権力理論を心的なものの理論とともに考える」「フーコー派と精神分析派の双方の著者たちが避けてきた仕事」である(PP: 3)。このように社会的権力の見地から精神分析を読み直す上でバトラーが援用するのがフロイトのメランコリー論である。

ところで、「象徴的なもの」を「社会的なもの」に読み直すバトラーにとって、「排除」は主体を創始する一回限りの出来事ではない。例えば、バトラーは『ジェンダー・トラブル』で、「去勢不安」とは詰まるところ「女性化」への「不安」ではないかと指摘し、そして、この男性の「女性化」は異性愛をモデルにした枠組みにおいては「同性愛者になる」ことに結びつくと述べている(

GT: 80)。男性異性愛者という主体の位置が形成され維持されるためには、「女性化」そして「同性愛者化」への不安や恐れが恒常的に反復される必要があるのである。この意味で、異性愛的主体は「クィア（変態、おかま、ホモ）」という蔑称を構成的に必要とする、といえる。それは異性愛的主体の形成が「クィアなるもの」の排除によって成り立っており、その排除の反復によって維持されるからである。排除はまさにパフォーマティヴなものであり、主体のパフォーマティヴな構築はこのような他者排除の反復を必要とするのだ。

異性愛主体の構築は同性愛の可能性を排除し、そしてその可能性が決して自分のものであったはずがないという「二重の否認」によって可能になる。つまり、異性愛主体は同性愛の可能性を排除し、その「喪失」を認めないというメランコリーの様態にある。ここで、パフォーマティヴィティの例として引いたドラァグを今度は「異性愛のメランコリー」の例として取り上げよう。実際、バトラーは『問題なのは身体だ』（1993）や『権力の心的生』（1997）で、『ジェンダー・トラブル』においてなされたドラァグの議論を再び取り上げ、それをジェンダー・メランコリーの議論との関連から考察している。バトラー自身認めているように、『ジェンダー・トラブル』ではパフォーマティヴィティの理論とジェンダー・メランコリーという心的次元との関係が定かではなかった。「ドラァグは、ジェンダーの模倣的な構造を模倣し、ジェンダーそのものが模倣であることを明らかにしている。この定式化がどれほど魅力的だとしても、それはいかにしてある種の形式の否認と拒絶がジェンダーのパフォーマンスを組織するようになるのか、という問いに取り組むものではなかった」(PP: 145)。この意味で、ドラァグを「異性愛のメランコリー」を暴露するアレゴリーとして再理論化することはパフォーマティヴィティとメランコリーの結び目を明らかにする試みでもあるといえるだろう。

先にみたように、フロイトの「気質」に関する議論では、「女性性」や「男性性」といった気質は「実際には異性愛の実現と同時に現れる達成」(PP: 135)であった。したがって、性的に差異化された主体には「同性愛的愛着」の構成的な否認及び排除が存在する。異性愛的主体の形成において「哀悼不可能な喪失」が存在するのである。バトラーによるこのような精神分析の「注釈」は、しかし、先にも触れたように、このような心的な主体形成を一次的なメカニズム、歴史を離れて普遍化しうる原理として説明するためではなかった。『権力の心的生』で、バトラーは次のように述べている。「私はただ、哀悼されず哀悼不可能な喪失に関するフロイトの思考と、多大な困難を伴うことなしに同性愛的欲望の喪失を哀悼できない文化のなかで暮らす困難とのあいだになんらかの生産的な収斂をなすと思われるものを示唆したいだけである」(PP: 138)。ドラァグ・パフォーマンスが示唆するのはまさにこの「収斂」である。

ここで、バトラーが同性愛を説明するためにドラァグを参照しているのではない点に注意しなければならないだろう。ドラァグはジェンダー横断的な同一化であるが、「ジェンダー横断的な同一化は同性愛について考えるための唯一のパラダイムではなく、単に数あるなかのひとつにすぎない」(PP: 146)。ここでバトラーがむしろ重要視しているのは、ドラァグがアレゴリー化しているのが「異性愛のメランコリー（heterosexual melancholy）」（PP: 146）であるという点である。ドラァグは「平凡な心的でパフォーマティヴな実践、すなわち同性愛の可能性を断念することを通して、つまり異性愛的対象とそれが愛することのできない対象の領域の双方を生み出す排除を通して、異性愛化されたジェンダーを形成する実践」（PP: 146）をアレゴリー化しているのである。

このように、ドラァグは異性愛のメランコリーをアレゴリー化する。このメランコリーによって、男性的なジェンダーは男性的なものを愛の可能性として哀悼することの拒否によって形成され、女性的なジェンダーは、体内化の幻想、すなわち、それによって女性的なものが愛の可能性の対象から排除され、その排除は決して哀悼されないものの、強化された女性的同一化を通して「保存」される体内化の幻想を通して形成される（引き受けられる、あるいは想定される）。この意味で、「真の」レズビアン的メランコリーにかかっているのは厳密にストレートの女であり、「真の」ゲイ男性的メランコリーにかかっているのは厳密にストレートの男なのである（PP: 146-47）。

したがって、ドラァグのパフォーマンスが明るみにするのは異性愛的主体の形成において「否認された愛着、同一化」（PP: 147）である。ドラァグは、「ストレートの男は彼が「決して」愛したことがなく、「決して」哀悼したことがない男になり［…］、ストレートの女は彼女が「決して」愛したことがなく、「決して」哀悼したことがない女になる」(PP: 147 強調原文) という「否認された愛着、同一化」を示すのである。

このように、異性愛的主体のジェンダーの同一化において「同性愛的愛着」ははじめから「排除」されており、そしてその「喪失」は「嘆かれない」。バトラーによれば、このことは「同性愛的愛の喪失を公言するための文化的慣習の不在」(PP: 147) を示している。まさにこの「文化的慣習の不在」が「異性愛のメランコリーという文化」を生み出すのである。バトラーにとって、メランコリーは社会的権力がとる心的な形態なのである。メランコリーは権力の心的形式として、どんな喪失が「悲しまれるに値するか」を境界づけるものとして現れる。その境界から排除されたものは「非人間化」され、「いなかったことに」され、その「喪失」が嘆かれることはない。他者を「いなかったことにする」社会的権力がいかにしてメランコリーという心的な形態をとるに至るのか、そのメカニズムを次節でより詳しくみていこう。

3　メランコリーと社会的世界

バトラーは『権力の心的生』でフロイトの「喪とメランコリー」(1917) や「自我とエス」(1923) を読解しながら、自我の形成をメランコリーから理論化する。フロイトは「自我とエス」でメランコリーが自我を発生させるメカニズムかもしれないという議論の余地を残しており、バトラーはまさにその可能性を探求しているといえる。さらに、バトラーはフロイトの細かい記述に注目しながら、心的局所論（エス・自我・超自我）の地図がメランコリーによって可能になること、そしてその局所論が「失われた社会的世界」の「代理」ではないかということを論じている。そこでまず、フロイトのメランコリー論を簡単に確認しよう。

周知のように、フロイトは「喪とメランコリー」で喪の試みと対比させながら、メランコリーを規定した。いずれも愛する対象を失った出来事に対する反応である点で共通するが、喪とちがってメランコリーにおいては「何が失われたのか」が認識されないのが特徴である。また、喪が「失われた対象」からリビドーの備給を撤退させ、断ち切ろうとする緩慢なプロセスであるのに対して、メランコリーは「失われた対象」に自己を同一化させ、他者を体内化し、保存することで、愛の消滅を免れようとする。フロイトは「自我とエス」[*5]で、このメランコリー的同一化が「一般にエスが対象を棄てる条件かもしれない」（フロイト　二〇〇六：二二八）と述べ、それが「自我形成にきわめて関係しており、性格と呼ばれるものを作る上で重大な貢献をしている」（フロイト　二〇〇六：二二七）こと、この意味で「自我の性格は、棄てられた対象備給の沈殿であり、対象選択の歴史を含んでいる」（フロイト　二〇〇六：二二九）ことを示唆している。メランコリー的同一化が自我の一般的構造である可能性がここに提示されているのである。

フロイトはメランコリーに関して、ある対象に備給されていたリビドーが「自我に引き戻される」（フロイト　二〇〇八：一一三）と指摘したが、バトラーはこの記述を「自我とエス」の見地から読み直し、このリビドーが再帰的に備給されるところの「自我」とは何か、と問う。というのは、メランコリーが主体形成を説明しうる概念として示された「自我とエス」の見地からいえば、リビドーが備給される「自我」とはまさにメランコリーによって創始される当のものであるからである。バトラーはフロイトのメランコリー論を注意深く読み直しながら、自我が「心的な対象」として知覚されるのは「良心」や「超自我」と呼ばれる審級から「叱責」される反省的行為を通してであると指摘し、さらに、メランコリーが生み出す「愛」や「憎しみ」といった心的両価性が自我と超自我の形成に先んじており[*6]、したがって心的局所論の枠組みそのものがメランコリーの「効果=結果」として存在するのではないか、と指摘する。バトラーによれば、自我と超自我の分離はまさにメランコリーによって発生するのである。

バトラーがここで注意を向ける興味深い事実は、フロイトが「喪とメランコリー」のなかで「自我」を「統治機構」と形容し、「良心」や「超自我」を「制度」に喩えている点である。この意味で、フロイトの心的局所論は「失われた社会的世界」の「代理物」ではないかとバトラーは問う。このような読解を推し進める上で、バトラーは例えばフロイトがメランコリーによって失われるのは「祖国」や「自由」といった理想や観念でもありうるとした点を挙げ[*7]、「失われた他者」が住まう「社会的世界」もまた「失われた」かもしれない可能性を指摘する。「メランコリー患者は、喪失対象を意識から撤収するだけでなく、社会的世界の配置を心的なもののなかに撤収する。このようにして自我は「統治機構」になり、良心は「重要な諸制度」のひとつになる。というのもまさしく、心的な生は、世界が要求する喪失を無効にしようとする努力のなかで社会的世界を自分自身のなかに撤収するからである」(PP: 181-82)。

この点から重要なのは、メランコリー患者が往々にして「おしゃべり好き」である点である。フロイトによれば、メランコリー患者はしばしば「恥じらいが欠けている」(フロイト 二〇〇八：一〇八)かのように自己を責め、罵り、さらけだすことに熱心であるという。その自己に向けられた言葉は「語の古い意味で訴え」(フロイト 二〇〇八：一一二)であり、それは実は元々自己に向けられるべきものではなく、失われた他者に向けるべきものだったという。それらの「訴え」は本来、他者に向けられるものだったが、いまや他者は失われてしまったため、メランコリー患者は失われた他者を自己に体内化し、自己自身を罵ることで、『喪失』(及びそれによって生じた「怒り」や「悲しみ」)の心的代理を果たそうとする。だが、まさにメランコリー患者の「おしゃべり好き」が示しているのは、他者の喪失を解消するために行われる代理がそれ自体社会的な性格をもっていること、いわば対象としての他者だけでなく、他者との関係全体が「保存」されているということである。したがって、自我と超自我という心的局所論の地図は「社会的世界」が失われ、その「喪失」が忘却され否認されながら自己に代理されるメランコリーによって創始されるとバトラーは論じる。「どんな喪失が嘆かれ、嘆かれないかを統制する」(PP: 183)社会的権力が自己に取り込まれ、良心がその理念ないし理想を心的に代理する。この意味で、超自我ないし良心は「社会的統制の心的かつ社会的道具である」(PP: 190-91)。

このようなバトラーの解釈は『監獄の誕生』におけるフーコーの立場に近いものにみえる。実際、フーコーが「魂」を「身体の牢獄」とみなし、身体を規律化する審級と解したのと同様に、バトラーもまた「良心」を社会的権力の心的な形態とみなしている。けれども、バトラーはこの点で精神分析に依拠してフーコーの議論を批判することになる。バトラーにとって、「良心」や「超自我」は「心的なもの」全体を代表するものではない。それに対して、フーコーはまさに「心的なもの」の領野を「超自我」のような命令機関に還元してしまっているのである。バトラーは次のように述べている。フーコーは「心的なものを、あたかもそれがラカン的象徴界の効果を一方的に受け取るかのように扱っているように思われる。魂を身体にとって外的で拘禁的な枠組みへと置き換えることで、身体の内面性はいわば真空化され、この内面性は規律権力の一方的効果に対して従順な表面とされるのである」(PP: 86-87)。だが、バトラーにとって「心的なもの」は無意識を含むものであり、それゆえ「心的なものはフーコーが規範化的言説にその原因を帰すような統制化に抵抗するものである」(PP: 86)。それでは、バトラーは権力の理論と精神分析の心的なものの理論を結びつけることで「心的な抵抗」の契機をいかにして見出すのだろうか。そして、規範から逸脱した者たちにとっての「心的生存」はいかに可能になるのだろうか。引き続きバトラーのメランコリー論を検討することで、これらの問題について考察しよう。

4 メランコリーと生存

前章でみたようにバトラーにとって主体は社会的規範の反復・引用を通してパフォーマティヴに形成されるのだったが、本章でみてきたのは、主体のパフォーマティヴな構築が「他者」を排除し、その「喪失」の否認によって可能になることである。そして、この「他者」を「いなかったことにする」暴力は心的な次元において「良心」の声として体内化されるのだった。したがって、「いなかったことに」された「他者」(ないし「(非)主体」)の(心的)生存は「メランコリーの文化」においては困難を強いられることになる。社会的規範から逸脱する者たちにとっての生存や抵抗はいかにして可能になるのであろうか。

精神分析の枠組みにおいて、この「他者」の「生存」(あるいはその「承認」)はまさしく不可能であった。例えば同性愛者は、異性愛者の「(誤った)コピー」として扱われ、ついに「象徴的なもの」において居場所をもつことができない。だが、「象徴的なもの」を「社会的なもの」に読み替えるバトラーにとって、他者排除の構造はラカン派の理論家ほど絶対的な構造ではない。実際すでにみたように、バトラーにとって「象徴的なもの」は「想像的なもの」の内の「ヘゲモニックな形態」であり、言い換えればその構造は「誤認」や「失敗」につねにさらされている。それでは、「どんな喪失が嘆かれ、嘆かれないかを統制する」社会的に統制する権力を「良心」あるいは「自我理想」として取り込む心的機制であるメランコリー的同一化にそのような「誤認」や「失敗」の契機を見出すことはできるのだろうか。

ところでバトラーによれば、社会的権力から心的な理想へのこの移行は単線的な体内化ではないという。ホミ・バーバのメランコリー論を参照しながら、バトラーは次のように述べている。「国家はその市民のなかに、まさしく国家それ自身の理想的な権威を偽装、置換する仕方として、メランコリーを陶冶する。このように述べることで、良心が国家を単に例示したものであると示唆しているのではない。反対に、良心とは国家の権威の消失点、国家の心的な理想化であり、そしてその意味において、外的対象としての国家の消滅なのである」(PP: 191)。つまり権力の心的な理想化はすでに、いわば「社会的なもの」が「心的なもの」に代理されるなかでその権威が「失われる」過程でもある。「対象は心的理想になったときにその外部性を失った」(PP: 192) のであり、この意味で、「良心は社会的統制を例示することに失敗している」(PP: 196-97) のである。

社会的権力が心的な形態をとる際に生じる「失敗」や「誤認」が示唆しているのは、メランコリー的な体内化の過程が一義的に決定づけられているのではなく、それが「再分節化」に開かれていることである (PP: 191)。実際、「メランコリーの文化」において排除され失われたものへの「怒り」は超自我から自我に対する叱責ではなく、むしろ反対に、超自我やそれが代理した社会への「怒り」に方向転換されうる。例えば、バトラーは異性愛が支配的な文化において猛威をふるう「ゲイ的メランコリー」――それは例えば「エイズ危機」において顕著なように、死者を公的に哀悼することの禁止として現れる――に関して次のように述べている。

しかしながら、ゲイ的メランコリーもまた、政治的な表現に翻訳されうる怒りを含んでいる。エイズで命を失った人々への喪を執拗に公開し、政治化してきたのは、まさしくゲイ的メランコリー（新聞が「憂鬱」と一般化しているもの）という広く行き渡ったこの文化的リスクに抗するためである。ネームズ・プロジェクト・キルトは典型的で、無際限の喪失を公的に明言する方法として、名前そのものを儀礼化し、反復している。

悲嘆が言葉で表せないままである限り、喪失に対する怒りは公言されないままにとどまるがゆえに倍加されうる。そして、もしその怒りが公的に禁止されれば、そうした禁止のメランコリー的効果は自殺の割合を高める可能性がある。したがって、喪のための集合的な諸制度の出現は、生存に、共同体の組み立て直しに、親族関係の再分節化に、そして持続している諸関係の作り直しに、決定的に重要である。そうした集合的な諸制度が死の公表とドラマ化――クィア・ネーションの「ダイ・イン」の場合のように――を伴う限りにおいて、それらは文化的に阻まれ禁じられた喪の悲惨な心的帰結に対する生を肯定する返答として読まれる必要を声を大にして求めるのである（PP: 147-48）。

この記述は「心的な生存」がいかにして可能になるのかを示している。通常、誰かの死が悲しまれるためには死はすでに過去のことであると了解されるが、バトラーが他所で述べているように「悲嘆可能性」とは「前未来」の様態にある（FW: 15）。「異性愛のメランコリー」において同性愛の「排除」と「喪失」が先取り的に回避されていたように、「悲嘆可能性」は権力の様態としてあらかじめ規定され、それは「生きながらにして死を宣告された者たち」を生み出しつづけることになる。だから、「ネームズ・プロジェクト・キルト」や「ダイ・イン」といった実践は単に「死者」の公的な喪であるばかりではなく、「生きながらにして死を宣告された者たち」の「生存」が可能になるための「共同体の組み立て直し」の試みでもあるのである。したがって、あらかじめその死が嘆かれない者たちにとって、生存はいわば「良心」という「批判的審級を「うち殺すこと」」、つまり「内面化された良心の光景を反転し、置き換える」ことによって可能になる（PP: 193）。生存は「失われた他者への怒りを方向づけ直すこと」（PP: 193）にかかっているのである。

もちろん、バトラーも指摘しているように、メランコリーが主体を形成するものであるならその「最終的な解決」はありえないことになる。メランコリーを根本的に「拒絶」できるともし考えるなら、それは「自律性」という幻想を再び「魔法のように」作りだしてしまう（PP: 195）。むしろメランコリーが示しているのは、「他者を自分自身として同化することによってのみ、ひとはともかくもなにかになる」（PP: 195-96）ということである。この意味で、「生存」とは「他者の痕跡を受け入れる」ことによって可能になるのであって、喪失を拒絶できるような自律的な主体はこのような他者性の否認であるということになる（PP: 196）。いずれにせよ、バトラーにとって重要なのはメランコリーの根本的な解決というよりも、「他者の痕跡」を率直に認め、「心的なもの」あるいは心的な同一化の過程における「喪失の歴史」の系譜学を試みることである。

両価性の心的局所論に封じ込められることで薄れた社会的テクストは、主体形成についての異なった種類の系譜学――発話不可能な仕方で不在のままになったものが残された者の心的な声のなかにいかに住みついているかを説明する系譜学――を要求する（PP: 196)。

この系譜学の試みを通して「心的なもの」における生存可能性の枠組みを問い直していくことこそ、バトラーが自らに課す試みなのである。

おわりに

本章では、バトラーと精神分析の両義的な関わりに着目して考察を進めた。バトラーにとって「生存」の問題は「単に生きる」という問題であるだけでなく、この社会のなかで「承認」に値する生を生きることができるどうかに関わる問題でもあった。それゆえ、バトラーにとって、精神分析は一方では、セクシュアル・マイノリティをはじめとした「他者」の「心的生存」の場が排除されている理論に映ったにちがいない。そして、精神分析の理論が単なる理論上の問題ではなく、どこかで私たちの日常的な現実に重なるものであるがゆえに、それだけいっそう、バトラーは精神分析に批判的に対峙することになったのだろう。しかしながら、だからこそ他方で、バトラーは精神分析の理論の内部に分け入り、承認の規範的構造から排除された他者の「心的生存」の場を粘り強く切り開こうとしたのだ、ということができるだろう。

さて、第六章から第八章の以上の議論で、私たちはバトラーのパフォーマティヴィティ理論の軌跡の一端を跡づけたことになる。そして、これらの議論を通して浮き彫りになったのは、まさに、バトラーのパフォーマティヴィティ理論に「生存の問い」が通底していることである。第六章で、私たちはバトラーのジェンダー・パフォーマティヴィティの理論がジェンダー規範の暴力によって「偽物」として蔑まれるセクシュアル・マイノリティの「生存」を押し広げようとする理論的試みであることを示した。また第七章では、バトラーのパフォーマティヴィティ理論が規範的な身体から「棄却された（abjected）」身体の問題を注視する理論としてあることを考察した。そして本章で検討したのも、彼女のパフォーマティヴィティ理論が「心的な生存」の問題と結びついていることだった。私たちが第一章でみたコナトゥス、及び「生存の問い」がバトラーのパフォーマティヴィティ理論においても反響しているということができるだろう。そこで次章以下では、再びスピノザのコナトゥスの問題に立ち返り、バトラーがどのように自らの存在論とエチカを紡いでいったのかを検討することにしよう。

第Ⅳ部　社会存在論とエチカ

第九章　バトラーの社会存在論

はじめに——再び、スピノザの方へ

バトラーの哲学的思考はスピノザの『エチカ』との出会いに端を発するものだった。そこで問われていたのは「生存」の問題であり、私たちはこの問いが彼女の思索においてどのように探求されているかを追ったのだった。この意味で、スピノザのコナトゥスはバトラーの哲学的思考の隠れたモチーフである。バトラー自身が述べていたように、スピノザのコナトゥスは彼女の思考の「核心」にあるのである。ここで再びスピノザのコナトゥスに立ち戻ることで、本章以下ではバトラーの「生と哲学を賭けた闘い」にいったんの見通しを与えることにしよう。

興味深いことに、改めてスピノザという切り口からバトラーの思索を眺望すると、およそ二〇〇〇年代以降、それほど多くはないものの、スピノザへの言及が静かに、しかし確実に増している。

それはあたかも、これまでバトラーが抱えていたスピノザへの負債を返済するかのようである。とりわけ、論文「生への欲望——圧政下におけるスピノザの『エチカ』」(2006)では、バトラーはついに自らのコナトゥス解釈を開陳することになる。また、それとあたかも並行するかのように、バトラーは自らの思想を例えば『戦争の枠組み』で「新しい身体の存在論(a new bodily ontology)」ないし「社会存在論(social ontology)」と呼ぶようになる。そして、以上の存在論が「身体の傷つきやすさに関するスピノザ的な説明」(FW: 30)である可能性が示唆されている。したがって、バトラーの社会存在論はある種のコナトゥス論として読み直すことができるだろう。

そこで本章では、この存在論をバトラー自身のコナトゥス概念から理解するよう努めたい。それによって、「生と哲学を賭けた闘い」からバトラーがどのような存在論を創始するに至ったかを示そう。

1　社会存在論とコナトゥス

「新しい身体の存在論」ないし「社会存在論」という言葉に戸惑いをおぼえる読者がいたとしても不思議はない。なぜなら、バトラーその人がこれまで存在論の枠組みそのものを批判してきたように思われるからである。「ジェンダーの存在論」が「普遍」を僭称しながら実は歴史的、規範的な「認識論的暴力」によって可能になっていることを批判的にあぶりだした思想家こそ、バトラーだったのではないか。そのバトラー自身が「存在論」を主張することはやはり奇妙なことではないか、と。しかし、バトラーが提起する存在論はこれまでの思索の積み重ねの結果としてあるのであり、決していままでの思想を否定するものではない。

バトラーの「新しい身体の存在論」は、人間主体の身体的様態から出発するものである。身体とは決して自明な「対象」でも「所有物」でもない。それははじめからその「外部」に依存している。身体とはそれが維持されるために、食糧やインフラストラクチャーなど物質的な条件に依存する。またそれは、「生き延びる」という意味でその存在が維持されるためには、養育者などの他者との関係や社会的制度、規範などの社会的条件に曝され、それらに深く依存している。身体ははじめからその「他なるもの」に依存しており、厳密には「私」の所有物ではありえない。むしろ、それは「他なるもの」との関係のなかにあり、あるいは「他なるもの」との関係としてある。このような身体の「傷つきやすさ」や「不安定性」から構築される存在論はそれゆえ、「普遍的なもの」たりえない。たしかに、子どもの頃に誰しもそうであるように、「傷つきやすさ」や「不安定性」は人間的実存に深く刻まれた特徴である。人間は他の動物に比べて圧倒的に「未熟な」状態で生まれるのだから。だが、他性に曝され、依存している身体はそのときどきの社会的、政治的、経済的構造に曝され、それらに依存しているのであって、そうである以上、結果として身体の「傷つきやすさ」は「人間なるもの」を普遍的、超歴史的に定義づけるものたりえないだろう。むしろ、「傷つきやすさ」は「異なって生きられる（differently lived）」のであり、それはその人が置かれている経済的、政治的状況によって異なって配分されるのである。したがって、バトラーがいうように、「傷つきやすさ」はたしかに広く実存的な概念ではあるものの、それは結果として「政治的な概念」であらざるをえない。言い換えれば、身体は「社会的世界」にはじめから「明け渡されている」以上、「人間」を定義づける「普遍的な存在論なるもの」をむしろ問いに付すことになるのである。バトラーの社会存在論は、「人間」とみなされるものと「非人間」とみなされるもののあいだの境界線を問題化するものだということもできるだろう。「新しい身体の存在論」が「社会存在論」と言い換えられるのはそのためである。

この意味で、バトラーが「新しい身体の存在論」とか「社会存在論」というときの「存在」とはなによりもまず「生存」を意味する。したがって、どんな社会的条件が生存を可能にするのか、生存が「危うく(precarious)」されている者の「生存」はいかにして保証されるのかが社会存在論の主要な問題になる。これらの問いは、「自分自身の存在に固執する努力」であるコナトゥスが可能になるのはいかにしてか、と言い換えることができる。事実、バトラーは『ジェンダーをほどく』で次のように述べている。

すべての人間存在は自分自身の存在に固執しようとすると主張したのはスピノザだったが、彼はこの自己 - 固執の原理、すなわちコナトゥスを、彼の倫理学、そして実際には政治学の基礎に据えた。ヘーゲルが欲望はつねに承認への欲望であると主張したとき、彼はある意味で、このようなスピノザ主義的な観点を延長し、結果的に、自分自身の存在に固執することは私たちが承認を受けとり提供する作業に従事しているところの条件においてのみ可能だと、私たちに語っている。もしも私たちが承認されえないのなら、［…］自分自身の存在に固執することは不可能であり、私たちは可能的存在ではない。つまり、私たちは可能性から排除されつづけることになる（UG: 31）。

このように、バトラーはコナトゥスを承認との関係で、言い換えれば「社会的世界」との関係において捉えている。したがって、バトラーの社会存在論はコナトゥスが可能になる社会的条件を考察するものであるといえよう。だが、バトラーが『権力の心的生』ですでに述べていたように、スピノザの形而上学的な概念は「社会的存在のより柔軟な概念」として、「自分自身の存在に固執する欲望を、社会的な生の危うい諸関係のなかでのみ媒介されうるようななにかとして」再構築する必要がある（PP: 27-28）。そこで私たちは、まさにバトラー自身がいかにコナトゥスを解釈することになるのかをみていく必要がある。

2　コナトゥスと社会的世界

スピノザはコナトゥスをときに「自己保存の努力」と言い換える。通常、社会契約論の伝統において、「自己保存」はきわめて個人主義的な概念である。その伝統において、個人は「自己保存」の衝動に従って自己の利益を追求するとされ、互いに「戦争状態」に陥る結果、社会契約が要求されるとみなされている。もしスピノザのコナトゥスが同様に個人主義的な概念であれば、レヴィナスが批判したように、そこにはいかなる他者も存在しないことになる。[*1] したがってレヴィナスの解釈が正しいならば、スピノザのコナトゥスはバトラーの社会存在論の基盤としては役に立たず、むしろ他者や社会性を排除するものであることになる。だが、バトラーは論文「生への欲望」のなかでレヴィナスの見解に対立しながら、スピノザのコナトゥスにむしろ「個人主義の批判」や「社会的連帯」への志向を見出そうとする。

ここでバトラーが参照しているドゥルーズのスピノザ論をごく簡単にではあるが確認しておく必要がある。スピノザはコナトゥスを「様態の本質」と規定する。だが、ドゥルーズが注意しているように、それは「様態がいったん存在し始めたならば」、そうなのである。つまり、コナトゥスが「様態の本質」であるというときの「本質」とは実際に存在するに先立つなんらかの目的論的規定があるわけではない。「スピノザの場合コナトゥスはいったん存在が与えられるならば、その存在に固執する努力に他ならない」(Deleuze 1968: 209) ということは、「コナトゥスはつねに活動力そのものと同一である」(Deleuze 1968: 211) ということを意味する。それゆえ、ドゥルーズの解釈に従うなら、コナトゥスはそれが存在する特有の状況に即して自らを「表現する」のである。バトラーの言い方を借りれば、コナトゥスは「生それ自身が増大したり減少したりする手段である表現的行為」(DL: 113) と同一なのである。*2

「したがって」、とバトラーはいう。

『エチカ』は個人の固執や生存の問いに留まっていないし、留まることはできない。というのも、『エチカ』は、自己保存がそれによって引き起こされるところの手段が、正確にいえば、個人を他者に結びつけるだけでなく、その結びつきをすでにそこにあるものとして、様々な意味での結びつきとして表現する反省あるいは表現を通してなされるということの方へと向かうからである(DL: 114)。

スピノザの『エチカ』が「個人の生存」の問いに留まることができないのは、「個人の生存」がそもそも他者との結びつきにおいて可能になるものだからである。したがって、バトラーにとって、コナトゥスは「自己 - 言及的な」個人主義的欲望ではない。コナトゥスは、単に個人の生存の欲望ではなく、自己保存がそれによってはじめて可能になる「個人」と「他者」の「結びつき」をこそ表現しているのである。この意味で、コナトゥスはむしろ、「世界 - 言及的な」欲望なのである。

スピノザの『エチカ』において、意識し固執する存在は、純粋に排他的な自己言及的な仕方でそれ自身の存在に固執するのではない。この存在は基礎的に感じやすく、情動的な方法で固執するのであり、まさに固執の実践に暗に含まれているのは、その世界に対する言及的な運動なのである。

それゆえバトラーにとって、この「世界」とはつねに社会的世界なのだといえよう。なぜなら、コナトゥスが表現するのは個体の閉じた世界ではなく、必然的に他者と結びついた世界だからである。コナトゥスは「最初から社会的諸関係へと引き渡されている」(PP: 28) のである。この意味で、バトラーは逆説的にも次のように主張することになる。「ひとが自分自身の存在に固執することが可能になるのは他性への固執によってのみである」(PP: 28)。言い換えれば、バトラーにとってコナトゥスとは根本的に「傷つきやすい (vulnerable)」欲望であるといえる。それはコナトゥスが「他性」に根本的に依存した欲望だからであり、それゆえにこそ「この存在は基礎的に感じやすく、情動的な方法で固執する」のである。このように、バトラーはレヴィナスの個人主義的解釈とは反対に、コナトゥスを他者との関係性として規定するのだ。

かくして、バトラーにとってコナトゥスは単なる「自己」保存の努力ではない。コナトゥスとはいわばはじめから社会的世界に巻き込まれた欲望であり、逆説的にも「他性への固執」によって可能になる。「自分自身の存在に固執する努力」と形容されるコナトゥスの「自分自身の」とは実際には「私」に閉じていないのだ。それはむしろ、「私」の単独性を問いに付す」ことにさえなる。バトラーがドゥルーズのスピノザ論に触れながら次のように述べているのはそのためである。「もしも私たちが［…］ドゥルーズが彼の初期のスピノザ解釈において明確にうちだした定式を受け入れるのなら、私たちはその定式そのものによって方向感覚を失わねばならない（＝茫然自失とならねばならない）」（DL: 113）。言い換えれば、コナトゥスはそれが可能になる「社会的世界」に巻き込まれた「生への欲望」であり、「自分自身の存在に固執すること」が他者や世界といった「他性」によってのみ可能になるのであれば、その欲望は厳密には「私のもの」ではない脱‐自的なものであらざるをえない。したがって、「自分自身の存在に固執すること」は結果として、「私」という定点を離れて「方向感覚を失う」ことになるのである。

3　コナトゥスと自殺

バトラーはスピノザのコナトゥスを「社会的存在のより柔軟な概念」として再構築するよう努めていた。その際とくに議論の焦点になるのはスピノザの「自殺」をめぐる記述である。第一章でもみたように、バトラーはスピノザの自殺に関する記述に不満を抱いていた。「人間が自分自身の存在に固執するよう努めることは真理であると思いますが、人間がそうしようと努めないこともまた真理なのです」（BL: 150）と、彼女はあるインタヴューで語っていた。だが、なぜ、スピノザの自殺論がここで重要性をもつのか。

スピノザは『エチカ』のなかで、自殺はコナトゥスから本性上帰結するものではありえない、と述べている。「自分自身の存在に固執する努力」であるコナトゥスに死への欲望を認めることは本性上できないからだ。それゆえ、スピノザは「外的な原因」に自殺の根拠を求める。このスピノザの議論はフロイトとは対照的である。スピノザとフロイトはそれぞれコナトゥスとリビドーという名称こそちがうものの、人間存在を欲望から捉え返す点で共通している。だが、スピノザはそれを一元論的に捉えるのに対して、フロイトは「死の欲動」を認めている点で二元論的である。したがって、フロイトにとって自殺衝動は人間存在に内在する欲望として捉えられることになる。イルミヤフ・ヨベルがいうように、これは「スピノザにとっては考えられない」ものである（ヨベル一九八八：四七八）。なぜなら、スピノザは『エチカ』第四部定理二〇備考で次のように述べているからである。「何人も自己の本性に反する外部の原因に強制されるのでなくしては自己の利益の追求を、すなわち自己の存在の維持を放棄しはしない」。言い換えれば、スピノザの哲学において「死の欲動」は排除されている。

バトラーにとって、自殺が「外的原因」によるものであるというスピノザの規定が問題含みのものであるのは、その規定がコナトゥスから社会性を奪ってしまうからである。ある種の自殺が社会的な承認の構造から排除されたために生じるとき、その自殺を「外的原因」によるものだと片づけることはできるだろうか。暴力や差別の深刻な形態とは、それが単に「他者」を周縁化するだけでなく、当事者自身が自己自身を深く傷つけることにある。コナトゥスが所与の社会的世界に巻き込まれる欲望であるということは、その社会的世界を自己から切り離し対象化することができないことを意味する。したがって、もしもひとがその社会的世界のなかで「自分自身の存在」を肯定し維持することが不可能なのであれば、コナトゥスはある種の「死の欲動」になりうることを意味するだろう。それゆえ、バトラーはスピノザの自殺をめぐる記述に強い関心をもつことになる。

しかしながら、バトラーはスピノザの自殺論を「社会的世界」に開かれたコナトゥスの見地から読み直す新しい読解可能性を提示してもいる。そのような読解可能性を示すために、スピノザが自殺について挙げた三つの例の内とくに最後の例をバトラーは取り上げている。それは『エチカ』第四部定理二〇備考にある以下の文言である。すなわち、「隠れた外部の原因が彼の表象力を狂わせ彼の身体を変化させてその身体が前とは反対な別種の本性を――それについて精神の中に何の観念も存し得ないような（第三部定理一〇により）そうした本性を――帯びるようにさせられることによって自殺する」場合である。この例は「逆説的な主張」（DL: 115）であるとバトラーは強調する。というのは、この例では明らかに、「外部の原因」と呼ばれたものがその男の「本性」を規定することになっているからである。したがって、バトラーは次のように述べている。「自殺が生じたこと、つまり自己が自身の生を奪い取ったこと、それにもかかわらず自己が外的な形態をとったことを、実際のところ、外的な原因がその方法を自己の構造としたことを、スピノザは認めている」（DL: 115-16）のではないか、と。そして、バトラーはスピノザの自殺論のなかに「死の欲動への確かな予感」（DL: 116）が存在することを指摘するのである。

バトラーの解釈はきわめてアクロバティックなものである。先に確認したように、スピノザとフロイトのあいだには無視しようのない「不一致」が存在した。だがここで、バトラーはスピノザのコナトゥスのなかに「死の欲動」の萌芽を見出そうとする。バトラーは先にみたスピノザの自殺の例から、「外的原因」が「自己の形態」になりうること、そして「外的原因」を「私」が「観念をもつことができない」「無意識的な活動」として読み直しうることを提起する（DL: 116）。この点で、バトラーはスピノザの学説と精神分析の学説が結びつきうる可能性を示唆している。したがって、バトラーによれば、スピノザは「死の欲動」のようなある種の「解体の原理」をその学説のなかに生産しているのだという。それはまさに、「私が私の存在を保存し、高めようと努めるまさにその行為における欲望の社会性に巻き込まれている」（DL: 126）ことに由来する。それゆえ、バトラーは次のように述べることになる。「生を欲望することは欲望のただなかに脱-自を生産し、外在化への依存を、明らかに非我であるなにか、しかしそれなくしてはどんな固執も不可能であるようななにかを生産するのである。このことが意味するのは、私は生を欲望する状態で始まるが、私が欲望するこの生は「私」の単独性（singularity）を問いに付す、ということである」（DL: 113-14）。

バトラーの議論を敷衍するならば、自殺とはこの「解体」の究極的で絶望的な達成である。バトラーは『自分自身を説明すること』で、カフカの小品「判決」を題材に「自殺」を考察している。ゲオルグは父に自殺を迫られる。そして、その叱責ないし判決に駆られるように、ゲオルグは実際に自殺の行動に身を移す。そのときバトラーが強調するのは、このゲオルグ自身の自殺行為が「自分自身」によるものか、それとも父という「他者」によるものか、判然としない点である。この自殺行為は、「私」と他者ないし社会からの「判決＝判断」が完全に一致し、それによって「私」が消失し解体することによって引き起こされるのである。

だが、スピノザの「解体の原理」はバトラーによれば、「自殺と、領土性やナショナリズムに結びついた政治的統合との両方を越えて働く政治的連帯」（DL: 130）を可能にするものでもある。最後に、この点をみていこう。

4　コナトゥス、承認、規範

前章でスピノザの自殺とそれに関するバトラーの読解にこだわったのは、コナトゥスが承認の構造と深く結びついていることをそれが示しているからである。自殺はまさに、「私たちが承認されえないのなら、［…］自分自身の存在に固執することは不可能であ」るということを示しているのである（UG: 31）。そこで、私たちはコナトゥスと承認、そして規範がいかに関係するのかを考察する必要がある。

自殺の例から明らかになったのは、承認可能性が生存を条件づけるということである。コナトゥスは「搾取されやすい」欲望である、とバトラーがいうのはそのためである。「自分自身の」存在に固執し、それを維持するために、コナトゥスは他性に根源的に曝されている。バトラーが「他性」というとき、それは具体的な他者を指しているだけではない。それは「社会的世界」そのものを含んでおり、とりわけその支配的な規範――承認の規範的構造――が念頭に置かれている。コナトゥスが搾取されやすいのは、そもそもそれが可能であるためには（ヘーゲル的な承認の二者関係を構造化している）承認の規範的構造に「服従」しなければならないからである。

この点に関して、バトラーは『権力の心的生』で「子どもの存在」を例にとって次のように述べている。「子どもは、彼/彼女が愛着しているものが何であるかを知らない。しかし、幼児も子どもも、自分自身に固執し、自分自身として存続するためには、誰かに愛着しなければならない」（PP: 8）。バトラーが「原初的服従化」と呼んでいるこの光景から理解されることは、「存在することへの欲望」が「自分自身」を「解体する」傾向にあるということである。子どもは自身の存在を認めてもらうために誰かに愛着しなければならない。そしてもし養育者に認めてもらえないならば、「社会的な死」を経験しなければならない。そのため、子どもは「存在しないよりは、従属化された状態で存在したい」（PP: 7）と欲望し、誰かに愛着するのであり、「愛さない」という選択肢はない。したがって、子どもは主体として存続するためには、むしろ「自分自身の欲望を妨げなければなら」（PP: 9）ず、その代わりに「欲望を排除するものを欲望する」（PP: 61-78）。つまり、「自分自身の従属化の諸条件を欲望する」（PP, p. 9）ことになるのである。服従化への欲望は「自分自身の解体」を目指すものであるから、バトラーはそれを「死の欲動」と呼んでもいる。主体として認められ、主体として存在するためには、ひとは自己を断念し解体せねばならない。コナトゥスは規範によって搾取されることを運命づけられているのだ。

このような服従は、幼児期のような人間の成長過程の一時期に還元されるものではない。むしろ、この服従は主体の持続可能性の条件である。「自分自身として存続するためには、自分自身の服従化の条件を欲望することが必要なのである」(PP: 18)。規範への服従化から降りることが他者から承認されず、「非人間化」される暴力を被る危険を冒すことであるからこそ、服従化は持続的に反復されるのである。したがって、ひとが自分自身の存在に固執し維持するためには、「自分自身が存在することにまさに固執する努力において人を解体の危機にさらすような権力の形式そのもの——統制、禁止、抑圧——を受け入れること」(PP: 18)が要求されるのである。この意味で、人間主体は根源的に暴力によって形成され、維持されるといえるだろう。

> 自分自身の存在に固執することとは、基本的に自分自身のものではない他者の世界に服従すること[…]を必要とする。他性に固執することによってのみ、人は自分「自身」の存在に固執するのである。人は、決して自分が作ったのではない諸関係に対して傷つきやすく、社会における原初的で創造的な疎外を徴づけるカテゴリー、名前、関係、分類を通じて、つねに、ある程度、固執する。もしこうした諸関係が原初的服従化、あるいはまさしく原初的暴力を設定するとすれば、そのとき主体は逆説的にも、自分自身のために存在すべく自分自身に対立して出現するのである(PP: 28)。

ひとは誰しもはじめから自分が選択したのではない社会的世界に曝され、巻き込まれるのであり、その社会的世界のなかで承認をえられないことで存在を抹消される脅威に直面する。コナトゥスは誰もが平等に追求できる自己保存の衝動ではない。それは既存の承認可能性の規範的枠組みによって条件づけられるのだ。「人は、決して自分が作ったのではない諸関係に対して傷つきやすく、社会における原初的で創造的な疎外を徴づけるカテゴリー、名前、関係、分類を通じて、つねに、ある程度、固執する」のであり、この承認の規範的構造に服従しなければ存在を剥奪されるリスクを冒すことになる。

この意味で、コナトゥスを可能にする承認の規範的構造は、人間の生を価値づけるもの、すなわち、どんな生が価値あるものであるか否かを価値づけるものとして現れる。これはとりわけ、誰の死が悲しまれるに値するか否かという「悲嘆可能性」において顕著に現れる。バトラーはこのような悲嘆可能性を「前未来形」として理解していた（FW: 15）。それは悲嘆可能性の問題が「死者」の存在のみに閉じていないからである。バトラーは『権力の心的生』で「エイズで死んでいく多くのひと――とりわけ同性愛者、売春婦、麻薬常用者」を例に挙げ、彼／女らの「喪失」を嘆かない社会の態度に「死んだ他者を死の脅威として徴しづけ、その他者に社会的に正常で規範化された者の（ありえない）迫害者という烙印を押すような、死んだ他者を打ち負かしたいという欲望」（PP: 27）を読み取る。したがって、悲嘆可能性が「前未来形」として理解されるべきなのは、死者のその死が嘆きうるものかどうかを規定する「悲嘆可能性」の規範がいま（そして未来）を生きる者にとってその生存を価値あるものとして保護されるか、あるいは危うくされるかを規定する規範でもあるからである。

バトラーは規範的暴力をときに「いなかったことにする暴力（violence of derealization）」と表現していた。この暴力は他者の存在を人間としての承認可能性の枠組から排除することで「いなかったことにする」。それは、「いなかったことに」された他者を怪物的な「脅威」として、打ち消すべき「脅威」として表象するものでもある。「いなかったことにする暴力」とは他者を「人間性」の領域から排除し、その他者から「人間」の顔を奪うことを意味するからである。このように、承認可能性の規範とは、一方の生を価値ある生として承認し、他方の生を「いなかったことにする」構造をもつ。

だがまさに、承認の規範がもつ「他者」を「いなかったことにする暴力」こそがその規範そのものを揺るがす構造でもある。バトラーは『自分自身を説明すること』で次のように述べている。

まさしく他者の認識＝承認不可能性こそが、承認を決定する規範に危機をもたらすこともある。承認を与え、受けるためのくり返し挫折する努力のなかで、承認が生じる場である規範的地平を私が疑問に付すとすれば――また実際にそうするとき――、この疑問は承認を求める欲望の一部になる。その欲望とは、いかなる充足も見出すことができず、その充足不可能性が利用可能な規範を疑問に付すための批判的な出発点を作り出すような欲望である（GA: 24）。

ここで私たちは「承認を求める欲望」と「規範に服従する欲望」を便宜上区別する必要があるように思われる。より正確に言うと、「承認を求める欲望」は「規範に服従する欲望」を含むが、それに還元されるわけではない。実際、私たちには社会的な規範に抵触しようとも自己あるいは他者を承認したいという欲望が存在する。承認の規範的枠組みがだれかを「いなかったことにする暴力」を通して可能になるのであれば、それは必然的にすべての人間には開かれていない限定的な性格をもつことになる。「承認を求める欲望」と「承認可能性の規範」のあいだには還元不可能な溝が構成的に存在するとさえいえるだろう。

したがって、「承認を求めること」は必ずしも「規範への服従」を志向する欲望ではない。「承認を求めること」は、承認の規範的構造を批判的な開かれを迫ることを通して予測不可能な未来を手繰り寄せる「生成変化」の実践になりうるのである。バトラーの社会存在論とは、コナトゥスを不均等に条件づける承認の規範的構造の批判を通して承認可能性を開く試みなのである。

承認を求める、あるいは承認を行うとは、人がすでにそうであるようなものとして承認を迫ることではない。それはある生成を願うこと、変化をうながすこと、つねに他者との関係において未来を招き寄せることだ。それは同時に、この承認への闘いにおいて、自分自身の存在を賭けること、自分自身の存在への固執を賭けることでもある（PL: 44）。

このように、「承認を求めること」は必ずしも社会的規範を志向することではなく、むしろ反対に、まさにその規範に変容を促すものでもありうるのである。

ここで、バトラーはこのような意味での「承認を求めること」が「自分自身の存在への固執」すなわちコナトゥスを「賭ける」ことでもある、と述べている。なぜなら、このような承認を求めるプロセスにおいて、「自分自身の存在」もまた解体、変容、再編を迫られるからである。したがって、バトラーがスピノザのコナトゥスに「政治的連帯」への志向を見出すのはここにおいてであるだろう。ここにおいて、バトラーが「死の欲動」に見立てていた「解体の原理」が自殺や他者への暴力として実現するのではない可能性が生じているのである。「自分自身の存在に固執する欲望」は「共通の生に固執する欲望」でもあるのだ（DL: 126）。スピノザのコナトゥスは規範的に閉じた「私たち」を「解体」し、新たな「私たち」の未来を開いていこうとする可能性を孕んだ欲望なのである。

おわりに

本章で、私たちはバトラーの「社会存在論」をスピノザのコナトゥスの見地から読解した。それによって浮き彫りになったのは、バトラーが問題にしている「存在」とはなによりも「生存」の問題であるということである。ここでいう「生存」とは「単に生きる」ことだけを指すのではない。「生存」の問題とは、ある社会的世界において「承認」に値する生を生きることができるか否かの問題でもあるのである。

バトラーの社会存在論は、このような「コナトゥスの問い」に応えようとする理論である。それはコナトゥスが不均等に位置づけられる承認の規範的構造に対する批判を促すものである。だが、それと同時にバトラーが強調しているのは、コナトゥス、あるいは「承認を求める欲望」が社会的規範によってただ条件づけられるだけにとどまってはいないということである。むしろ、コナトゥス、あるいは「承認を求める欲望」は既存の規範の開かれ、新しい未来を手繰り寄せる欲望でもあるということなのだ。

それでは、このような可能性に向けて、どんなエチカが求められるのであろうか。コナトゥスを、自己や他者への暴力として実現することなく、新たな共同性を創始するよう導くことはいかにして可能なのか。次章で検討したいのは、このような問いに対して、バトラーがどのようなエチカを提示しているかである。

第一〇章　バトラーのエチカ

はじめに

ひとの生存は承認可能性を付与する規範への服従を通して可能になる。例えば、私たちはジェンダーやセクシュアリティ、その他エスニシティやナショナリティといった様々な社会的カテゴリーを自分の意志で選択するのではない。私たちはまずそれらのカテゴリーに強制的に服従させられるのであり、それによって承認可能性の枠組みにはじめて入ることができるのである。そして次に、ひとは自らの主体性を維持するために、この規範を自ら反復し、その暴力を他者へと振り向ける。「私たちをかたちづくる暴力」（FW: 67）が不可避なものであるのであれ、それでは「いったんかたちづくられた後の私たちが自らふるう暴力」（FW: 167）を避けることはできないのだろうか。暴力を「くりかえさない」という可能性は存在しないのか。本章で探求するバトラーのエチカに私たちが見出そうと努めるのは、このような「非暴力の倫理」である。

バトラーが自らのエチカを体系的に叙述したのは『自分自身を説明すること』(2005)においてであり、そのため同書をもって「倫理的転回」と称されることがある(佐藤 二〇〇八)。だが、倫理はある意味ではバトラーに終始つきまとっていた問いであったといえる。私たちはすでに第一章で、バトラーと哲学の出会いをスピノザのコナトゥスの思想に認め、バトラーがそこで「いかに生きるか」を課題としていたことを看取した。同様に、『ジェンダー・トラブル』でも、アイデンティティのカテゴリーを「いかに反復するか」という倫理的な問いが提起されていたといえる。だから、「倫理的転回」という言葉にもしなんらかの意味や意義があるのだとすれば、それは『自分自身を説明すること』をもってはじめて倫理の考察がなされたという意味ではないはずである。それでは、『自分自身を説明すること』においてどんな変化や転回が生じたのだろうか。

バトラーの「倫理的転回」を問うことは、前章で考察することのできなかった問題を明らかにする上でも重要である。バトラーにとってスピノザのコナトゥスが彼女の思索のモチーフであることについて、私たちはくりかえし確認した。そして、バトラーは自らコナトゥスを「社会的存在のより柔軟な概念」として再構築したのだった。だが、この要請――コナトゥスの社会存在論的概念化――は少なくともすでに『権力の心的生』において求められていたものだった。バトラーは同書で自分が取り上げた思想家たち(ヘーゲル、ニーチェ、フロイト、アルチュセール、フーコー)のいわば「起源」にスピノザが控えていることを明言している。にもかかわらず、同書ではコナトゥスの社会存在論的概念化はついに果たされていない。では、いかにしてこの要請の実現が可能になったのか、という問いが浮上するだろう。興味深いことに、この要請が果たされるのはバトラーが自らの倫理学を理論化するのとちょうど同じ時期なのである。言い換えれば、倫理をめぐるバトラーの思想的変化や転回が前章でみたコナトゥスの理論化を準備したのである。

私たちはバトラーの「倫理的転回」を『権力の心的生』(1997)と『自分自身を説明すること』(2005)のあいだに求めることができる。そこでまず、倫理をめぐる微妙なニュアンスの変化を両テクストの比較検討を通じて明確化しよう。そして、その転回がスピノザのコナトゥスといかに結びつくのかを改めて精査することを通して、バトラーのエチカを描くことにしたい。

1　非難から批判へ

『権力の心的生』と『自分自身を説明すること』のあいだには、倫理ないし道徳をめぐる思想的な変化をみることができる。両テクストの差異を明確にするために、前者の倫理思想を「道徳」、後者を「倫理」と区別することにしたい。そして、前者から後者へのバトラーの「倫理的転回」は「非難から批判へ」という形で描くことができる。

『権力の心的生』で描かれた道徳は「非難」や「叱責」といった定言命法の様態として理解されていた。前章でもみたように、バトラーによれば、主体は「原初的暴力」ないし「原初的服従化」

によって創始される。このような原初的光景に先立って、「私」という自我は存在しない。むしろ、「私」が形成されるのはこの「原初的服従化」の結果である。主体は、存在するためには、自分自身に「対立」しなければならなかった。つまり、「服従化への欲望」はこの「対立」を導入することで主体を二重化する。それは「自己叱責の心的習慣——それは時間の経過とともに良心として強化される——を生み出」(PP: 22) し、それによって「叱責」の「心的対象」としてはじめて「自我」が形成されるのである。

良心とは、主体を自分自身にとっての対象であり、自分自身について省察し、自分自身を省察的で反省的なものとして確立する手段である。[…] 欲望を規制するために、人は自分自身を省察の対象にする。自分自身の他性を生み出しつつ、人は反省的な存在——つまり自分自身を対象としうるもの——として確立される (PP: 22)。

このように、「超自我」と「自我」の局所論的布置は、「原初的服従化」によって生じた「自分自身への対立」を背景にしているのである。『権力の心的な生』において定式化された道徳とは、超自我の自我への批判ないし非難という命法的様態である。まさにこのような道徳の定式が、『自分自身を説明すること』において批判的に修正されるのである。バトラーは次のように述べている。

『権力の心的な生』において、私は主体を創始するこの処罰の光景をあまりにも性急に受け入れてしまったかもしれない。この見方によれば、処罰制度によって私が自分の行為に結びつけられ、あれこれの行為をしたという理由で処罰されるとき、私は意識の主体として、したがって、ある意味で意識そのものを反省する主体として立ち現れる。主体形成に関するこの見解は、法を内面化した主体という見方に、あるいは少なくとも、処罰制度が償いを求めるような行為へと主体を因果的に関係づける見方に依拠している（GA: 15）。

このように、バトラーは『自分自身を説明すること』において、倫理を「処罰の光景」に還元することに反対することになる。そこで重要な意味を担うのが「批判（critique）」である。『権力の心的生』では、「批判」は超自我の自我に対する「叱責」と区別されていなかった。だが、バトラーは『自分自身を説明すること』において、超自我の自我への叱責ないし批判を「非難＝有罪判決（condemnation）」と呼び、「批判」から区別することになる。

「非難＝有罪判決」とは「判断（judgment）」の一形式である。バトラーはそれを、「判断する者と判断される者のあいだに存在論的区別」（GA: 46）を設けることで「他者を認識不可能なものと規定する方法」（GA: 46）と定義している。この意味で、「非難＝有罪判決」は「判断される者との共同性を否認して自己を道徳的だ」（GA: 46）とみなす行為であり、端的にいえば「道徳的暴力」である。実際、超自我ないし良心は、まさにその「対象」である自我との共同性を否認する対立からなるのであった。その特徴は、この自我とは何か、この自我はいかにして形成されたか、この自我を構成する限界とは何か、といった「自己を問う」省察の契機が一切放棄される点に、超自我の「他者」である自我を「認識＝承認不可能なもの」として「見切りをつける」点にある。

それに対して、バトラーが「批判」に求めるのは「自己を問う」契機である。バトラーはフーコーの『性の歴史Ⅱ――快楽の活用』を参照しながら、「フーコーは、反省的主体が生じる仕方を説明するために処罰の光景を一般化する、ということを拒否する点で、ニーチェとは明らかに異なっている。ニーチェ的な疚しい良心の出現を象徴する自己への振り向きは、フーコーにおける反省性の出現を説明するものではない」（GA: 15）として、フーコーにおける「批判」の実践とは「単に、所与の社会的実践、もしくは実践と制度が現れる場である理解可能性の地平についての批判ではなく、私が自分自身を問うことをも含んでいる」（GA: 23、強調引用者）と述べている。「自分自身を問う」というこの契機こそ、「批判の倫理的帰結」（GA: 23）であるとされる。主体が「服従化への欲望」の結果生産されたものであるならば、「自分自身を問う」とはこの「服従化」の形成過程そのものを問いに付すことに他ならない。それゆえ、「批判の実践は、事物の歴史的シェーマの限界、主体が現れる認識論的、存在論的地平の限界を暴きだす。これらの限界を暴きだすような形で、自分自身を形成することは、まさしく、現存の規範に対して批判的な関係を維持するような、自己の美学を実践することである」（GA: 17）。この意味で、「批判」とは「自己を問う」ことを通して「脱主体化」を可能にする創造的な実践であるとされる。バトラーの「倫理的転回」とはこのような「非難から批判へ」の「転回」として捉えることができるだろう。

そして、バトラーが『権力の心的生』においてスピノザのコナトゥスを論じる準備ができなかったのは、まさに「非難」の枠組みにおいてはコナトゥスの維持が不可能だからである。スピノザにとってコナトゥスと徳は互いを高め合う関係にあるが、「非難」という道徳的枠組みにおいてはコナトゥスと徳は両立不可能なのである。したがって、両者が両立可能になる倫理のあり方が成立することをもってはじめて、バトラーが『権力の心的生』で投げかけたコナトゥスの社会存在論化が可能になったのだといえよう。

2　「処罰のシナリオ」に抗して

『権力の心的生』における道徳とは、超自我の自我への「非難」という道徳的暴力を意味した。それは「生への欲望——圧政下における『エチカ』」（2006）のバトラーの言葉を借りて言い換えれば、「「私」を解体する」「死の欲動」の一種である。前章でも取り上げたカフカの小品「判決」を再び例にするなら、ゲオルグは父からの「非難＝有罪判決」に完全に同一化し、そのため「ゲオルグはこの判決を彼自身の行為原理とみなさねばならず、彼を部屋から飛び出させるような意志に関与しなければならない」（GA: 46-47）。ゲオルグの「私」は完全に「解体」され、父の「判決」の通り、実際に自殺行為へと向かう。この例において、ゲオルグは自己を省察する機会をもたず、父の「判決」を自己の唯一の行動原理とする。「非難＝有罪判決」の形式が問題なのはバトラーがいうように、「承認」と「判断＝判決」が完全に一致しているからである。「非難＝有罪判決」という道徳的暴力の究極的な形態とは道徳的な規範へと完全に同一化することで「私」の息の根を止めることである。このような「処罰のシナリオ」に、バトラーはスピノザとともに反対する。

もしスピノザがいうように、人はすでにあるいは同時に生への欲望をもつときにのみ正しく生きる欲望を持つのだとすれば、生への欲望を死の欲望に変えようとする処罰のシナリオは倫理の条件そのものを侵食する、ということもまた正しいように思われる（GA: 49）。

ゲオルグの自殺の例は、「道徳」が「生への欲望を死の欲望に変えようとする処罰のシナリオ」であることを示している。そしてそれはまた、倫理的能力が可能になる条件を逆照射してもいる。それは「倫理的判断が生産的に働くためには、承認が宙づりにされなければならない」（GA: 49）ことである。より正確にいえば、「承認」と「判断＝判決」の一致が阻止されなければならないということであり、それはさらに言い換えれば、「正しく生きようとする欲望」は「生きようとする欲望」を同時に維持しなければならないということである。「判断＝判決が主体――未来に別の形で行為する機会を持つような――の自己反省的熟慮に力を与えるためには、生を維持し促進すべく働かねばならない」（GA: 49）のであり、すなわち、コナトゥスが維持されなければならないのだ。

「人はすでにあるいは同時に生への欲望をもつときにのみ正しく生きる欲望をもつ」とするスピノザの倫理ないし徳の理論が重要なのはそのためである。

したがって、倫理はコナトゥスが維持可能な仕方で展開されなければならない。いかにして、コナトゥスを倫理的に維持することができるだろうか。ここで再び、バトラーの論文「生への欲望」を参照しよう。まず確認しておくべきは、「死の欲動」に対する「生の欲動」にバトラーがエチカを求めているわけではないということである。主体は「私」を「解体する」死の欲動によって創始され、また生存を可能にする「私」は「原初的暴力」を「自我」や「他者」に振り向けることで可能になる。この意味で、「死の欲動は生存に必要不可欠」でさえあり、誰もこのような暴力から無縁ではありえない。したがって、バトラーのエチカはこのような自己が抱える暴力性を否認するものではない。「死の欲動」を厄介払いすることはできないのである。それに対して、バトラーはスピノザの読解を通して、「死の欲動」を否認するのではなく、それが「阻止される（held in check）」ことにエチカを求め、それを「死の欲動を自分自身への、あるいは他者への暴力として現出させることなしに、死の欲動を守る［…］倫理」（DL: 127）と表現している。「死の欲動」を「私」や「他者」のコナトゥスが維持可能な仕方で「守る」ことがバトラーのエチカなのである。

バトラーがスピノザの徳に見出すのは、まさしくこのような倫理である。「スピノザにとって、自己保存はつねに徳と一致する」（DL: 120）。実際、スピノザにおける徳とは、同時にコナトゥスを維持し、高めるものである。そしてさらに重要なのは、ここで維持され、保存されるコナトゥスとはひとえに「自己」に還元されない点である。スピノザは第四部定理七三の備考で、「理性に導かれる各人は、じぶんのために欲求する善を、自分以外の人に対しても同じように欲求する」と述べている。すでに私たちが前章でみたように、「私」は「私が私の存在を保存し、高めようと努めるまさにその行為における欲望の社会性に巻き込まれている」(DL: 126) 以上、コナトゥスは個人の自己保存衝動には還元されない。したがって、バトラーがいうように、

善く生きようと欲望するとき、私たちはまた生きることをも欲望する。その欲望する人は他者に先行していると言うことはできない。ここで人が自分自身のために欲望することは、同時に人が他者のために欲望することでもあるからである (DL: 124)。

バトラーは先に言及した備考の他に第四部定理七三「理性に導かれる人は、自分自身にのみ服従する孤独のなかにいるよりも、共同の決定に従って生活する国家においていっそう自由である」にも言及しながら、ここで「自己の所有性 (ownness)」が問いに付されていると解釈している (DL: 124)。「彼自身の存在に固執しようと努める個人は、この存在は彼自身のものだけでなく、あるいは排他的に彼自身のものではないということを見出」し、「そこで理性はいかに自分自身の存在が部分的に共通の生であるかを啓蒙する」(DL: 124)。このように、理性ないし徳は「私」を「解体する」。だが、この「解体」は「私」を自殺に導くのでも、他者を殺害することに向かうのでも

ない。この「解体」は「私」を他者との「共通の生」へと導くのである。この徳はバトラーが「死の欲動の阻止」と表現していたものであり、「死の欲動」の「解体の原理」を「私」や「他者」が生存可能な仕方で行使するものに他ならない。「スピノザは、変化する、不断の解体の原理を生産した。それはフロイトにおける死の欲動のように働き、しかしまた、生のもがきをある程度維持するために、自殺や殺人として成功させてはならないものである。これは阻止された解体の原理であり、阻止されてのみ、未来を開かれたままにしておくように機能できる原理なのである」（DL: 126）。

以下でみていくように、バトラーが『自分自身を説明すること』をはじめとしたテクストでフーコーの議論を通して「批判」に見出しているのはこのようなスピノザ的な徳の実践なのである。

3　徳としての批判

バトラーは「批判の実践」をフーコーの倫理思想として描いていた。論文「批判とは何か？――フーコーの徳に関する試論」（2001）で、バトラーは「批判の一般的性格」を考察している。だが、批判の「一般的性格」を示すのはそれ自体困難な課題である。というのは、この論文でバトラーが指摘するように、批判とはつねに何かに対する批判であり、すなわち、批判とは他律的なものに他ならないからである。つまり、批判はそれ自体ではなんら自律的価値をもたない。批判はつねにその対象をもつのであり、それは「社会的 - 歴史的地平」の内部で行われる。したがってバトラー（及びフーコー）がいうように、批判は形而上学としての資格をもつことはできないのであり、それは「系譜学」としての価値をもつのみである。事実、バトラーはフーコーの「批判」概念を以下の二つの点で定義している。「批判はしたがって二つの仕事を持つ。それは、いかに知と権力が多かれ少なかれ世界を［…］秩序化する体系的な方法を構成するように働いているかを明らかにする仕事と、「それからの脱出を指し示すブレイキング・ポイントを跡づける」仕事の双方である」(Butler 2001: 316)。ゆえに、批判とは、「私」がどのような歴史的な仕方で主体化＝服従化されているのかを問い、その様態の分析を通じてその「限界」を印づけ、そうすることで「服従化」からの「脱出」を示唆するものである。バトラーは『自分自身を説明すること』で、このような「批判」の機能を、フーコーの言葉を借りて「主体の脱服従化」と呼んでいる。

批判が促す「脱服従化」とは、規範的に形成された「私」を「解体する」運動である。自己を批判的に問い直すとき、「私」は同時に「社会批評家」であらねばならない。というのは、「私」がある「規範的 - 歴史的地平」のなかで形成されるのであれば、自己を批判的に問い直すことは「私」を形作る社会的権力や規範を問い直すことでもあるからである。だが、ここでバトラーがフーコーの議論に付け加えるきわめて重要な点は、この省察の営みが「私」と「他者」との関係の変容でもあるということだ。社会的規範は「私」を形作るだけでなく、「私」と「他者」の承認の関係を構造化するものでもあるからである。「私はその内部で他者を見ており、他者もその内部で見聞きし、知り、認識する」(GA: 24)のであり、それゆえ、「私」が自己を問うのは単に自己の生存や徳のためばかりではない。バトラーは次のように述べている。

フーコーは、この開かれこそが既存の真理の体制の限界を疑問に付すのであり、そのとき、自己をある意味で危険に曝すことが美徳の徴である、と主張する。そのとき彼が述べていないことは、私自身の真理を確立する真理の体制を疑問に付すことが、ときとして、ある者を承認したい、あるいは別の者によって承認されたいという欲望によって動機づけられている、ということだ(GA: 24-25)。

したがって、この「規範的地平」の「開かれ」はその地平から排除されていた「他者」の概念を拡張あるいは変化させるものであろう。ゆえに、バトラーにとって、この「批判的な開かれ」は「私」と「他者」の「共通の生」を開く実践でもあるのである。これはまたバトラーによれば、「承認を求める欲望の一部」(GA: 24)をなしており、「私」だけでなく「あなたに承認を与えようとする欲望」(GA: 26)がこのような「批判的な開かれ」を要求するのである。この欲望のために、「私」は「規範」との「闘い」に参与する。その運動を、バトラーは以下のように記している。

私は主体形成の既定の形式にも、また、私自身と関係を結ぶ既定の慣習にも束縛されてはいないが、これらのありうる関係それぞれの社会性には束縛されている。私は理解可能性を危険に曝し、慣習に挑戦することはできるかもしれないが、そのとき私は、社会‐歴史的地平のなかで、またはそれに基づいて行為しながら、それを破綻、あるいは変容させようとしているのである。しかし、私がこの自己になるのは脱‐自的運動、すなわち、私を私自身の外の、私自身から剥奪され、同時に私が主体として構成されるような場へと移動させる動きを通じてのみである（GA: 114-15、強調引用者）。

まさしくここに、私たちはスピノザの徳と同型の倫理的実践を見出すことができるだろう。批判が可能にする「脱‐服従化」とは、「私」を「解体」すると同時に、承認の「規範的地平」の枠組みを開き、自己と他者のコナトゥスをより高める「共通の生」を見出そうとする実践なのである。事実、自分自身を説明することとは、バトラーにとってスピノザ的な徳の実践であるように思える。自分自身の説明とは、つねに他者（あなた）に対して行われるものであり、また、自分自身を説明するために「私」が用いるどんな言葉も「私」のものではない社会的な規範やカテゴリーである。したがって、「私」は自分自身を説明しようとしながらむしろ「解体される」。しかし、この「解体」は同時に「チャンス」でもある（GA: 136）。その説明は「私」を「私」が形成された社会的な規範や慣習の問題へと向かわせる。そのとき、「この社会的慣習は、悪しき生のなかで良き生を送ることができるか、他者とともに、他者のために自己を作り直しつつ、社会的条件の作り直しに関与することができるか、という問題を提起している」（GA: 134-35、強調引用者）。このように、自分自身の説明は、もしそれが社会的規範に対して批判的になされるなら、他者とともに生きる「共通の生」を開く徳の実践となりえるのである。

4　非暴力のエチカ

ここで、「非暴力の倫理は可能か」という本章のはじめで提起した問いに立ち戻ろう。おそらく、ここでいう「非暴力の倫理」が体系的な原則やプログラムを意味するのならば、それは不可能だろう。「私」という主体が暴力によって創始され、その主体を維持することが規範的暴力の反復によって可能になるのであれば、暴力とは「私たち」がつねに抱えもたざるをえない可能性であり、どんな主体も暴力から無縁であると僭称することはできない。アイデンティティ・ポリティクスの重大な歴史的教訓とは、社会的に抑圧されたマイノリティでさえ他者への暴力と無縁ではないということだったのではないだろうか。その教訓は「非暴力の主体」を保証することができないというまさにその「気づき」にあったのではないだろうか。この意味で、非暴力の可能性はむしろ「自分が結びつけられている他者の生とのかかわりにおいて自ら暴力的にふるまう可能性を理解することから始まる」（FW: 179）のである。それゆえ、バトラーは非暴力をめぐる問いをひっくり返すことになる。

私は自らを形成する暴力をどのように生きるのか。その暴力は私のなかでどのように生き続けるのか。その暴力はいかにして、私の意志にかかわらず私を運ぶのだろうか、私自身がその暴力を運ぶまさにそのときにさえ。そして、どのような新しい価値の名において、私はその暴力を反転させ、それに反対できるのだろうか。そのような暴力の向きを変えることが可能だとして、それはどのような意味においてなのか（FW: 170）。

非暴力とは「暴力のない状態」を指しているのではない。私たちは暴力から無縁ではありえない。まさに「私」が「暴力にまみれて」おり、「私」が他者へと（あるいは自己へと）暴力をふるう可能性をつねに抱えているがゆえに、非暴力とは暴力の「外部」にある問いではないのだ。むしろ、その暴力の連鎖のなかで「私」はいかにして「暴力の向きを変えることができる」のかが問われているのである（これこそ、バトラーがスピノザに即して論じた「死の欲動の阻止」である）。

この意味で、非暴力とはいわば暴力の方向転換に関わる問題であって、暴力の「外部」を志向するものではない。もし「非暴力の倫理」なるものが存在するとすれば、それは他者から「呼びかけられうる状態でいつづけることから生じる何か」（FW: 181）であることを意味する。なぜなら、「私」が暴力の可能性をつねに秘めた存在であるのならば、非暴力とはつねに他者から要求され、訴えかけられるものであるからだ。その呼びかけはそれによって呼びかけられる主体を、「私」がふるう可能性のある暴力を「阻止」し、差し控えようとする「葛藤」のなかに置こうとする。「非暴力はまさしく美徳でもなければ立場でもなく、ましてや普遍的に適用されるべき一連の原則でもない。それは、傷つき、怒りくるい、暴力的な報復に向かいやすく、にもかかわらずそのような行動をするまいと葛藤する（そしてしばしば自らに対する怒りをつくりだす）ような、暴力にまみれた葛藤を抱えた主体の位置を示している」（FW: 71）。

このような「葛藤」にとどまることにどのような可能性があるのだろうか。バトラーも述べていたように、暴力によって生じた傷や怒りは「暴力的な報復に向かいやすい」ものである。だが、アメリカの「対テロ戦争」がそうであるように、「暴力的な報復」は「傷や怒り」において他者の傷つきやすさを想像し、感知する可能性を閉じる行為である。また、あるマイノリティ集団が他のマイノリティ集団への暴力に向かいやすいのも歴史が教えるところである。ここでは、暴力に対する「怒り」が他者との結びつきを志向するのではなく、むしろ他者を分断する暴力として働いてしまう。したがって、問題なのは暴力のない「平和の状態」という幻想を維持することではない。肝要なのは、様々な規範的暴力によって生じる「傷や怒り」が「私」と「他者」の「分断」として働くのを「阻止」し、その「怒り」をいかに「共通の生」として結びつけるかにある。

私たちが攻撃性とか怒りとか呼ぶものは、他者を無化する方向に進みうる。しかし、私たちという「存在」がまさしく共有された危うさ（precariousness）であるとすれば、私たちは私たち自身を無にする危険をおかしているのである。［…］私たちに「ニーズ」があるというのは、かくして、私たちという「存在」は依存と分離との変わることなく反復される葛藤を伴うということであって、ただ単に乗り越えられるべき子ども時代の一段階を指し示しているのではない。それは単に「自分自身の」葛藤とか「他人」の葛藤らしきもののことではなく、まさしく、「私たち」の基盤にある裂開であり、私たちが強い情動をもって互いに結びつけられるための条件なのだ。怒りを、切望をもって、殺人的に、愛を込めて、互いに結びつけられるための。

そう、バランスをとるということは、境界線を生きること、すなわち怒りと恐怖との袋小路を生きるということであり、そのような位置にともなう不安をあまりにも性急に決断することによって解決しようとしない振る舞いの様態を見出すことである（FW: 182-83）。

バトラーがフーコーのいう「批判」に私たちという「共通の生」に向けた徳ないし倫理の可能性を見出すのはそのためである。「批判」とは承認可能性の規範から排除された「怒り」を自己や他者に向けるのではなく、社会へと向け直すことで「共通の生」を開こうとする試みだからである。バトラーは『戦争の枠組み』のなかで次のように述べている。「非暴力の要求は、ただ単に、その要求が聞き取られ、心にとめられる条件が整っている（表現の様態なくしてはいかなる「要求」もありえない）ことを要請するだけではない。それは、怒りと憤激もまた、他者の心にとまる形で非暴力の要求を表現する方法を見出すよう、要請するのだ。この意味で、非暴力とは平和な状態のことではなく、憤激を明確で効果的なものとするための社会的、政治的闘いである——注意深く練り上げられた形で「くそったれ」と示すことなのだ」(FW: 132)。「怒り」をいかに効果的なものに練り上げるか。「怒り」を自己や他者に暴力的に振り向けるのではなく、「私たち」を「分断」する規範的暴力への批判を通して「怒り」を「共通の生」として練り上げることが非暴力の実践に賭けられているのである。「もし抵抗が生の新しい様式、つまりプレカリティの差異を伴った配分に反対するより生存可能な生を引き起こすのなら、そのとき、抵抗の行為はある生の様式にノーと言うものであるとともに、もうひとつの生の様式にイエスと言うものであろう」(Butler 2015: 217)。

おわりに

本章で、私たちはバトラーのエチカを考察した。前章で考察したように、バトラーにおいて、コナトゥスの「解体の原理」は自己や他者への暴力として実現する可能性を秘めた危うい欲望であった。本章で考察したのは、このようなコナトゥスの「解体の原理」をいかに倫理的に生きることができるかという問題だった。その際、バトラーはスピノザの徳論に着目し、そこでコナトゥスと徳とが同時的なもの、すなわち、徳や倫理の実践においてコナトゥスもまた同時に維持されなければならないことを示唆していた。その実践を、バトラーは「死の欲動の阻止」と形容していた。「死の欲動」という「解体の原理」を維持しながら、それを自己や他者への暴力として実現させないよう「阻止」すること――そのような実践を、バトラーは「社会的批判」の試みに求める。バトラーにとって、社会批判とは、「死の欲動」というある種の攻撃性を、自己や他者に向けるのではなく、社会に向け直す試みであり、その批判を通して、既存の「私たち」あるいは共同体を解体し、新たな共同性を創始する試みであった。バトラーの「非暴力の倫理」は、「怒り」といった攻撃性を無化しようとする純朴な倫理ではない。それはむしろ、「怒り」を、新たな共同性に向けて振り向け直すことにかかっているのである。*1

　ところで、第五章でみたように、バトラーの思索はアイデンティティ・ポリティクスの両義的な経験を引き受けようとするものだった。バトラーも述べていたように、アイデンティティ・ポリティクスとは一面では、「私たち」の同一性が「他者」を排除する、そのような経験でもあった。しかし、それにもかかわらず、前章及び本章で明らかになったのは、バトラーの思索がそれでもなお、ある種の「共通の生」や「共同体」を志向し、それを呼び求めるものでもあるということである。「私たち」という共同性がときに他者との分断をもたらすものであることを自覚しながら、なお、バトラーはある種の共同性に賭けているのだ。

　それでは、いったい、バトラーはどのような「私たち」に呼びかけ、どのような「私たち」を呼び求めているのだろうか。最後に結論に代えて考察したいのは、バトラーが呼びかけ、呼び求める「私たち」という共同体とはいったい何なのか、というまさにこの問いである。

結論に代えて——共にとり乱しながら思考すること

本書で、私たちはバトラーの「生と哲学を賭けた闘い」を考察してきた。スピノザとの出会いからはじめて、ヘーゲルや現象学、フーコー、ボーヴォワールをはじめとしたフェミニスト理論、言語行為論、精神分析などとの関わり、その「闘い」の痕跡を追った。本書ではバトラーの社会存在論とエチカを描くことで、その思索に一応の見通しを与えたものの、この「闘い」にもちろんなんらかの終着点があるわけではないし、それを示したいために本論を執筆したわけでもない。また、バトラーの多様な思索すべてを本書が汲み尽くしたとはまったく考えていない。むしろ、数多くの論点が残されているのであって、本書はバトラーの思想の一部を切り取ったにすぎないだろう。しかし、バトラーの思想を「生と哲学を賭けた闘い」という観点から眺望することで、私たちはそこから何かを引き出すことができるかもしれない。最後に、結論の代わりに探求したいのは、この「闘い」とはいったい何だったのか、そして、この「闘い」を通してバトラーはどんな「私たち」に呼びかけ、どんな「私たち」を呼び求めているのか、このような問いである。

序論で述べたように、この「闘い」はまた「翻訳」の試みでもあった。「哲学」という制度のなかで他者化され、押し殺されてきた「生」を、「哲学」の言葉や概念を用いながら「哲学」に介入させ、問い直すこと――それはやはりある種の翻訳の試みであるだろう。本書でスピノザのコナトゥスにこだわったのは、それが「哲学」の概念でありながら、バトラーにとって「哲学の「他者」」の声をなんとか翻訳しようと企てる概念装置のようにみえたからだった。

すでに第一章で言及したが、バトラーは十代の頃にスピノザの「破門」に関心をもち、またそこに「共同体の問い」を看取していた。彼女は次のように述べていた。「彼の破門は、その当時彼が属していた共同体における語りえるものと語りえないものの境界線を描いている。それは結果として、いかに共同体が語りえぬものを確立することを通してそれ自身を定義するかを示している」(Butler 2006a: 281)。スピノザの「破門(excommunicatio)」の経験について考察している清水禮子によれば、「ラテン語の excommunicatio は、ex 及び communicatio という二つの部分から成る。コムニカチオは、communis に由来する名詞で、何かを共有している状態を指す。何かを共有していれば、その何かにおいて、自分以外の或る存在との或る結びつき、或る浸透が可能になり、少なくともその場面に関する限り、自他の区別や対立を意識せずに生きて行くことが出来る」(清水 一九八七：一八)。そして、「コムニカチオというのが、自分以外の存在と何かを分かち持ち、その何かを通して相手との或る結びつき、相手との或る浸透が可能になっている状態であれば、エクスコムニカチオは、そうした幸せな状態の「外に」(ex)身を置くことを意味する」(清水 一九八七：一九）。清水は、スピノザを動機づけているのはこのような「コムニカチオ」への切迫した望みであるとしている。[*1]「絶望のなかでさえ固執する生気論」とかつての彼女が呼んだスピノザのコナトゥスの思想にバトラーが看取していたのも、おそらく、共同体から排除されながら、それでもなんらかの共同性を志向しようとしたスピノザの姿であり、そこに共同体への執拗な問いかけをみてとったのかもしれない。

このようにバトラーにおいてコナトゥスと共同体とが密接に関わる概念であるとすれば、ジョルジュ・アガンベンのスピノザのコナトゥスに関する以下の注釈は傾聴に値するものである。彼は『哲学とは何か』で次のように述べている。

> スピノザが本質をコーナートゥス（conatus）と定義するとき、彼はなにか要請のようなものをかんがえている。このために、『エチカ』第三部の定理七“Conatus, quo unaquaeque res in suo esse perseverare conatur, nihil est praeter ipsius rei actualis essentia”の“conatus”という語は、通常なされているように「努力」と翻訳されるべきではなく、「要請」と翻訳されなければならない。《おのおの事物がみずからの存在に固執することを要請するさいに回路となる要請は、その事物の現実的本質にほかならない》と訳されるべきなのだ。存在が要請する（あるいは欲望する――欄外に付されている注釈によると、欲望――cupiditas――は conatus に与えられた名辞のひとつであるという）ということは、それが事実的現実に尽きるものではなく、事実的現

実の彼方へ向かおうとする要請を内に含んでいることを意味している。存在はたんに存在しているのではなく、存在することを要請しているのである（アガンベン　二〇一七：五六‐五七）。

ここで、アガンベンはコナトゥスを「努力」ではなく「要請」と訳すべきだと主張している。彼によれば、コナトゥスは「存在すること」の「要請」なのだ。

バトラーらの見解と併せてアガンベンのこの注釈を読むなら、コナトゥスには潜在的に「エクスコムニカチオ」なものを「コムニカチオ」へと生成させようとする不断の「要請」が存在する、といえるのではないだろうか。それは、コナトゥスが「エクスコムニカチオ」を「全体」に回収しようとする要請であるということを意味しない。そうではなく、コナトゥスはむしろ、脱自の様態として、絶えざる「要請」として存在するのである。コナトゥスはいわば祈りにも似た意味で要請なのである。

もし、バトラーが試みる「翻訳」（ないし「文化翻訳 cultural translation」）を「エクスコムニカチオ」を「コムニカチオ」へと生成させ、既存の規範的な共同体を変貌させる試みであると解することができるのであれば、翻訳行為それ自体もまた「要請」の様態にあるといえるだろう。竹村和子がホミ・バーバの論を援用しながら紡いだ言葉、「原本の意味からずれた翻訳は、何かを夢みている」を引きながら、竹村の「翻訳」を注視する冨山は次のように述べている。「言葉に置き換える作業が夢を見ることでもあるということ、あえていえばそれは、翻訳という二つの共同体を前提にした行為に、そのどちらでもない生を夢見ることであり、「境界を生きる」ことなのだ」（冨山　二〇一四）。実際、竹村によれば、「翻訳による他者との遭遇は、翻訳を介して翻訳の向こう側にいる他者との遭遇ではなく、翻訳のなかで、翻訳としての他者との遭遇」（竹村　二〇一三：三八二）であり、竹村はその他者性を「その文化のなかで強迫観念的に排除していた自己の他者性」（竹村　二〇一三：三八五）とも述べている。翻訳とは、「その文化のなかで強迫観念的に排除していた自己の他者性」、「〈わたし〉のなかの他者性」（竹村　二〇〇三：三九二）あるいは「現体制の反復再生産に抵抗しながら出現する緊張に満ちた「死後の生」、不安定な境界を生きる生」（竹村　二〇一三：三九〇）を存在にもたらそうと「夢見ること」、すなわち「要請」なのである。

実際、バトラーが「文化翻訳」という言葉に賭ける営みもまた、このような「夢見ること＝要請」である。バトラーは『ジェンダーをほどく』のなかで次のように述べている。

> 人間の観念は文化翻訳の過程において、そしてそれによって、くり返しうち立てられるものでしかないだろうということを認めることは決定的である。そこでの翻訳とは、閉じており、区別され、統一された二つの言語のあいだの翻訳ではない。むしろ、翻訳とはそれぞれの言語を他者を感知するために変化するよう促すものであろう。そして、この感知は、親密なもの、閉じたもの、そしてすでに知られているものの限界において、倫理的かつ社会的な変換のための契機であろう。それは喪失やとり乱し（disorientation）を構成するが、それはそこにおいて人間なるもの

が新しい存在になる好機をもつものでもある（UG: 38、強調原文）。

この意味で、翻訳とは、ある文化のなかで排除された他者を「感知」するよう促す試みであり、その過程において、その他者を排除することで成り立っていた共同体は瓦解、解体されていく。したがって、翻訳がまずもって切り開くのは、既存の共同体の喪失や解体、トラブル、とり乱し、なのであり、その「とり乱し」こそが「新しい存在」を要請し、到来させる好機なのである。

ところで、私たちはこの翻訳という試みを「クィア（queer）」という言葉の「流用」や「翻訳」に看取できるかもしれない。「クィア」という言葉には、引き裂かれ、あるいは相互に矛盾するような（少なくとも）二つの言明が賭けられているように私には思われる。このことはとりわけ、“queer”という言葉を日本のセクシュアル・マイノリティの政治的状況のなかに導入し、翻訳する際に前景化したように思われる。そこで、“queer”という言葉を日本のセクシュアル・マイノリティの社会運動のコンテクストに導入するときに生じた「翻訳」の問題を――単純化の危険をいくぶん冒しながら――考察してみよう。

“queer”を日本語に導入し、訳そうとするなかで大きく二つの訳が提示されたことは、ここで注視すべき意義深い意味をもつ。ひとつはそのまま片仮名で「クィア」と表記するものであり、いまひとつは「変態」や「おかま」などの日本語で“queer”に当たる蔑称をあえて訳すものである。この二つの訳の対立、あるいは、いずれに訳すべきかをめぐる翻訳の問題は、現在「クィア」という訳がほぼ採用され定着している現状があるにせよ、決して決着をみたわけではないように思われる。そして、ここで私たちにとって重要だと思われるのは、その訳の内のいずれかが正しいなどという選択の問題ではなく、むしろ、それらのあいだの緊張そのものである。一方には、「クィア」と訳すことで「性の多様性」を肯定しエンパワメントする言葉として、いわば「私たちを認めてほしい！」という言明が賭けられており、他方には、「変態」や「おかま」と訳すことで社会に対するアンチテーゼを強調し、いわば「くそったれ！」と唾を吐く言明が賭けられているのではないだろうか。つまり、同じ言葉の翻訳において、一方には「私たちを認めてほしい！」という承認への切実な要求が、他方にはこの社会に対して「くそったれ！」と唾を吐く批判的なアンチテーゼが賭けられているといえる。そして、“queer”の政治に私たちが見出すべきは、この二つの言明——すなわち、「求め」と／あるいは「怒り」——が同時に行われる、まさにその緊張や矛盾を孕んだ様態なのである。

そして、“queer”を日本語に翻訳する際に前景化したこの両義性は、実際には、アメリカ合衆国における“queer”の「流用」にも看取できるものであると思われる。例えば、近年、アメリカ合衆国のクィア理論において指摘される「クィア理論の反社会的転回」は後者の「くそったれ！」という否定性としてクィアを強調する潮流といえるかもしれない。その代表的な理論家リー・エーデルマンはその名も『ノー・フューチャー』(2004)のなかで、クィアを社会に対する徹底的な否定態として描き出す。彼にとって、クィアは「社会的なもの」や「象徴的なもの」に包摂されない否定的な形象であり、それは社会に対する「絶えざるノー」(Edelman 2004: 5) として反復される。クィアが「社会的なもの」に包摂されえない否定的な抵抗の形象(すなわち「死の欲動」)であるならば、まさに彼がいうように「クィアに未来はない」だろう。彼にとって、「未来」とは異性愛家族が「再生産」する「子ども (the Child)」の形象であり、このような「再生産的未来主義 (reproductive futurism)」と彼が呼ぶヘテロ・ノーマティヴな枠組みは(右翼であれ左翼であれ)「政治の外部」として前提にされる。クィアはまさにこれに抵抗する否定の形象であり、エーデルマンがクィアネスを「現実界」や「死の欲動」に位置づけるのはそのためである。したがって、クィアな否定は彼によれば、単に政治における対立ではなく、政治そのものへの対立である(Edelman 2004 : 17)。彼はクィアネスを、社会に対する「くそったれ!」と言明する否定的な形象として理解するのである。

エーデルマンのこのような立場は「承認を求める政治」と著しく対立しているようにみえる。実際、「反社会的クィア理論」と「承認に重きを置くクィア理論」との腑分けもすでに行われている。エーデルマンは一方で、「承認を求める政治」と著しく対立するようにみえる「反社会的クィア理論」を展開しながら、他方で、バトラーが『ジェンダー・トラブル』で理論化した「反復」を決して完全には承認されえないような否定性あるいは「死の欲動」として再理論化している(Edelman 2004: 22)。彼がいうように、たしかにバトラーの理論化した「反復」は否定的である。ジェンダー・アイデンティフィケーションは、「真なる男性」とか「本物の女性」とかといったものが

「どこにもない」理念上の産物である以上、構造的にその「失敗」を運命づけられており、その実現が永遠に不可能であるからこそ絶えず「反復」される（GT: 200）。第五章でみたように、ジェンダー化の「失敗」としてバトラーが例として挙げたのがレズビアンのブッチ／フェム・アイデンティティやドラァグ・パフォーマンスなどであったが、これらは「誤ったコピー」ではなく、これらによって示される「失敗」はあらゆるジェンダーの実践のなかにつねにすでに胚胎しているものである。

しかしながら、エーデルマンがいうように、これらの「反復」は単に否定的なもの、反社会的なものだろうか。むしろ、バトラーがそれらの反復実践に看取したのはセックスやジェンダー、セクシュアリティをそれぞれ「別物」として切り離す可能性であり（GT: 187）、まさにそこに異性愛や性別二元論を「自然なもの」とみなすのではないもう一つ別の社会的世界の可能性を見出したのではなかったか。果たして、「反社会的なもの」は本当に単に「反社会的なもの」なのでしかないのか。「反社会的なもの」のなかに「新たな社会性」が胚胎しているのであるとすれば、反社会性と社会性を対立させることは重要な何かを取り逃してしまわないだろうか。実際、デイモン・ヤングとジョシュア・J・ウェイナーは「近年のクィア理論におけるもっとも重要な議論は、クィアネスの政治的な約束を二つの位置の内のいずれか、すなわち（クィアなバージョンの）社会的なものを「肯定する」べきか、あるいは（私たちが知っているような）社会的なものにクィアとして「反対する」べきか、いずれかを採用するよう定めた」とし、しかしながら、それらの立場を二元論的に理解することは「誤った選択」であり（Young & Weiner 2011: 224）、むしろ「セクシュアリティの規範的なあり方への歪んだ関係が社会的なものへのある種の否定的関係を生むことは、同時に、それが社会的なもののある種の再発明を［…］引き起こすものでもあるということを意味するのである」と述べている（Young & Weiner 2011: 226）。また、ホアナ・M・ロドリゲスも「承認は失敗のリスクを冒すのであり、だからこそ、クィアな社会性は新たな批判的介入として失敗を展開することにかたく結びついているのだ」（Rodríguez 2011: 332）と指摘している。したがって、「承認」と「反社会性」、あるいは「求め」と「怒り」とを対立させて理解することは、誤った問題の立て方であるように私には思われる。むしろ、「反社会性」と「新たな社会性の希求」、「くそったれ！」と「私たちを認めてほしい！」という二つの言明が同時に遂行される、その矛盾や逆説、あるいは「とり乱し」の場にこそ、重要な何かが賭けられているとはいえないだろうか。問題なのは、「求め」と「怒り」のあいだの「不安定な境界を生きる生」なのではないか。そこにこそ、クィアという言葉、その「流用＝翻訳」がもつポテンシャル――「とり乱し」ないし「トラブル」の場を出来させるというポテンシャルがあるのではないか。

　そのような「とり乱し」をクィアのなかに確保しようとする試みとして、ホセ・エステバン・ムニョスが提示したクィア・ユートピア論を理解することができるかもしれない。ムニョスにとって、クィアネスは「いまだここにはない（not yet here）」否定的な形象でありながら、その「否定」のなかに「新しい社会的世界」、すなわち、未来やユートピアの契機を見出すことができるような形象である。「クィアネスは本質的にここといま（a here and now）の拒絶に関するものであり、そして、もうひとつの世界への潜在性あるいは具体的な可能性の主張である」（Muñoz 2009: 1）。ブロッホの『希望の原理』をクィア理論に転用しながら、ムニョスは「いまだここにないもの」のなかに（エーデルマンとは反対に）「未来」を見出そうとするのだ。この意味で、ムニョスにとって、クィアとは「脱自」の様態であり（Muñoz 2009: 187）、すなわち、「自己の外に」ある「とり乱し」の様態にある、といえよう。というのは、ムニョスにとって、クィアとは「いまだここにないもの」として「いま・ここ」の「全体」の「外に」ある、たがの外れた形象であるからだ。それは、「いま・ここ」から排除され、「いま・ここ」に著しく対立しながら、その「否定」のなかに「別の未来と場」（ムニョスの言葉を借りれば“a then and there”）を手繰り寄せる。「互いに我を忘れること（taking ecstasy with another）は、彼方‐と‐彼処（then-and there）、すなわち、いまだ‐ここに‐ないもの（not- yet-here）への誘惑であり、呼びかけである」（Muñoz, 2009, p. 187）。この意味で、ムニョスにとってのクィアとは「夢見ること＝要請」の様態にあると言い換えることもできるだろう。

この観点から、バトラーの『問題なのは身体だ』（1993）の最終章が“Critically Queer”と題されている点に注視したい。それは、この言葉において、クィアに関して上でみたような緊張や両義性を孕んだものとしてバトラーが捉えていることを見出すことができるからである。“critically queer”というこの言葉が私の注意を引くのは、“critically”が副詞である点にある。なぜ、“critical”

という形容詞ではないのだろうか。ここで解釈の可能性として浮かび上がってくるのは、"queer"を名詞ではなく、動詞としてバトラーが捉えている可能性である。したがって、この観点から"critically queer"を直訳すれば、「批判的にクィアする」と訳すことができるだろう。実際、バトラーは『問題なのは身体だ』の最終章「批判的にクィアする」のなかで次のように述べていた。

もし主体の系譜学的批判が現代の言説上の手段によって形成される構成的、排他的な権力関係に対する問いかけであるならば、それに従って、クィア主体についての批判はクィア・ポリティックスの民主化の継続に欠かせないものであるだろう。アイデンティティ用語が使われるべきであり、「アウトであること」が肯定されるべきであるのと同様に、これらの概念自体が生産する排他的作用は批判されなければならない。[…]この意味で、クィア主体の系譜学的批判がクィア・ポリティックスの中心になるのは、それがアクティヴィズムのなかの自己批判的領域を構成している限りにおいて[…]である（Butler 1993: 172-73）。

バトラーにとって、"queer"は名詞ではない。それは、クィアとて、アイデンティティの言説が孕む「他者排除のメカニズム」から自由なわけではないからだ。第五章でもみたように、バトラーは「アイデンティティ用語」を単に斥けたりはしていない。そうではなく、「「アウトであること」

が肯定されるべきであるのと同様に、これらの概念自体が生産する排他的作用は批判されなければならない」のだ。だからこそ、バトラーはクィアを、「名詞」として固定したものではなく、「主体の系譜学的な批判」に開かれた絶えず「動く」ものとして考えているのである。言い換えれば、クィアとはつねに「クィアをクィアする」絶えざる批判のプロセスなのであり、したがってクィアとは動詞的なのであり、言い換えれば、それは決して「全体」として閉じない運動体としてあるべきものなのである。

したがって、クィアが動詞的であるということは、それが〈脱自＝とり乱し〉の様態にあることを意味する。なぜなら、バトラーにとって、クィアは全体への回収を志向するものではなく、むしろ、批判的に「自己の外へ」と開こうとする運動だからである。この観点からみて、バトラーがあるインタビューで語った次の言葉は非常に印象的なものである。

私はたくさんの人々が自分自身をとても逆説的な位置に見出すと思います。私はクィアであるということに少し疲れています。先日ある方が私に声をかけて、学会にいくかとたずねました。私はこう言いました、「さあ。私は最近クィアじゃないんだ」と。もちろん、私はいわば全体的に（totally）クィアです。十六のときからずっとそうでした。しかし私はクィアとして私自身を脱構成したい。私が言いたいのは、四六時中一〇〇パーセントクィアであることは難しいということであり、私はヘーゲルのように振る舞う（*do* like Hegel）ということです（Butler 1992b:

85、強調原文）

バトラーはここで自らが「クィアである」ことを、ヘーゲル的な「全体的に totally」の意味で解している。だが、私たちが本書第二章でみたように、バトラー＝ヘーゲル的な意味での「全体的に」とは詰まるところ「全体ではない」という「否定」ではなかっただろうか。実際、バトラーはこのインタビューで自らが「四六時中一〇〇パーセントクィア」であるわけではないことを述べている。そして、以上の言葉の冒頭には、「たくさんの人が自分自身をとても逆説的な位置に見出すと思います」とある。つまり、バトラーはクィアを「全体」に回収されない否定や矛盾、逆説を孕み、全体として回収されない〈脱自＝とり乱し〉の様態にあるものとして解しているのである。したがって、「ヘーゲルのように振る舞う」という最後の言葉における"do"を、もし私たちが代動詞として解釈するなら、「ヘーゲルのようにクィアする」と読むことができるだろう。

以上のバトラーの言葉を敷衍するならば、クィアとは「脱自」あるいは「とり乱し」の様態にある、絶えず外部に開かれた、あるいはその外部への〈開かれ〉を維持するような「夢見ること＝要請」の運動であるといえるのではないだろうか。この意味で、クィアとはひとつの「流用」の試みであるとともに、まさしく「翻訳」の試みとしてある。クィアとは、自己の内部の他者性に自らを開き、絶えず自己を更新させるような翻訳の運動なのである。そして、その運動は、まさに「怒り」と「求め」のあいだの「とり乱し」、その両義性のなかに出来する。クィアは、現状の社会性への「怒り」を込めた批判的運動であるとともに、新たな社会的世界を到来させようとする「求め」の運動でもあるのだから。ムニョスが述べていたように、クィアには「いまだここにない」ものとして社会に「怒り」を伴った敵対性と、そこに託される「彼方と彼処」という新たな社会的世界への「求め」とが交錯しているのである。

ところで、このような「怒り」と「求め」のあいだのとり乱しや両義性の場はなにもクィアにのみ見出されるわけではない。実際、ウェンディ・ブラウンは後期近代における北米のアイデンティティ・ポリティクスを論じながら似たことを指摘している。彼女によれば、アイデンティティ・ポリティクスとは、「自由な個人」の「平等」を原則とするリベラリズムが前提にする「普遍的な「私たち」」から排除されたそのルサンチマンないし「怒り」による「リベンジ」であるという。「政治化されたアイデンティティ」は、リベラルな「私たち」からの「排除」の経験、その「痛み」や「傷」と結びついており（Brown 1995: 74）、その「排除」に対する報復、すなわち「怒り」の発露なのである。このように、ブラウンは、アイデンティティ・ポリティクスとリベラリズムの関係を「個別的な「私」と普遍的な「私たち」の緊張」（Brown 1995: 56）として捉える。しかしながら、ここで私たちにとってブラウンの議論が示唆的であるのは、彼女が「傷」を「ルサンチマン」ないし「怒り」、あるいはそれによる「リベンジ」にのみ還元していないからであり、彼女は「傷が求めているもの」が「リベンジ以上のもの」であることを同時に示唆してもいるからである（Brown 1995: 74）。実際、ブラウンは次のような「読み」を提案している。

もし私たちが「私は存在する＝私は〜である」（"I am"）の言語——それはアイデンティティを防衛的に閉じること、位置の固定性を主張すること、社会的な位置づけを道徳的な位置づけと等価とみなすことに結びついている——を「私はこれを私たちのために求める」（"I want this for us"）の言語にとり替えるよう努めるとすれば、どうだろう。（これは、政治的あるいは集合的な善を欲望として形象化しているので、それ自身をリベラルな自己利害の表現から区別する「私は求める」（"want"）である。）［…］このプロジェクトが関わるであろうものは、「私は存在する」を以下のように語り、そしてそれだけでなく以下のように読むことを学ぶことにあるだろう。すなわち、潜在的に運動しているものとして、時間的なものとして、私ではないもの（not-I）として、固定した利害あるいは経験よりもむしろ求め（want）の系譜学に従って脱構築しうるものとして、である。このように、（現在進行中の）欲望の系譜学の効果として理解された主体は［…］主権的なものとしても、決定的なものとしても現れない。たとえ、それが「私」として肯定されているときでさえ（Brown 1995: 75）。

「私は存在する＝私は〜である」という「政治化されたアイデンティティ」の言明、その「怒り」の表明のなかに、同時に、「私はこれを私たちのために求める」という（リベラリズムの想定する「普遍的な「私たち」」とは異なる）新たな「私たち」へと向かう「求め」の運動を「読む」よう、ブラウンは私たちに促しているのである。

ここで、私たちはバトラーの翻訳行為をブラウンのいう「求めの系譜学」として考えることができるかもしれない。バトラーが遂行しようとする「翻訳」とは、既存の「普遍的な「私たち」」のなかで排除され、虐げられ、黙殺されてきた者たちの「傷」、そしてその発露としての「怒り」のなかに潜在する「求め」の契機を注意深く拾い上げ、その「求め」を「新しい「私たち」」の共同性として紡ぎだそうとする「夢見ること＝要請」の試みである、ということができるのではないだろうか。

そのような試みは富山も述べていたように、ある困難な思考の様式を要求する。バトラーの思考とは「「わたしたち」の困難さにとどまりつづける」思考である、と富山は指摘していた。実際、『自分自身を説明すること』において、「私たち」を原理的に「単数形」として理解し、「他者排除」のメカニズムを孕んだものとして捉えるアドリアナ・カヴァレロの論を援用しながら、しかし、バトラーはそれでもなお、括弧のなかで次のような望みを記している。

> （カヴァレロが警告しているにもかかわらず、私がここで複数形の私たちに訴えていることにお気づきだろう。というのは、私たちがそれをあきらめなければならないことに私は確信がもてないからである）（GA: 33、強調原文）。

だが、この「複数形の私たち」を維持することはきわめて困難な営みなのであって、というのも、「新しい「私たち」」が再び「単数形の私たち」に落ち込む可能性はつねに孕まれているからである。したがって、この困難をすぐさま「新たな「私たち」」でもって補填し完了することなく「求めの系譜学」を遂行しつづけるには、まさにその困難をまえに「とり乱す」というその様態を維持しなければならないだろう。バトラーが切り開き、とどまろうとする場とは、まさにこの「とり乱し」の場、「怒り」と「求め」がない交ぜになった「とり乱し」の場に他ならない。そして、この「とり乱し」の場こそが、「新しい「私たち」」という共同性を絶えず要請するのであり、この「とり乱し」という「要請」の場をこそバトラーは堅守しようとするのである。

したがって、バトラーのテクスト、その「闘い」に私たちが見出すことができるのは、共にとり乱しながら思考することへの呼びかけである。そして、「共にとり乱しながら思考すること」は、既存の「私たち」を「新しい「私たち」」へと絶えず明け渡すことを要請する。バトラーの「生と哲学を賭けた闘い」はこのような共同性への要請によって促されたものなのであり、それゆえ、彼女が呼びかけるのは「とり乱している者たち」なのである。「とり乱しの共同体」とさしあたり読んでおきたいこの共同性への執拗な志向が、バトラーの思索、その「闘い」を絶えず衝き動かしているのだ。

思うに、私がそれでも「私たち」に向けて語ることができ、その言葉のなかに私自身を含めることができるのであるのなら、私が語りかけているのはとり乱しながら（in certain ways beside ourselves）生きている者たちに対してである。それが性的な情熱であれ、感情的な嘆きであれ、あるいは政治的な怒りであれ。ある意味で困難なのは、とり乱している者たちから成る共同体とは何かを理解することである（UG: 20、強調原文）。

「とり乱して」と訳した“beside ourselves”は、「私たち自身をわきに置いて」と直訳することもできる言葉である。[*2]「とり乱し」において互いに結びつきながら「私たち自身をわきに置く」ような「とり乱しの共同体」――それはたしかに把捉し難く、理解するのが困難な共同性である。だが、そこからたしかに何かが生まれるのであり、バトラーはその可能性を決して手放そうとはしない。

注釈

序論

＊1　この声明文に関しては、以下のサイト（http://www.sueddeutsche.de/kultur/us-wahl-amerikas-intellektuelle-stehen-unter-schock-1.3243193）を参照。邦訳に関しては以下のサイト（http://d.hatena.ne.jp/ima-inat/20161111/1478838556）を参照。

第I部　哲学

第一章

＊1　ギブソン松井佳子も同様のことを指摘している（ギブソン松井　二〇〇二：六二）。

＊2　バトラーにおけるキルケゴールの影響に関しては、Thonhauser 2011 を参照。

＊3　他には、実存主義的神学や、ドイツ観念論とナチズムとの関係などがテーマとして挙げられている（Butler 2006a: 277）。

＊4　バトラーは、倫理の研究に従事しながら非倫理的な生涯を送ったマックス・シェラーを例に挙げている。

＊5　例えば、イルミヤフ・ヨベルは『スピノザ——異端の系譜』のなかで、ヘーゲル哲学を「スピノザとカントの弁証法的統一」（ヨベル　一九九八：三二七）と説明している。

＊6　「規定（限定）は否定である」というスピノザの命題は彼の書簡に認められる一節である。この一節（及び書簡）はドイツ観念論の哲学者に広く影響を与えたものだった。この影響に関しては、笹澤　一九九〇や栗原　二〇一一、ビルギット　二〇一三を参照。

＊7　実際、後藤浩子は「バトラー的哲学史」と（批判的にではあるが）呼んでいる（後藤　二〇〇七）。

＊8　バトラーのスピノザにおける「自殺」に関するより詳細な議論は第九章を参照。

第二章

＊1　岡本裕一郎は『ヘーゲルと現代思想の臨界——ポストモダンのフクロウたち』で「二重タイトル問題」などに触れながら、「もし、『精神現象学』のこうした「混乱」に触れることなく、あたかも一つの統一的な書物であるかのように考えるとすれば、この書物そのものを「神話」化していると言わなくてはならないだろう」と述べている（岡本　二〇〇九：一〇）。

＊2　他には、ディドロの『ジャックとその奴隷』が挙げられている。

＊3　脱自とは「自己の外に」を意味する。ロイドはバトラーの「脱自」概念に触れながら次のように述べている。「脱自（ek-stasis）とは［…］「自分自身の外に立つこと」を意味するために用いられたハイデガーの用語である」

（Lloyd 2007: 138）。

＊4　おそらく、念頭に置かれているのは以下の文であろう。「私の考えは体系が叙述されたときにはじめて是認されるようなものであるが、この私の考えによれば、大切なことは、真理を実体としてではなく、同様に主体として把捉し、表現することである」（Hegel 1980: 18）。この文はヘーゲル研究者のあいだで議論になっている箇所でもある。文法的には「…ではなく」の後は「…である」が、「単に…でなく」には「同様に…」が対応すべきであるが、この文章はそれらを混ぜ合わせたような構成になっている。この点について、例えば熊野純彦は『ヘーゲル――〈他なるもの〉をめぐる思考』で、「この混乱はしかし混乱ではなく、ヘーゲルが意図的に犯している文法への侵犯であろう」と述べている（熊野　二〇〇二：九）。

＊5　この喜劇性は同時にメランコリックなものであるともいいうるだろう。ヘーゲル的主体は「喪失」を「嘆かない」のだから。バトラーが描く「ヘーゲル的主体」がメランコリーの構造をもつものでもある点に関しては、以下の論文ですでに考察した。拙論（藤高　二〇一六a）を参照。

＊6　バトラーにおける欲望の「内的差異」については、岡崎&日比野　二〇一三を参照。

第三章

＊1　これがいかに歴史的に重要な講義であったかは、その出席者の名を一瞥すればわかる。バタイユやラカン、メルロ＝ポンティといったその後フランスの思想界を牽引する思想家が名を連ねているのである。

＊2　マルセル・シュテッツラーは『欲望の主体』におけるこの「トラブルと熱望――『存在と無』における

性的欲望の循環」の節が『ジェンダー・トラブル』の「ゼロ章」であると述べている（Stoetzler 2005: 356）。たしかに私たちがみてきたように、そこではじめて欲望はトラブルとして定式化されており、またバトラー自身『ジェンダー・トラブル』でサルトルの欲望論が自身のアイディアのヒントになったと述べている（GT: xxx）。『ジェンダー・トラブル』ではこの欲望のトラブルはジェンダー規範を攪乱する生産的なものとして肯定されることになる。この点については第五章を参照。また、バトラーとサルトルの思想的関係に関しては、以下でも考察した。拙論（藤高　二〇一六b）を参照。

＊3　明らかに第四章の記述は他の章と比べてバランスが悪い。第二章ではコジェーヴとイポリットを中心に、第三章ではまるまるサルトルに関する記述がなされているのに対して、第四章で扱われる思想家は五人であり、したがって各々の記述はヘーゲルやフランス実存主義に比べて非常に少ない。このアンバランスな記述は本章の成立事情から明らかである。第四章は一九八六から一九八七年の約一年のあいだに書かれた。つまり、一九八四年の博士論文の時点ではサルトルまでの考察で終わっているのである。第四章は出版の際につけ加えられた一章であり、バトラーはそれを「若書き」の一種と述べている。

＊4　引用に際しては、バトラーが引いている英訳（SD: 236）を参照して筆者自身が訳した。

第四章

＊1　第六章で八〇年代バトラーのジェンダー論を改めてパフォーマティヴィティとの関連から考察する。

＊2　だが、このことはバトラーが現象学を「乗り越えた」ということを意味しない。むしろ、このことが示唆しているのは、サラ・サリーがいうように「バトラーの著作すべてに現象学とヘーゲルが脈々と流れている」（Salih 2002: 43）ことなのである。また、二〇〇〇年代以降になるとバトラーは現象学を積極的に論じるようになる。興味深いことに、フェミニスト現象学者であるリサ・フォークマーソン・シェルは、メルロ＝ポンティの「肉の感覚」とバトラーの「傷つきやすさ（vulnerability）」とのあいだに必然的な結びつきを見出している（シェル　二〇一四：八六－九〇）。実際、バトラーは自らの身体論とメルロ＝ポンティの肉に関する理論の類似性を指摘している（BTM: 38）。また、ボーヴォワールに関しても、マーフィーはボーヴォワールの「両義性」の理論とバトラーの「傷つきやすさ」の理論の共通性を指摘している（Murphy 2013）。

第五章

＊1　第二波フェミニズムの象徴的な組織ＮＯＷ（全米女性機構）の初代会長ベティ・フリーダンは一九六九年にレズビアンを「ラベンダー色の脅威」と呼び、排斥しようとした。レズビアン・フェミニズムはこのような排除に抗して形成された運動である。

＊2　ブッチ／フェムは日本語では「男役／女役」や「タチ／ネコ」と訳されることが多いが、しかし、清水晶子が指摘しているように、「前者［タチ／ネコ］が性行為における役割区分を基本とするのに対して、後

者「ブッチ／フェム」は外見的な役割区分がその基本に存在し、両者を同等とみなすことはできない」（清水二〇〇三：六四-六五）。また、清水は「レズビアンジェンダーの理論的再評価の糸口を開いた代表的な論文の一つ」スー＝エレン・ケースの「ブッチ-フェムの美学に向けて」を論じながら、ブッチ／フェム文化がレズビアン・フェミニズムによって批判された理由を次のように論じている。「この中でケースは、中流階級のレズビアンフェミニストがブッチ・フェム関係を強く否定した理由の一つを、彼女達の階級的上昇志向に見出している。白人中流階級の異性愛者フェミニストと協力していく過程で、レズビアンフェミニスト達は、労働者階級の、そしてしばしば有色人種の女性主体のレズビアンバーで花開いたブッチ・フェム関係を、因習的なジェンダー役割を反動的に模倣するものであり、「女」同士の対等な関係性を追求する「本当のレズビアニズム」の精神にそぐわない、と批判したのである」（清水二〇〇三：五二-五三）。

＊3　このようなレズビアンの立場からのフェミニズムへの批判は、日本では九〇年代に掛札悠子によって同種の批判がなされたといえる（掛札　一九九二）。

＊4　冨山は次のように述べている。「同書〔『ジェンダー・トラブル』〕の登場の前に書かれたベル・フックスの作品を読んだとき、ベル・フックスの『理論的』意義が分からないという疑問が提出されたことがある。そしてこの「理論的」意義により、フックスとバトラーは切断されてしまう。ある作品を「研究史」なるものによって時系列的に整理し、了解した気になってしまう解釈の共同体により、同書が、八〇年代における第三世界のフェミニストやブラック・フェミニズムによる白人フェミニズムへの批判の中から登場したという事実が見過ごされてしまう。「理論的」という言葉により、フックスはバトラーと切断されたのだ」（冨山　二〇〇〇：

一〇五)。

＊5　近年では、フーコーの法概念を批判的かつ生産的に捉え返す研究もある。また、アガンベンの『ホモサケル』もフーコーの法概念を「生産的なもの」として捉え返す試みといえる。フーコー自身の理論に法がますます「規範」に近くなるなどの重要な指摘があるとはいえ、法＝抑圧という図式にフーコーがこだわりつづけているのは事実であろう。

＊6　近藤は次のように述べている。「フーコーは、このようなタイプの「抑圧的」で統一的な「主権的権力」としての「権力」概念を否定することからその分析をはじめることで、「生産的」と呼ばれる「権力」概念の分析の可能性をひらく」(近藤和敬　二〇一一：一七三)。

＊7　ロイドがバトラーの弁証法を「非総合的弁証法」と呼ぶのはそのためであろう(Lloyd 2007: 19)。

＊8　ここでは、オースティンをはじめとしたパフォーマティヴィティの議論を念頭に置いている(パフォーマティヴな発話は「真／偽」ではなく「成功／失敗」を基準として計られる)。言語行為論のパフォーマティヴィティとバトラーとの影響関係については第七章で詳述する。

＊9　ジェイムス・クリフォードは論文「アイデンティティ・ポリティックスを真剣に考察する」のなかで、アイデンティティ・ポリティックスをめぐる今日の状況を次のように描いている。「アイデンティティ・ポリティックスは今日、あらゆる方面から攻撃を受けている。政治的な右翼はただ文明の(つまりナショナルな)伝統に対する争いの種になるような非難をそこにみるだけであり、左翼の合唱団の方は共通の夢の黄昏、つまり抵抗を累積する政治が断片化していることを嘆いている。他方、ポスト構造主義者の傾向をもつ知識人は、

部族や民族、ジェンダー、人種、性的なもの、といった留め具にもとづいた運動に直面すると、反・本質主義の引き金を素早く引くのである。いまや疑いもなく、狭く定義され、攻撃的に維持されたグループ・アイデンティティは、より広い、より包摂的な連帯の深刻な障害物でありうるのである」(Clifford 2000: 94-95)。同様の状況診断は日本においても当てはまるように思われる。

第Ⅲ部　パフォーマティヴィティ

第六章

＊1　正確には、「パフォーマティヴ・アクトとジェンダーの構成」において、ジョン・サールに一か所、簡単な言及があるだけである(Butler 1988: 519)。

＊2　ウィティッグを後者の視点から読むバトラーの論考として Butler 2007b がある。この論考にはバトラーがウィティッグを知った経緯も説明されていて興味深い。

＊3　だが、その批判がバトラー思想の受容とともにあまりに強調されたために、ウィティッグの「遺産」は忘却される傾向にあるように思われる。そのため、本章ではむしろ共通性の方を強調している。

第七章

＊1　実際、バトラーは次のように述べている。「身体に付属する一連の「物質性」、つまり、生物学、解剖学、生理学、ホルモン、化学組成、病気、年齢、体重、代謝、生、死といったものによって意味されるものを認めたり、肯定することは可能であるにちがいない。これらのいずれも否定しようがない」（BTM: 36）。

＊2　この点については拙論（藤高　二〇一五ｄ）を参照。

第八章

＊1　例えば、（PL: 33）を参照。

＊2　ここでは、五〇年代のラカンの思想を念頭に置いて考察を進めている。それは、ラカンが想像界／象徴界／現実界の体系化をとくに行った時期であり、その硬直した体系にバトラーが批判を加えているからである。

＊3　シスジェンダー（cisgender）とは非トランスジェンダーを指す言葉で、出生時に割り当てられたジェンダーに違和感をもたないひとを指す。

＊4　例えば、バトラーは『偶発性・ヘゲモニー・普遍性』で次のように述べている。「エリティエは同様の議論を、レヴィ＝ストロースの文化人類学の観点から展開していて、この点について自然に逆らうようなことをすれば、重大な心的結果があらわれてくると述べている。実際このような主張は成功をおさめ、その結果、フランスの国民議会が最終的にこの法案を通したとき、ゲイやレズビアンの養子縁組の権利ははっきりと否定され、自然にも文化にも反するそのような環境で生まれ育った子供たちは、精神病になると危惧された。／エリテ

ィエが引いてきたのは、レヴィ＝ストロースの著作のなかに見られる概念――あらゆる文化的な理解可能性の根底にある「象徴的な」ものの概念――である。ジャック＝アラン・ミレールもこれに賛同し、同性愛者たちには対しては、彼らの関係には承認を与えるべきだが、彼らに婚姻と同様の法的措置を適用することはできないと言う。というのも、夫婦間の忠誠は「女性的なものの存在」によって保障されており、ゲイ男性には、彼らの関係を繋ぎとめておくこの重要な要素が欠けていると見うけられるからだという」(Butler 2000c: 146)。

＊5　以下、「自我とエス」及び「喪とメランコリー」からの引用は中山元訳とバトラーが引用している英訳双方を参考にしたものである。

＊6　フロイトは次のように述べている。「このアンビヴァレンツの葛藤は、現実的な要因に由来するものであることも、素質に由来するものであることもあるが、いずれにしても鬱病の発病の前提として無視できない」（フロイト　二〇〇八：一一七）。そして、このような両価性を背景に、「自我の一部が批判的な審級として分離され」（フロイト　二〇〇八：一一〇）るのである。

＊7　実際、フロイトは次のように述べている。「ただし動機によってはこの喪失が、はるかに観念的な性格のものとなる場合もある」（フロイト　二〇〇八：一〇五）。

第九章

＊1　例えば、レヴィナスは次のようにスピノザを批判している。「顔は私に、汝殺すなかれ、と命じます。顔に対する関係において私は、他者の場所の横領者として暴露されます。スピノザが〈存在への努力〉(conatus essendi) と呼んで、あらゆる可知性の基本的原理として定義したあの有名な「存在への権利」は、顔に対する関係によって咎められるのです。その結果、私の他者に対する応答の義務は、私がもつ自己保存のための自然権を、すなわち〈生存権〉(le droit vital) を一時的に停止させることになります。私の他者に対する倫理的な愛の関係は、自分一人では生きていくことは不可能であり、また自分自身の〈世界内存在〉の圏内に、すなわち自同性の存在論の圏内に意味を見出すことも不可能である、という事実に由来します」(レヴィナス 一九八八：一〇八)。

＊2　バトラーとドゥルーズのスピノザ解釈の差異にも、ここで簡単に確認しておこう。バトラーはドゥルーズとの差異として、コナトゥスに「否定性」の契機を導入するか否かにみている (DL: 111)。バトラーにとって「否定性」の導入は、「承認」のような社会的概念をコナトゥスに読み込む上で必要な作業だが、ドゥルーズのスピノザ解釈にはこのような「否定性」の余地がないとされる。言い換えれば、バトラーはある種のヘーゲル主義的な観点からコナトゥスを読み直しているのであり、したがって両者の差異はヘーゲルの位置づけに関わるのかもしれない。

第一〇章

＊1　このバトラーの議論は、堀江が『レズビアン・アイデンティティーズ』で掛札の議論を引き継ぎながら「怒りの共同性」を模索する議論と共振するだろう（堀江　二〇一五）。この点については、拙論（藤高　二〇一七b）を参照。

結論に代えて

＊1　ただし、清水がそれを認めているのは『短論文』から『知性改善論』までの著作である。これに反して、エティエンヌ・バリバールはスピノザの全哲学を「コミュニケーションの哲学」と捉え返している（バリバール　二〇一一）。また、この点については、河村　二〇一四も参照。

＊2　この章の議論において、私は幾度も「とり乱し」という言葉を用いたが、それはもちろん田中美津の『いのちの女たちへ――とり乱しウーマン・リブ論』を念頭に置いてのことである。バトラーと田中の思想的な共振に関しては以下で若干考察した。拙論（藤高　二〇一七b）を参照。

参考文献

バトラーのテクスト

＊（）内は初出年を示し、初出年順に並べた。また、繰り返し引用を行ったテクストに関しては略記号を用いた。

Butler, Judith, 1985, "Geist ist Zeit: French interpretations of Hegel's Absolute," in *Berkshire Review*, vol. 20, pp. 66-80.

——, 1986, "Sex and Gender in Simone de Beauvoir's Second Sex," in *Yale French Studies*, no.72, pp. 35-49.

——,（1987）1999, *Subjects of Desire: Hegelian Reflections in Twentieth-Century France*, New York: Columbia University Press.〔SDと略記〕

——,（1987）2010a, "Variations on Sex and Gender: Beauvoir, Wittig, Foucault," in *The Judith Butler reader*, edited by Salih, Sara & Butler, Judith, Singapore: Blackwel Press, pp. 21-38.

——, 1988, "Performative Acts and Gender Constitution: An Essay in Phenomenology and Feminist Theory," in *Theatre Journal*, vol. 40, pp.519-31.（＝一九九五、吉川純子訳「パフォーマティヴ・アクトとジェンダーの構成——現象学とフェミニズム理論」『シアターアーツ』vol. 3、五八－七三頁。）

——, 1989a, "Sexual Ideology and Phenomenological Description: A Feminist Critique of Merleau-Ponty's

Phenomenology of Perception," in Allen, Jeffner and Young, Iris Marion, ed., *The Thinking Muse: Feminism and Modern French Philosophy, Bloomington and Indianapolis*: Indiana University Press, pp.85-100.

——, 1989b, "Foucault and the Paradox of Bodily Inscription," in *The Journal of Philosophy*, vol. 86, no. 11, pp. 601-07.

——,（1990）2010, *Gender Trouble: Feminism and the Subversion of Identity*, New York and London: Routledge Press.（＝（一九九九）二〇〇六、竹村和子訳『ジェンダー・トラブル——フェミニズムとアイデンティティの攪乱』青土社、高橋愛訳「『ジェンダー・トラブル』序文（一九九九）」『現代思想』vol. 28- 14、六六－八三頁。）〔GT と略記〕

——, 1990a, "The force of fantasy: Mapplethorpe, feminism, and discursive excess," in *Differences: A Journal of Feminist Cultural Studies*, vol. 2(2), pp.105-125.

——, 1990b, "Gender Trouble: Feminism Theory, and Psychoanalytic Discourse," in *Feminism/Postmodernism*, edited by Nicholson, L. J., New York, Routledge, pp. 324-340.

——,（1991）2010b, "Imitation and Gender Insubordination," in *The Judith Butler reader, edited by Salih, Sara & Butler, Judith*, Singapore: Blackwel Press, pp.119-137.（＝一九九六、杉浦悦子訳「模倣とジェンダーへの抵抗」『imago』vol. 7（6）、一一六－一三五頁。）

——, 1992a, "Sexual Inversions," in *Discourse of Sexuality: From Aristotle to AIDS*, edited by Stanton, Domna C., The University of Michigan Press.

——, 1992b, "Gendering the Body: Beauvoir's Philosophical Contribution," in *Women, Knowledge, and Reality:*

Explorations in Feminist Philosophy, edited by Garry, A. and Pearsall, M. New York & London: Routledge: 253-62.

———, 1992c, "Contingent foundations: Feminism and the question of 'postmodernism'," In *Feminists theorize the political*, edited by Butler, Judith and Scott, Joan W, New York and London: Routledge Press, pp.3-21.

———, 1992d, "The Body you want: Liz Kotz interviews Judith Butler," in *Artforum* 31, no. 3, pp.82-89.

———, (1993) 2015a, "Kierkegaard's Speculative Despair," in *Butler, Judith, Senses of the Subject*, Fordham University Press, pp.112-148.

———, (1993) 2011, *Bodies that Matter: On the Discursive Limits of "Sex,"* London and New York: Routledge.〔BTMと略記〕

———, 1993, 〝Endangered/Endangering: Schematic Racism and White Paranoia,〟 in *Gooding-Williams, Robert, ed., Reading Rodney King/Reading Urban Upspring*, Routledge, pp.15-22.

———, with Osborne, P. and Segal, L., 1994a, Interview, "Gender as Performance," in *Radical Philosophy*, vol. 67, pp.32-39.（＝一九九六、竹村和子訳「パフォーマンスとしてのジェンダー」『批評空間』第Ⅱ期 vol.8、四八－六三頁。）

———, with Rubin,Gayle, 1994b, "Sexual Traffic," in *differences: A Journal of Feminist Cultural Studies*, vol. 6(2-3), pp.62-99.

———, 1996, "Universality in Culture," in Cohen, Joshua, ed., For Love of Country: Debating the Limits of Patriotism, Beacon Press, pp.45-52.（＝二〇〇〇、辰巳伸知、能川元一訳「文化における普遍性」『国を愛するということ――愛国主義の限界をめぐる論争』人文書院、八八－一〇〇頁。）

——, 1997, *The Psychic Life of Power: Theories in Subjection*, California : Stanford University.（＝二〇一二、清水知子・佐藤嘉幸訳『権力の心的生——主体化＝服従化に関する諸理論』月曜社）〔PPと略記〕

——,（1997）2008, *Excitable Speech: A politics of the Performative*, London and New York, Routledge.（＝二〇〇四、竹村和子訳『触発する言葉——言語・権力・行為体』岩波書店。）〔ELと略記〕

——, 1997, "Merely Cultural," in *Social Text*, vol. 52(3): pp. 265-277.（＝一九九九、大脇美智子訳「単に文化的な」『批評空間』第Ⅱ期 vol. 23、二二七－四〇頁。）

——,（1998）2001, "How Can I Deny That These Hands and This Body are Mine?," in *Material Events: Paul de Man and the Afterlife of Theory*, edited by Tom, Cohen, et al., Minneapolis: Minnesota University press, pp. 254-73.

——, Cornel, Drucilla, Cheah, Pheng, and Grosz, Elizabeth, 1998, "The Future of Sexual Difference: An Interview with Judith Butler and Drucilla Cornel," in *diacritics*, vol. 28-1（Spring 1998）.（＝二〇〇〇、板場純子訳「性的差異の未来——ジュディス・バトラー、ドゥルシラ・コーネルとのインタビュー」『現代思想』vol. 28-14、一二六－五三頁。）

——, with Salih, Sara, 2000a, Interview, "Changing the Subject: Judith Butler's Politics of Radical Resignification," in *The Judith Butler reader*, edited by Salih, Sara & Butler, Judith, Singapore: Blackwel Press, pp. 325-356.

——, 2000b, *Antigone's Claim: Kinship between life and death*, New York : Columbia University Press.（＝二〇〇二、竹村和子（訳）『アンティゴネーの主張　問い直される親族関係』青土社。）

——, Laclau, Ernesto, and Žižek, Slavoj, 2000c, *Contingency, Hegemony*, Universality: Contemporary Dialogues on the Left, New York and London : Verso Press.（＝二〇〇二、竹村和子・村山敏勝訳『偶発性・ヘゲモニー・普遍性——新しい対抗政治への対話』青土社。）

——,（2001）2010c, "What is Critique? An Essay on Foucault's Virtue," in *The Judith Butler reader*, edited by Salih, Sara & Butler, Judith, Singapore: Blackwel Press, pp.302-322.

——, 2003, "Afterword," in *The Scandal of the Speaking Body: Don Juan with J. L. Austin, or Seduction in Two Languages*, Stanford, California; Stanford University Press, pp. 113-123.

——, 2004, *Undoing Gender*, New York and London: Routledge Press.〔UG と略記〕

——,（2004）2006, *Precarious Life: The Powers of Mourning and Violence*, Verso.（＝二〇〇七、本橋哲也訳『生のあやうさ——哀悼と暴力の政治学』以文社。）〔PL と略記〕

——, 2004a, "Merleau-Ponty and the Touch of Malebranche," in Carman, Taylor and Hansen, Mark, eds., *The Cambridge Companion to Merleau-Ponty*, Cambridge University Press, pp. 181-205.

——, 2004b, "Bodies and Power Revisited," in Taylor, Diana and Vintges, Karen, ed., *Feminism and the Final Foucault*, Urbana and Chicago: University of Illinois Press, pp. 183-194.

——, 2005, *Giving an Account of Oneself*, New York: Fordham University Press.（＝二〇〇八、佐藤嘉幸・清水知子訳『自分自身を説明すること——倫理的暴力の批判』月曜社。）〔GA と略記〕

——, 2006, "The Desire to Live: Spinoza's Ethics under Pressure", in *Politics and the Passions*, 1500-1850, edited by Victoria Kahn, Neil Saccamano, and Daniela Coli, Princeton University Press, pp. 111-130.〔DL と略記〕

——, with Kirby, Vicky,（2006）2007a, Interview, "Butler Live," in Kirby, Vicky, 2007, *Judith Butler: Live Theory*, London and New York, Continuum.

——, 2006a, "Afterword," in *Bodily Citations: Religion and Judith Butler*, edited by Armour, Ellen T, and Ville, Susan M. St. , Columbia University Press, pp. 276-292.

——, 2006b, "Sexual Difference as a Question of Ethics: Alterities of the Flesh in Irigaray and Merleau-Ponty," in Olkowski, Dorothea and Weiss, Gail, ed., *Feminist Interpretations of Maurice Merleau-Ponty*, pennsylvania University Press, pp. 333-347.

——,（2006）2015a, "Violence, Nonviolence: Sartre on Fanon," in *Butler, Judith, Senses of the Subject*, Fordham University Press, pp. 171-197.

——, and Gayatri Chakravorty Spivak,（2007）2010, *Who Sings The Nation-State?*, Calcutta : Seagull Books Press.（＝二〇〇八、竹村和子訳『国家を歌うのはだれか?』岩波書店。）

——, 2007b, "Wittig's Material Practice: Universalizing a Minority Point of View," in GLQ, vol. 13, no. 4, pp. 519-533.

——, 2009, *Frames of War: When Is Life Grievable?*, London and New York: Verso.（＝二〇一二、清水晶子訳『戦争の枠組み——生はいつ嘆きうるものであるのか』筑摩書房。）〔FW と略記〕

———, and Malabou, Catherine, 2010d, *Sois mon corps: Une lecture contemporaine de la domination et de la servitude chez Hegel*, Bayard.

———, 2012a, *Parting Ways : Jewishness and the Critique of Zionism*, New York, Columbia University Press.

———, 2012b, "To Sense What is Living in the Other: Hegel's Early Love," in *100 Notes-100 Thoughts*, no. 66.

———, 2012c, "On This Occasion...," in Faber, Roland, Halewood, Michael, and Lin, Deena ed., *Butler on Whitehead*, Lexington Books, pp. 3-18.

———, Puar, Jasbir, Berlant, Lauren, Cvejic, Bojana, Lorey, Isabal, and Vujanovic, Ana, 2012d, 〝Precarity Talk,〟 in *TDR/The Drama Review*, vol. 56, issue. 4, pp. 163-177.

———, 2015b, *Notes toward a Performative Theory of Assembly*, London: Harvard University Press.

———, 2016, "Rethinking Vulnerability and Resistance," in Butler, Judith, Gambetti, Zeynep, and Sabsay, Leticia, ed., *Vulnerability in Resistance*, Duke University Press, pp. 12-27.

欧語参照文献

Brown, Wendy, 1995, *States of Injury: Power and Freedom in Late Modernity*, Princeton University Press.

Clifford, James, 2000, "Taking Identity Politics Seriously: the Contradictory, Stony Ground...," in *Without Guarantees: Essays in Honour of Stuart Hall*, eds. Paul Gilroy, Lawrence Grossberg, and Angela MacRobbie,

London: Verso Press, pp. 94- 112.

Coole, Diana, 2008, "Butler's Phenomenological Existentialism," in Carver, Terrell and Chambers, Samuel A, ed., *Judith Butler's Precarious Politics: Critical Encounters*, London and New York: Routledge, pp. 11-27.

Crowder, D. G, 2007, "From the Straight Mind to Queer Theory," in *GLQ*, vol. 13, no. 4, pp. 489-503.

Deleuze, Gilles, 1968, *Spinoza et le problème de l'expression*, Les Éditions de Minuit.（＝一九九四、工藤喜作・小柴康子・小谷晴勇訳『スピノザと表現の問題』法政大学出版局。）

Edelman, Lee, 2004, *No Future: Queer Theory and the Death Drive*, Duke University Press.

Felman, Shoshana, 2003, *The Scandal of the Speaking Body: Don Juan with J. L. Austin, or Seduction in Two Languages*, Stanford, California; Stanford University Press.

Foucault, Michel, 2010, *Surveiller et punir: Naissance de la prison*, Gallimard.（＝二〇〇七、田村淑訳『監獄の誕生——監視と処罰』新潮社。）

——, 1976, *Histoire de la sexualité 1: La volonté de savoir*, Gallimard.（＝二〇〇六、渡辺守章訳『性の歴史I——知への意志』新潮社。）

Halberstam, Judith, 2000, "Foreword: The Butch Anthropologist Out in the Field," in *Newton, Esther, Margaret Mead Made Me Gay: Personal Essays Public Ideas*, Durham & London: Duke University Press, pp. ix-xviii.

——, 2005, *In a Queer Time and Place: Transgender Bodies, Subcultural Lives*, New York and London: New York University Press.

Hegel, Georg Wilhelm Friedrich, 1980, *Phänomenologie des Geist*, in Bonsiepen, Wolfgang and Heede, Reinhard, ed., Gesammelte Werke, no. 9, Hamburg: Felix Meiner.（＝一九九七、樫山欽四郎訳『精神現象学』平凡社。）

Heinämaa, Sara, 1997, "What is a Woman? Butler and Beauvoir on the Foundations of the Sexual Difference," in *Hypatia* vol. 12, no. 1, p. 20- 39.

Hull, Gordon, 2012, "Of Suicide and Falling Stones: Finitude, Contingency, and Corporeal Vulnerability in（Judith Butler's）Spinoza," in *Between Hegel and Spinoza: A Volume of Critical Essays*, edited by Sharp, Hasana & Smith, Jason E., London & New York: Bloomsbury, pp. 151-169.

Lacan, Jacques, 2007, *Ecrits : The First Complete Edition in English*, translated by Fink, Bruce, New York &London : W. W. Norton&Company.

Leap, W. L., 2000, "Foreword: On Being Different: An Appreciation," in Newton, E., *Margaret Mead Made Me Gay: Personal Essays Public Ideas*, Durham & London: Duke University Press, pp. xix-xxii.

Lloyd, Moya, 2007, *Judith Butler: From Norms to Politics*. Malden, MA: Polity Press.

———, 2008, "Toward a cultural politics of vulnerability: precarious lives and ungrievable deaths," in *Judith Butler's Precarious Politics: Critical Encounters*. edited by Terrel Carver and Samuel A. Chambers. New York: Routledge: pp. 92-106.

Loizidou, Elena, 2007, *Judith Butler: Ethics, Law, Politic*, New York: Routledge-Cavendish Press.

Loxley, James, 2007, *Performativity*, New York & London: Routledge.

Macherey, Pierre, 1979, *Hegel ou Spinoza, François Maspero*.（＝一九九八、鈴木一策・桑田禮彰訳『ヘーゲルかスピノザか』新評論。）

——, 2009, "Pour une histoire naturelle des normes," in *De Canguilhem à Foucault, la force des normes*, La Fabrique Éditions.

Miller, J. H., 2007, "Performativity as Performance/ Performativity as Speech Act: Derrida's Special Theory of Performativity," in *The South Atlantic Quarterly*, vol. 106, no. 2: pp. 219-235.

Muñoz, José Esteban, 2009, *Cruising Utopia : The Then and There of Queer Futurity*, New York: New York University Press.

Murphy, Ann V., 2013, "Ambiguity and Precarious Life: Tracing Beauvoir's Legacy in the Work of Judith Butler," in Mussett, Schannon M., Wilkerson, Williams S., ed., *Beauvoir and Western Thought from Plato to Butler*, State University of New York Press, pp. 211-226.

Newton, Esther, 1979, *Mother Camp: Female Impersonators in America*, Chicago & London: The University of Chicago Press.

Rodríguez, Juana María, 2011, "Queer Sociality and Other Sexual Fantasies," in *GLQ: A Journal of Lesbian and Gay Studies*, vol. 17, no. 2（3）: pp. 331-348.

Roman-Lagerspetz, Sari, 2009, *Striving for the Impossible: The Hegelian Background of Judith Butler*, Helsinki: Helsinki University Print.

Salih, Sara, 2002, *Judith Butler*, New York and London: Routledge Press.

――, 2004, "Introduction," in *The Judith Butler reader*, edited by Salih, Sara and Butler, Judith, Singapore: Blackwel Press, pp. 1-17.

Sartre, Jean-Paul, 1938, *Esquisse d'une t théorie des émotions*, Hermann.（＝二〇〇〇、竹内芳郎訳『自我の超越 情動論素描』人文書院。）

――, 1943, *L'être et le néant: Essai d'ontologie phénoménologique*, Gallimard.（＝二〇〇八、松浪信三郎訳『存在と無――現象学的存在論の試み』ちくま学芸文庫。）

――, 1946（1952）, *L'existentialisme est un humanisme*, Nagel.（＝（一九五五）一九九六、伊吹武彦・海老坂武・石崎晴己訳『実存主義とは何か』人文書院。）

Schechner, Richard, 2002, *Performance Studies; An Introduction*, New York: Routledge.

Scot, Joan W., 1996, *Only Paradoxes to Offer: French Feminists and the Rights of Man*, Harvard University Press.

Schrift, Alan D., 2001, "Judith Butler: Une Nouvelle Existentialiste?," in *Philosophy Today*, vol. 45（1）, pp. 12-23.

Sedgwick, Eve K., 1993, "Queer Performativity: Henry James's The Art of the Novel." In *GLQ*, vol. 1, pp. 1-16.

Stoetzler, Marcel, 2005, "Subject trouble: Judith Butler and dialectics." in *Philosophy & social criticism*, vol. 31（(3), pp. 343–368.

Thonhauser, Gerhard, 2011, "Judith Butler: Kierkegaard as Her Early Teacher in Rhetoric and Parody," in

Kierkegaard's Influence on Social-Political Thought, edited by Stewart, Jon, Ashgate, pp. 53-72.
Wittig, Monique, 1992, *The Straight Mind and Other Essays*, New York; Beacon Press.
Young, Damon and Weiner, Joshua J., 2011, "Introduction: Queer Bonds," in *GLQ* vol. 17, no. 2（3）: pp.241.

邦語参照文献

アガンベン、ジョルジョ　二〇〇七、上村忠男訳『哲学とは何か』みすず書房。
伊野真一　二〇〇五、「脱アイデンティティの政治」上野千鶴子（編）『脱アイデンティティ』勁草書房、四三―七六頁。
イポリット、ジャン　二〇一一a、市倉芳祐訳『ヘーゲル精神現象学の生成と構造（上）』岩波書店。
――　二〇一一b、市倉芳祐訳『ヘーゲル精神現象学の生成と構造（下）』岩波書店。
――　一九七五、渡辺義雄訳『論理と実存――ヘーゲル論理学試論』朝日出版社。
上野千鶴子　二〇〇五、「脱アイデンティティの理論」上野千鶴子編『脱アイデンティティ』勁草書房。
大河内泰樹　二〇〇六、「規範という暴力に対する倫理的な態度――バトラーにおける「批判」と「倫理」」『現代思想』青土社 , vol. 34（12）: pp. 140-151.
大澤真幸　二〇〇九、『〈自由〉の条件』講談社。
大貫挙学　二〇一四、『性的主体化と社会空間――バトラーのパフォーマティヴィティ概念をめぐって』インパクト出版会。
岡本裕一郎　二〇〇九、『ヘーゲルと現代思想の臨界――ポストモダンのフクロウたち』ナカニシヤ出版。
岡野八代　二〇〇〇、「主体なきフェミニズムは可能か」『現代思想』28（14）、一七二 - 八六頁。
岡崎龍・日比野佑香　二〇一三、「欲望と内的差異について――J・バトラー『欲望の主体』におけるヘーゲル論を通じて」『論叢クィア』vol. 6、一〇〇 - 一三頁。
掛札悠子　一九九二、『「レズビアン」である、ということ』河出書房新社。
――――　一九九七、「抹消（抹殺）されること」河合隼雄、大庭みな子編『現代日本文化論2　家族と性』岩波書店。
加藤秀一　二〇〇一、「構築主義と身体の臨界」上野千鶴子編『構築主義とは何か』勁草書房、一五九 - 八八頁。
河村厚　二〇一四、『存在・感情・政治――スピノザへの政治心理学的接近』関西大学出版部。
近藤和敬　二〇一一、「生命と認識――エピステモロジーからみる「生権力」の可能性」檜垣立哉（編著）『生権力論の現在』勁草書房、一六九 - 二一〇頁。
カリフィア、パット　一九九八、東玲子訳『パブリック・セックス――挑発するラディカルな性』青土社。
ギブソン松井佳子　二〇〇二、「バトラー理論の新たな倫理的ヴィジョン」『身体のエシックス／ポリティクス――倫理学とフェミニズムの交叉』ナカニシヤ出版、五九 - 七四頁。
栗原隆　二〇一一、「実体形而上学から主体の哲学へ――実体が主体へ至る理路」『ドイツ観念論からヘーゲルへ』未来社、七一 - 九四頁。
コジェーヴ、アレクサンドル　二〇一二、上野精・今野雅方訳『ヘーゲル読解入門――『精神現象学』を読む』

国文社。

後藤浩子　二〇〇七、「「己」としての欲望と「と」としての欲望――ヘーゲル、ドゥルーズ、そしてバトラー」『現代思想』vol. 35, no. 9、一二九‐四三頁。

笹澤豊　一九九〇、「ヘーゲルとヤコービ――スピノザ主義の問題をめぐって」『講座ドイツ観念論　第五巻　ヘーゲル――時代との対話』弘文堂、一七‐五四頁。

佐藤嘉幸　二〇〇八、「訳者解説　「倫理」への転回」『自分自身を説明すること――倫理的暴力の批判』月曜社、二五七‐八一頁。

シェル、リサ・フォークマーソン　二〇一四、高山佳子・浜渦辰二訳「位置づけられた身体をもつことと家がもつ意味：フェミニスト現象学の視点から」『臨床哲学』vol. 15（2）、七四‐九五頁。

清水晶子　二〇〇三、「期待を裏切る――フェムとその不可視の「アイデンティティ」について」『女性学』vol.11、五二‐六八頁。

――　二〇〇六、「キリンのサバイバルのために――ジュディス・バトラーとアイデンティティ　ポリティクス再考」『現代思想』, vol. 34（12）、一七一‐八七頁。

――　二〇一二、「訳者解題」『戦争の枠組み――生はいつ嘆きうるものであるのか』筑摩書房、二四一‐五一頁。

――　二〇一五、「ようこそ、ゲイ・フレンドリーな街へ」『現代思想』vol. 43（16）, 一四四‐五五頁。

清水禮子　一九八七、『破門の哲学――スピノザの生涯と思想』みすず書房。

スタヴラカキス、ヤニス　二〇〇三、有賀誠訳『ラカンと政治的なもの』吉夏社。

スピノザ、バルーフ・デ　二〇〇八、畠中尚志訳『エチカ（上）』岩波文庫。

――　二〇一〇、畠中尚志訳『エチカ（下）』岩波文庫。

竹村和子　二〇〇〇、『フェミニズム』岩波書店。

――　二〇〇二、『愛について――アイデンティティと欲望の政治学』岩波書店。

――　&冨山一郎　二〇〇〇、「バトラーがつなぐもの」『現代思想』vol. 28（14）、四四-六五頁。

――　&村山敏勝&新田啓子　二〇〇六、「討議　攪乱的なものの倫理」『現代思想』vol. 34, no. 12、三八-六三頁。

――　二〇〇九、「身体的性差という虚構」『新編　日本のフェミニズム2　フェミニズム理論』岩波書店、二七四-八〇頁。

――　二〇一三、『境界を攪乱する――性・生・暴力』岩波書店。

田中美津　二〇〇四、『いのちの女たちへ――とり乱しウーマン・リブ論（増補新装版）』パンドラ。

デリダ、ジャック　二〇〇二、高橋哲哉訳『有限責任会社』法政大学出版。

ドゥルーズ、ジル　二〇〇七、財津理訳『差異と反復』河出文庫。

冨山一郎　二〇〇〇、「困難な私たち――J・バトラー『ジェンダー・トラブル』」『思想』vol. 913、九一-一〇七頁。

――　二〇一四、「視ているのは誰なのか」、Women's action network 女性と女性の活動をつなぐポータルサイト、https://wan.or.jp/article/show/1385.

ド・ローレティス、テレサ　一九九六　大脇美智子訳「クィア・セオリー――レズビアン／ゲイ・セクシュアリティ」『ユリイカ』vol. 28（13）、六六-七七頁。

西山雄二　二〇〇九、「二〇世紀フランス思想とヘーゲル受容」『ヘーゲル哲学研究』Vol.15、七二-八二頁。
野尻英一　二〇一〇、「書評――『欲望の主体』ジュディス・バトラー著」日本ヘーゲル学会編『ヘーゲル哲学研究』vol. 16、一五二-五九頁。
長谷川宏　一九九七、『新しいヘーゲル』講談社現代新書。
バリバール、エティエンヌ　二〇一一、水嶋一憲訳『スピノザと政治』水声社。
檜垣立哉　二〇〇六、「身体の何が構築されるのか」『現代思想』34（12）、一〇八-一一五頁。
ビルギット、ザントカウレン　二〇一三、下田和宣訳「ヤコービの「スピノザとアンチ・スピノザ」」『スピノザーナ　スピノザ協会年報』スピノザ協会，vol. 13、四一-六一頁。
フィッシャー＝リヒテ、エリカ、二〇〇九、中島裕昭・平田栄一郎・寺尾格・三輪玲子・四ッ谷亮子・萩原健訳『パフォーマンスの美学』論創社。
フーコー、ミシェル　二〇〇六、伊藤晃訳「ニーチェ、系譜学、歴史」小林康夫、石田英敬、松浦寿輝編『フーコー・コレクション3　言説・表象』ちくま学芸文庫、三四九-九〇頁。
藤田博史　二〇〇六、『性倒錯の構造――フロイト／ラカンの分析理論』青土社。
藤高和輝　二〇一三a、「ジュディス・バトラーにおけるスピノザの行方（上）――「社会存在論」への道」大阪大学大学院人間科学研究科社会学・人間学・人類学研究室『年報人間科学』vol. 34、一六三-八〇頁。
――　二〇一三b、「排除・弁証法的反転・増殖――ジュディス・バトラーにおける法の生産的メカニズムと抵抗戦略」『論叢クィア』vol. 6、八〇-九九頁。

――二〇一四、「ジュディス・バトラーにおけるスピノザの行方（下）――コナトゥスから徳へ」大阪大学大学院人間科学研究科社会学・人間学・人類学研究室『年報人間科学』vol. 35、七三－八七頁。

――二〇一五a、「アイデンティティを引き受ける――ジュディス・バトラーとクィア／アイデンティティ・ポリティクス」大阪大学大学院文学研究科『臨床哲学』vol. 16、二三－四一頁。

――二〇一五b、「現象学からフーコーへ――一九八〇年代におけるジュディス・バトラーの身体論の変遷」大阪大学大学院人間科学研究科社会学・人間学・人類学研究室『年報人間科学』vol. 36、一〇三－一一七頁。

――二〇一五c、「普遍の主張――J・バトラーにおける「共生」のポリティックス」『未来共生学』vol. 2、二〇五－二二七頁。

――二〇一五d、「バトラーのマテリアリズム」『大阪大学大学院人間科学研究科紀要』vol. 40、一九八－二一二頁。

――二〇一六a、「ヘーゲル的主体のメランコリー――『欲望の主体』におけるバトラーのヘーゲル解釈とその展開」大阪大学大学院人間科学研究科社会学・人間学・人類学研究室『年報人間科学』vol. 37、七一－八六頁。

――二〇一六b、「実存とトラブル――サルトルの読者としてのバトラー」『社会思想史研究：社会思想史学会年報』vol. 40、一五八－七六頁。

――二〇一七a、「J・バトラーのジェンダー・パフォーマティヴィティとそのもうひとつの系譜」国際基督教大学ジェンダー研究センター『Gender and Sexuality』vol. 12、一八三－二〇四頁。

――二〇一七b、「アイデンティティと共同体――「怒りの共同性」に関するノート」『共生学ジャーナル』vol. 1、六九－八五頁。

フックス、ベル　二〇〇三、堀田碧訳『フェミニズムはみんなのもの――情熱の政治学』新水社。

――二〇一〇、大類久恵・柳沢圭子訳『アメリカ黒人女性とフェミニズム――ベル・フックスの「私は女じゃないの?」』明石書店。

フロイト、ジグムント　二〇〇八、中山元訳「喪とメランコリー」『人はなぜ戦争をするのか――エロスとタナトス』光文社。

――二〇〇六、中山元訳「自我とエス」『自我論集』ちくま学芸文庫。

ヘーゲル　一九九三、長谷川宏訳『哲学史講義』河出書房新社。

堀江有里　二〇一五、『レズビアン・アイデンティティーズ』洛北出版。

松本卓也　二〇一五、『人はみな妄想する――ジャック・ラカンと鑑別診断の思想』青土社。

メルロ＝ポンティ、モーリス　一九六七、竹内芳郎・小木貞孝訳『知覚の現象学（1）』みすず書房。

吉原令子　二〇一三、『アメリカの第二波フェミニズム――一九六〇年代から現在まで』ドメス出版。

ヨベル、イルミヤフ　一九九八、小岸昭、ユンゲルト・ヨリセッン、細見和之訳『スピノザ　異端の系譜』人文書院。

ラカン、ジャック　一九八七、小出浩之、川津芳照、鈴木国文、笠原嘉訳『精神病』、岩波書店。

レヴィナス、エマニュエル　一九八八、「無限なものの倫理学」カーニー、リチャード編、毬藻充、庭田成吉、松葉祥一訳『現象学のデフォルマシオン』現代企画室。

――二〇〇一、合田正人、松丸和弘訳『他性と超越』法政大学出版局。

――二〇一〇、西山雄二訳『倫理と無限　フィリップ・ネモとの対話』筑摩書房。

ルービン、ゲイル　二〇〇〇、長原豊訳「女たちによる交通――性の「政治経済学」についてのノート」『現代思想』vol. 28（2）、一一八‐一五九頁。

あとがき

本書は、二〇一七年に大阪大学大学院人間科学研究科に提出した同タイトルの博士論文を元にしたものである。出版に際しては一冊の書物として読みやすくする上で必要な加筆修正に留めたが、結論部に関しては大幅に書き改めた。

各章の元となった論文は以下の通りである。なかには、ほとんど原形をとどめていないものや部分的に参照したものも含めてある。

第一章　藤高和輝、二〇一三「ジュディス・バトラーにおけるスピノザの行方（上）――「社会存在論」への道」大阪大学大学院人間科学研究科社会学・人間学・人類学研究室『年報人間科学』vol. 34, pp. 163-180.

第二章　藤高和輝、二〇一六「ヘーゲル的主体のメランコリー――『欲望の主体』におけるバトラーのヘーゲル解釈とその展開」大阪大学大学院人間科学研究科社会学・人間学・

人類学研究室『年報人間科学』vol. 37: pp. 71-86.

第三章　藤高和輝、二〇一五「普遍の主張――J・バトラーにおける「共生」のポリティックス」『未来共生学』vol. 2, pp. 205-227. 及び、藤高和輝、二〇一六「実存とトラブル――サルトルの読者としてのバトラー」『社会思想史研究：社会思想史学会年報』vol. 40, pp. 158-176.

第四章　藤高和輝、二〇一五、「現象学からフーコーへ――一九八〇代におけるジュディス・バトラーの身体論の変遷」大阪大学大学院人間科学研究科社会学・人間学・人類学研究室『年報人間科学』vol. 36, pp. 103-117.

第五章　藤高和輝、二〇一三「排除・弁証法的反転・増殖――ジュディス・バトラーにおける法の生産的メカニズムと抵抗戦略」『論叢クィア』vol. 6, pp. 80-99. 及び、藤高和輝、2015a「アイデンティティを引き受ける――ジュディス・バトラーとクィア／アイデンティティ・ポリティクス」大阪大学大学院文学研究科『臨床哲学』vol. 16, pp. 23-41.

第六章　藤高和輝、二〇一七「J・バトラーのジェンダー・パフォーマティヴィティとそのもうひとつの系譜」国際基督教大学ジェンダー研究センター『Gender and Sexuality』vol. 12, pp. 183-204.

第七章　藤高和輝、二〇一五「バトラーのマテリアリズム」大阪大学大学院人間科学研究科

『大阪大学大学院人間科学研究科紀要』vol. 41, pp. 193-212.

第九章　藤高和輝、二〇一三「ジュディス・バトラーにおけるスピノザの行方（上）――「社会存在論」への道」大阪大学大学院人間科学研究科社会学・人間学・人類学研究室『年報人間科学』vol. 34, pp. 163-180.

第一〇章　藤高和輝、二〇一四「ジュディス・バトラーにおけるスピノザの行方（下）――コナトゥスから徳へ」大阪大学大学院人間科学研究科社会学・人間学・人類学研究室『年報人間科学』vol. 35, pp. 73-87.

本書を改めて読み返してみると、研究とは不思議なものだとつくづく実感する。私の研究の出発点はバトラーの『ジェンダー・トラブル』だった。『ジェンダー・トラブル』を理解したい一心で、ヘーゲルやスピノザにまで手を出し、八〇年代のバトラーの思索に執着する羽目にもなったが、それは研究をはじめた当初、私自身まったく思ってもみなかった展開だった。『ジェンダー・トラブル』執筆当時のアカデミックなポストも定まらなかったバトラーのまさに「とり乱した」テクストに運ばれてここまで来たのだと、いまは思う。ひょっとしたら、それらの「とり乱し」にどこか現在の自分を勝手に重ねて、私自身励まされていたのかもしれない。本書ではこれまで公刊されたバトラーのテクストのほとんどを扱っているが、私にとって本書は『ジェンダー・トラブル』の注釈書である。それは、いまの私にとってもいまだ語り尽くせない魅力あるテクストでありつづけている。

博士論文の作成及び出版に際して、多くの方々のお世話になった。この場を借りて、心よりの感謝をお伝え申し上げる。

まず、指導教官の檜垣立哉先生に深くお礼申し上げたい。先生のお人柄に甘えてずいぶん自由に研究させていただいたにもかかわらず、論文や学会発表を準備する折など、いつも適切なコメントとご指導をいただいた。副指導教官の村上靖彦先生はいつも温和に接していただき、忌憚のないご意見を下さった。現象学や精神分析に関してもたくさんご教示いただいた。冨山一郎先生（同志社大学）は学位審査の副査を快く引き受けて下さった。竹村和子先生と並んで冨山先生のご論考に大きな影響を受けた私にとって、冨山先生に博士論文を読んでもらえたことは望外の喜びであった。出版に際してとくに書き直した結論部の方向性がみえてきたのは、冨山先生のご指摘によるところが大きい。

研究室の皆様にも感謝申し上げなければならない。小倉拓也さんは頼りがいのある先輩としていつも色々な相談に親身に答えて下さった。赤坂辰太郎さんは私の論文を丁寧に読んで下さり、有意義なコメントを下さった。古怒田望人さんには、博士論文提出以後に体調を崩していた私を何度も助けていただいた。五三八研究室（と親しみのある旧名で呼ばせていただきたい）には多様な研究者が在籍し、自由な議論と意見交換が行われる雰囲気が醸成されていた。そのような研究室だったからこそ、私は自分の研究を押し進めることができたのだと思う。

博士論文の出版に関して悩んでいた私の相談に乗って下さり、以文社の大野真さんをご紹介下さった篠原雅武さんにも深くお礼申し上げる。篠原さんは博士号取得以後の研究のあり方についてもご助言下さり、そのおかげで今後の研究方針が定まった。岡部美香先生（大阪大学）は私の博士論文をいち早く読んで下さり、温かいコメントを下さった。直接の指導学生でないにもかかわらず、研究の発表先がなかなかないことで悩んでいた私に色々な研究の場をご紹介いただくなど、様々な局面で助けていただいた。修士時代の同期の斎藤悠士さんはいつも私に励ましの言葉をかけて下さった。東京遠征の際には何度もお世話になった。私の悩みや相談にいつも根気よく付き合ってくれる森河啓介さんにも深い感謝を捧げたい。

本書の編集を担当して下さった大野真さんにはいまでも深い感謝の念を禁じえない。私のような無名の研究者の論文に目を通して下さり、本書の出版も快く引き受けて下さった。自分の研究に自信をもてずにいた私にとって、大野さんがかけてくれるお言葉はとても心強く、いつも勇気づけられた。

本書は決して一人の力では書けなかった。ここに挙げたばかりではない多くの方々に支えられて、本書を上梓することができた。最後に、お名前を挙げなかった方々にも心からの感謝をお伝え申し上げたい。

本書を、恩師の立花涼さんに捧げる。

二〇一八年二月

藤高和輝

著者紹介

藤高和輝
（ふじたか かずき）

1986年大阪府生まれ．大阪大学大学院人間科学研究科博士後期課程修了．現在，大阪大学等非常勤講師．共著書に，『子どもと教育の未来を考えるII』（北樹出版）．論文に，「アイデンティティを引き受ける　バトラーとクィア／アイデンティティ・ポリティクス」（『臨床哲学』16号），「排除・弁証法的反転・増殖　ジュディス・バトラーにおける法の生産的メカニズムと抵抗戦略」（『論叢クィア』6号），「実存とトラブル　サルトルの読者としてのバトラー」（『社会思想史学会年報』40号）など．

ジュディス・バトラー　生と哲学を賭けた闘い

2018年3月15日　初版第1刷発行
2021年6月15日　初版第2刷発行

著　者　藤高和輝

発行者　大　野　真

発行所　以　文　社

〒101-0051 東京都千代田区神田神保町2-12
TEL 03-6272-6536　FAX 03-6272-6538
http://www.ibunsha.co.jp/

印刷・製本：中央精版印刷

ISBN978-4-7531-0345-4

Printed in Japan